LA MALÉDICTION DES MÉDICIS

I

Le prince sans couronne

DU MÊME AUTEUR

Romans

Une semaine en enfance, Robert Laffont, 1978
Le Voleur de mémoire, Mercure de France, 1979
L'Ami d'Édouard, Mazarine, 1985
EN COLLABORATION AVEC PHILIPPE ALFONSI :
Les Chemins d'orgueil, Plon, 1995
SOUS LE PSEUDONYME DE GEORGES PATRICK :
Lorfou, Gallimard, coll. « Série noire », 1987
Folies de flics, Gallimard, coll. « Série noire », 1986

Documents

Les Détectives de l'impossible, Denoël, 1999
Les Mémoires de M. X, 2 vol., Denoël, 1999
Journal secret de M. X, Denoël, 2000
EN COLLABORATION AVEC PHILIPPE ALFONSI :
Les Enfants de la drogue (Satan qui vous aime beaucoup), Robert Laffont, 1970
L'Église contestée, Calmann-Lévy, 1971
L'Œil du sorcier, Robert Laffont, 1973
Vivre à gauche, Albin Michel, 1975

www.franceinter.com.

Patrick Pesnot

LA MALÉDICTION DES MÉDICIS
I
Le prince sans couronne

EDIT1IONS

ISBN : 2-84612-075-7

Pour Catherine, avec laquelle j'ai aussi découvert Florence.

PROLOGUE

Il n'écoutait plus la Voix. Un flot d'images colorées déferlait. Même la douleur s'estompait. Comme si, pour un temps, elle se fût échappée de son corps. Était-ce donc cela l'approche de la mort ? Cet ultime répit, ce faisceau de réminiscences aux tons passés...

Il y avait d'abord ce vieillard qui se penchait au-dessus de son lit d'enfant. Son grand nez envahissait son visage aux plis d'amertume, aux lèvres serrées, aux yeux tristes, cernés de poches olivâtres. Une toque qui ressemblait à un gros gâteau recouvrait entièrement le sommet de son crâne. Il le reconnaissait : c'était Cosimo, son grand-père. L'homme qui ne riait jamais. Mais l'enfant n'avait pas peur car il passait derrière ces traits taciturnes quelque chose qui ressemblait à de la tendresse et peut-être même de la fierté lorsqu'il observait celui qui serait son héritier.

L'image se fanait. Un autre visage apparaissait, lumineux et souriant. Lucrezia, sa mère, coiffée d'un voile de soie blanche qui tombait chastement sur ses épaules et dissimulait la naissance de sa poitrine. Tendre Lucrezia qui berçait son enfance de poèmes de son invention. Sa voix comme une caresse...

La porte du jardin derrière elle fermée
Elle entre dans la fontaine, nue comme elle est née...

Et son parfum d'amande douce lorsqu'elle posait sa main sur son front brûlant de fièvre. Trouver refuge dans son giron, ce ventre un peu bombé qu'elle portait en avant, comme si elle était toujours en mal d'enfant.

La Voix. La Croix, au-dessus de lui, menaçante. Le glaive du Seigneur. La terre s'ouvrait à côté de son lit. Des flammes en jaillissaient. La géhenne. Des hommes malingres au ventre trop gros se tordaient de douleur dans le brasier. Des femmes nues aux seins flasques grimaçaient de lubricité. Lorenzo croyait sentir l'odeur de chair grillée. La Voix annonçait la colère de Dieu. Les diables ricanaient, prompts à se saisir des âmes perdues. Le feu brûlait à nouveau ses entrailles depuis qu'on lui avait fait boire cette potion à base de poudre de diamant. Les anges exterminateurs approchaient.

Lorenzo avait tant péché ! N'avait-il pas confondu le plaisir et la beauté ? La volupté et la perfection ? La Voix tonnait, qui condamnait les arts, le bonheur terrestre, la satisfaction des sens. Elle exigeait la pénitence. Mais Lorenzo renâclait. La Voix savait-elle la délicieuse angoisse du péché ? Ce trouble exquis auquel il n'avait jamais eu la force ni la volonté de résister. Toutes ces silhouettes qui se brouillaient pour n'en former plus qu'une seule : la diaphane Simonetta, la lascive Lucrezia, la douce Bartolomea... Et encore ces paysannes, servantes et esclaves auxquelles il avait volé un baiser ou une étreinte furtive. Le visage de l'amour et ces peaux de femmes qu'il caressait avec une sorte de joie furieuse. La Voix n'y pourrait rien. Elle n'emporterait pas ses souvenirs qui s'évanouissaient trop vite. Comme ils fuyaient ! Il aurait voulu les retenir, les sentir vivants, charnels...

« La miséricorde de Dieu s'étend sur tous les pécheurs.

Si vous répondez aux desseins célestes, le Ciel vous aura en sa sainte garde. »

Lorenzo fit un effort pour hocher la tête et marmonner malgré lui des paroles de repentance. Dehors, le jardin de Careggi bruissait sous le vent printanier. Les lauriers-roses s'empourpraient dans la lumière dorée du crépuscule. Trois jours plus tôt, la foudre avait frappé la lanterne de la coupole de Santa Maria del Fiore. Le châtiment de Dieu, à n'en pas douter. Depuis, les Florentins marchaient à pas comptés et évitaient de rire. Tous savaient que Lorenzo se mourait, tous avaient compris qu'ils devraient expier pour les péchés du « Magnifique ».

Les grandes ailes noires de la soutane s'élevèrent au-dessus de son lit. La Voix en avait fini. Mais Lorenzo ne voulait pas encore se rendre. La vie en lui se révoltait une dernière fois. Pourquoi la mort, cette suprême injustice, l'emportait-elle si tôt ? Alors qu'il avait vaincu tous ses ennemis, déjoué maints complots, échappé à des attentats, cette méchante maladie l'anéantissait, déformant son corps, paralysant ses muscles, brisant peu à peu sa volonté. La goutte, malédiction des Medici. Son père, Piero il Gottoso, son grand-père Cosimo, son aïeul Giovanni di Bicci. Ils avaient tous connu les atteintes de ce mal qui courait comme plâtre dans leurs veines, figeait peu à peu leur corps et les obligeait à se déplacer en litière avant de les emporter pour toujours.

Pourtant, il était certain que rien ne pourrait effacer sa trace. Ni la maladie, ni les bûchers et les vandales. « Le temps revient. » Sa devise. La Renaissance, diraient-ils. Elle brillait d'un éclat incomparable. Elle illuminait la ville et ses monuments, ses jardins et ses *palazzi*. Elle rayonnerait bientôt dans toute l'Europe, emportant son nom jusqu'aux confins du Vieux Monde.

Il se revoyait, enfant, cheminant avec Cosimo parmi les ruelles de Florence, sa menotte dans la grosse main de son grand-père.

« Je connais les Florentins. Il ne se passera pas un demi-siècle que nous ne soyons à nouveau chassés de cette ville ! Mais les édifices que nous avons construits demeureront. Nul ne pourra jamais nous les voler. »

Depuis ce jour, Lorenzo savait qu'il ne serait jamais un homme comme les autres. Il devait poursuivre l'œuvre des siens. Prince sans couronne, il serait lui aussi le premier des Florentins. Il leur donnerait la perfection et la grâce, la puissance et la richesse.

Il porta une main à son visage. Ses traits s'étaient massifiés. La maladie avait déformé ses os en même temps qu'elle engourdissait ses membres. Un masque de monstre pour l'homme qui, sa vie durant, avait poursuivi la beauté sous toutes ses formes.

Un dernier instant, son esprit s'échappa dans le jardin enchanté de Careggi. Les ombres étaient légères, les fontaines chantaient, les statues célébraient la volupté des corps. Lorenzo chantait son ultime poème :

Comme elle est belle la jeunesse
Qui s'envole si vite, hélas.
Soyez heureux, n'attendez pas :
Demain n'est que vaine promesse.

Et soudain, il sut qu'il pouvait mourir.

I

1456

Ce n'étaient que jeux et rires. Les enfants de Piero et Lucrezia de Medici, deux garçons et deux filles, et leurs cousins et cousines, couraient dans les couloirs, envahissaient les salles de réception où patientaient les clients, bousculaient les domestiques, tiraient les cheveux des esclaves maures ou circassiennes, taquinaient les nourrices des petits et les précepteurs des grands, chipaient un fruit ou une friandise à la cuisine, sans encourir la moindre réprimande. Le *palazzo* de la via Larga était une ruche joyeuse. L'aîné des garçons, Lorenzo, y menait le bal, toujours prêt à inventer un nouveau jeu, une farce inédite ou improviser une partie de *calcio* sur le gazon du jardin.

C'était un garçonnet châtain et frisé aux yeux sombres et à la silhouette bien découpée. Ses traits étaient ingrats, le nez déjà un peu fort. Mais la hardiesse et la vivacité de son regard faisaient oublier cette laideur naissante d'autant qu'il se mouvait avec une élégance naturelle.

Lorenzo poussa une haute porte sans même frapper. Cosimo, son grand-père, était assis au milieu d'un groupe d'hommes richement habillés. Lui-même n'était vêtu que d'un sévère *lucco*, une longue tunique noire qui tombait sur ses talons. Les conversations cessèrent. Cosimo tourna la tête et sourit en apercevant l'enfant. Lorenzo approcha, nullement intimidé.

« Peux-tu me fabriquer un flutiau, grand-père ? »

Et en même temps, il sortit de son sarrau un petit couteau et un bout de roseau. Il y eut des murmures. Cosimo ne parut pas s'en apercevoir. Il s'empara des deux objets et commença à tailler le roseau. Lorenzo s'était assis à ses pieds et observait. Les mouvements du vieil homme étaient lents, appliqués. Il semblait prendre un réel plaisir à ce travail modeste. Les copeaux tombaient sur le riche tapis d'Orient qui couvrait la plus grande partie du sol carrelé. Autour, on avait du mal à cacher son impatience et son incompréhension. Enfin Cosimo porta le flutiau à ses lèvres. Un son bref et acide en sortit. De chaque côté du long nez du vieillard, les yeux gris pétillèrent. Déjà, Lorenzo tendait la main.

« Merci, grand-père. »

L'enfant s'enfuit en courant. Il y eut un silence. Puis, l'ambassadeur de Lucques, vêtu d'un manteau de brocart orné d'un col d'hermine, osa, presque timidement :

« Comment un homme si important que vous peut-il se laisser distraire par un enfançon ? »

Cosimo eut un petit rire. Bonhomme, il lâcha :

« On n'aime jamais assez ses enfants et petits-enfants... »

Et il ajouta :

« Savez-vous que s'il m'avait demandé de jouer de cet instrument, je l'aurais fait ! »

* *
*

Lucrezia de Medici, assise près d'une fenêtre de sa chambre, rêvait. Au milieu du jardin aux carrés parfaitement dessinés, près de la fontaine où gazouillait un filet d'eau, la légendaire Judith levait son cimeterre au-dessus de la tête d'Holopherne qu'elle empoignait par les cheveux afin qu'il offrît mieux sa gorge au fil de l'acier. La jeune femme aimait ce groupe commandé à Donatello par son beau-père Cosimo. Malgré les apparences, il n'y avait pour elle nulle violence dans cette scène. Judith, visage douloureux de madone, évitait de regarder sa victime. Sans doute ne pouvait-elle oublier que cet homme à la musculature d'athlète avait étreint son corps, baisé ses lèvres. Ne l'avait-elle pas séduit puis enivré pour arriver à ses fins ? Et maintenant elle paraissait regretter de devoir le mettre à mort. D'ailleurs l'homme aux yeux clos, bouche entrouverte, semblait s'abandonner aux coups de sa maîtresse comme si sa docilité était un ultime acte d'amour.

Parfois Lucrezia espérait que le cimeterre, figé pour toujours dans le bronze, ne trancherait jamais la tête du général assyrien. L'amour et la mort : Donatello avait interprété la légende à sa façon. D'autres artistes avaient choisi de représenter la farouche Judith brandissant la tête tranchée d'Holopherne. Lui n'avait pu s'y résoudre et Lucrezia lui en rendait grâce car elle aimait à s'identifier à cette héroïne juive qui souffrait de devoir sacrifier son amant d'une nuit. Elle avait même poussé la dévotion jusqu'à écrire une *Vie de Judith.* Plus tard, elle la lirait à ses filles.

Lucrezia rêvait toujours. Issue de l'ancienne et noble famille Tornabuoni, elle avait été mariée très jeune à Piero de Medici, le fils aîné de celui que l'on appelait désormais Cosimo l'Ancien. Les deux époux se connaissaient à peine. Peu importait. C'était l'union de deux lignées qu'on célébrait, celle des Medici, la plus riche maison de Florence, et celle des Tornabuoni, qui avaient eu la sagesse de renoncer à toute fierté nobiliaire pour prendre rang dans l'élite bourgeoise et marchande de la ville.

Cosimo avait voulu que les noces de son héritier fussent fastueuses. Il offrait une fête au peuple de Florence, distribuant à profusion friandises et pièces d'or, mais chacun comprenait d'abord qu'il prenait sa revanche sur ceux qui l'avaient exilé sept ans plus tôt après avoir tenté de l'assassiner dans sa geôle. Les Albizzi, les Pazzi, les Giudicelli, les Strozzi et autres Acciaiuoli. Tous ces nobles qui n'avaient jamais accepté qu'un banquier et un marchand les supplantent et osent les provoquer en faisant édifier le plus imposant *palazzo* de la cité. Pourtant, Cosimo, matois, avait refusé les plans trop somptueux du grand Brunelleschi et exigé que la façade symétrique soit sobre. Rappelant les anciens palais-forteresses où l'on trouvait refuge au premier danger, elle commençait à la base par de gros bossages de pierre dans lesquels s'ouvraient de hautes fenêtres carrées. Ce rez-de-chaussée était dévolu au travail, bureaux et magasins. Mais au fur et à mesure que l'œil s'élevait, la pierre devenait plus lisse, les baies cintrées s'ornaient de colonnettes. Toutefois, ce n'est qu'en entrant dans le *palazzo* qu'on en découvrait la grâce, à commencer par la colonnade de la cour, surmontée d'une élégante loggia.

Le chef de la maison Medici, réfugié à Venise avec toute sa famille, était demeuré éloigné un an. Florence l'avait rappelé. Son retour fut aussi triomphal que sa vengeance fut impitoyable. Les grandes familles furent bannies et certains de leurs affidés discrètement assassinés. Les Medici n'oubliaient jamais.

Les noces... Autour du carrosse qui l'emportait vers Santa Maria del Fiore, la foule criait sa joie. Lucrezia, assise entre sa mère et Contessina, sa future belle-mère, avait le cœur serré. Tous ces braillards qui se pressaient autour du véhicule en brandissant des étendards aux armes des Medici lui faisaient peur. Le dôme de la cathédrale resplendissait sous un pâle soleil d'hiver. Lucrezia se tourna un instant vers sa mère, Selvaggia. Pourquoi avait-elle accepté que sa fille fût vendue ? La bonne fortune du clan Tornabuoni exigeait-elle ce sacrifice ? Le carrosse s'arrêta sur le parvis. Déjà, on la pressait de descendre. Des hérauts vêtus aux couleurs des Medici, tuniques blanches frappées du lys rouge, embouchèrent leurs trompettes. Des hommes d'armes se précipitèrent pour écarter la foule. Piero, planté devant les portes grandes ouvertes, fit un pas vers elle. Ni beau ni laid, simplement ordinaire malgré la richesse de son costume, il semblait emprunté, intimidé même. Comme s'il ne comprenait toujours pas que cette jeune beauté brune, couronnée de guirlandes d'or, serrée dans une luxueuse robe blanche au col d'hermine telle un bijou dans son écrin, serait bientôt sienne. Elle avança à son tour. Respectant la tradition, Piero tendit la main. Elle hésita avant de donner la sienne. L'*impalmamento* l'engageait pour toujours. Enfin, elle se décida et ferma les yeux, sa menotte dans la grosse main de Piero.

La suite, pour elle, se déroula dans une sorte de brouillard. Il y eut la longue marche vers l'autel au milieu d'une foule où brillaient colliers, diadèmes et pendentifs, comme des étoiles qui s'allumaient sur son passage. Puis le pape prit la parole. Eugène IV avait tenu à célébrer lui-même le mariage du fils du premier citoyen de Florence. Ensuite, on la fit monter sur une haquenée blanche, ornée de rubans dorés et pourpres. C'est ainsi, environnée de pages et d'hommes d'armes, qu'elle gagna le *palazzo* Medici, au milieu d'une populace hurlante qui essayait de toucher sa robe comme si elle avait le pouvoir de porter bonheur.

Via Larga, au seuil de la maison princière qui allait être désormais sa demeure, Cosimo l'attendait. Elle dut sacrifier à la coutume romaine qui voulait que la nouvelle épousée et son mari dégustent ensemble un ramequin de miel. Après, ce fut l'interminable banquet, les musiciens, les jongleurs, les serviteurs qui défilaient chargés de plats, les torches qui illuminaient l'immense salle de réception tendue de tapisseries des Flandres. Le brouillard, toujours. C'est à peine si elle devinait à ses côtés la présence de Piero, les yeux brillants d'impatience, les mains frôleuses. Le vin avait effacé sa timidité. Autour de la longue table, des regards égrillards suivaient son manège. Lucrezia, elle, ne voyait rien, ne sentait rien.

Ce que fut sa nuit de noces, elle préféra longtemps l'oublier. Piero l'avait prise avant même qu'elle ne fût déshabillée. Elle ne ressentit ni dégoût ni plaisir, seulement la honte de ce corps qui ne lui appartenait plus.

Entre Lucrezia et Piero il n'y eut jamais d'amour partagé, seulement un respect réciproque et une réelle affection. La jeune femme était la première à se révolter quand elle entendait les Florentins affubler son mari de ce triste sobriquet : *il Gottoso*, Piero le Goutteux ! Oui, le fils aîné de Cosimo était affligé de cette maladie qui courait dans les veines des Medici. Ses doigts étaient gonflés, des excroissances crayeuses apparaissaient sur sa peau et il lui arrivait de plus en plus souvent de boiter, de devoir garder le lit ou de se faire transporter en litière... Pauvre Piero qui avait conscience de son infirmité et souffrait de voir à ses côtés une femme aussi désirable qui partageait de plus en plus rarement sa couche. En vérité, ce qui unissait d'abord les époux, c'étaient leurs enfants qu'ils chérissaient également.

Lucrezia, front haut, œil de velours et bouche vermeille, était toujours belle et c'est à peine si les années avaient étoilé le coin de ses yeux de très fines rides que l'on ne découvrait que lorsqu'elle souriait. Elle savait que tout Florence l'épiait. Pourquoi, lors du dernier bal, avait-elle donné un bras trop confiant à ce jeune et joli héritier de la famille Pitti ? Pourquoi se rendait-elle seule aux thermes de Bagno a Morba qu'elle avait fait aménager à grands frais sur sa cassette personnelle ? N'était-ce pas un lieu de débauche où hommes et femmes prenaient les eaux ensemble et parfois, disait-on, dans le plus simple appareil ?

La cité était naturellement cancanière. Et les ennemis des Medici veillaient. Lucrezia était prudente. Même s'il lui était arrivé de se laisser aller à satisfaire quelque inclination passagère, elle avait toujours pris garde à ne pas humilier sa famille d'accueil et ce mari auquel on l'avait donnée. Le plus souvent, en dehors des soins des enfants et des devoirs de la maison qu'elle partageait avec la mère de son époux, Contessina, elle se réfugiait dans l'étude et l'écriture. Elle avait lu Pétrarque, Dante et Boccace, Aristote mais aussi Platon. Elle savait le grec et le latin, troussait d'aimables poèmes et rendait à la religion ce que le bon sens lui commandait. Pieuse sans ostentation, on lui savait gré de ne point être laide. Admiratrice des beautés antiques, elle n'en jugeait pas moins que l'adoration qu'on leur vouait dépassait le raisonnable. Donc, malgré l'ennui qui l'accablait parfois, elle se félicitait chaque jour de vivre dans une maison aussi tolérante.

Soudain, une nuée hurlante viola le silence de sa chambre. Les enfants. Ils s'agglutinèrent autour d'elle, piaillant et riant. Son regard s'attarda sur Lorenzo. Ce haut front, ce regard de braise, ces lèvres enfantines mais déjà voluptueuses... Malgré son nez tordu, son fils aîné promettait d'être un garçon séduisant. Combien de filles succomberaient-elles à la magie de son pouvoir ? Lucrezia soupira et se tourna vers les autres enfants. Elle devait toujours veiller à ne pas laisser paraître qu'il était son préféré.

* *
*

Cosimo referma la porte de son cabinet derrière lui. L'enfant ne pénétrait jamais sans un pincement au cœur dans cette pièce sombre aux murs recouverts de livres et d'épais registres où flottait une odeur d'encre, de poussière et de chandelle brûlée. De lourds rideaux de velours pendaient à l'unique croisée dont les petits carreaux vert bouteille étaient sertis de plomb. Il semblait à Lorenzo qu'il y régnait un silence de chapelle. Un îlot de paix dans ce *palazzo* bruyant où la famille, les domestiques, les obligés et les clients ne cessaient d'aller et venir. Mais ce cabinet discret n'était-il pas le lieu où son grand-père rendait un double culte à l'argent et au savoir ?

Il n'avait pas peur car il avait une confiance totale en son grand-père. Cependant, il ne pouvait s'empêcher d'éprouver comme un vertige tant ce lieu austère et mystérieux imposait le respect.

Sans un mot, l'enfant se hissa sur une haute chaise à dossier droit. Cosimo prit place en face de lui, derrière sa table de travail sur laquelle étaient méticuleusement rangés papiers, manuscrits, encrier et plumes d'oie. La leçon pouvait commencer. Le vieil homme éprouvait un réel plaisir à dispenser à son petit-fils l'enseignement qu'il n'avait pas eu le temps ni le désir de donner à ses propres enfants. Comme si, déjà, sautant une génération, il avait décidé que Lorenzo serait son véritable successeur. Non qu'il n'aimât point son fils Piero mais il doutait de la force de son caractère et s'inquiétait de sa nature souffreteuse.

Cosimo ouvrit un livre de comptes. Les pages étaient couvertes de son écriture minutieuse : le plus souvent des colonnes de chiffres soigneusement calligraphiés. Parfois quelques lignes humanisaient ces tableaux arides.

« Tu vois, derrière ces chiffres, il ne faut jamais oublier qu'il y a des vies... Prêter de l'argent, ce n'est pas seulement affaire de comptabilité. Il faut du tact, de l'intelligence et même du cœur. Prends celui-ci... »

Il posa son index sur une colonne. L'enfant regarda. Sous le doigt de son grand-père les chiffres devenaient vivants.

« C'est un armateur. Guido Filidori... Il a une jolie femme et une paire de gentils enfants. Il avait besoin d'une grosse somme pour financer une lointaine expédition sur la côte barbaresque. J'aurais pu lui prêter quelques centaines de florins et prendre en gage l'un de ses bateaux ou encore sa maison. Mais les Medici ne sont pas des usuriers... Ce sont des banquiers et des marchands. J'ai préféré m'associer à ses affaires en lui demandant une part des bénéfices de son commerce. Ainsi, lui faisant confiance et acceptant de partager ses risques, je l'ai obligé.

– Et tu y as gagné ? »

Le vieil homme plissa les yeux. Une sorte de rire silencieux.

« Beaucoup plus que tu ne peux imaginer. Sa cargaison d'aromates était de premier choix. Désormais, cet homme m'est attaché pour toujours. »

L'index se déplaça sur une autre colonne.

« Celui-ci est un paysan du Mugello, le berceau de notre famille. L'an passé, la grêle a gâté toute sa récolte. C'est un homme désespéré qui est venu me voir. Il ne pouvait plus nourrir sa famille ni acheter de semences... Qu'aurais-tu fait à ma place ?

– Tu as eu pitié, grand-père...

– Mais encore ? »

Lorenzo réfléchit. Lorsqu'il répondait bien aux questions de son grand-père ou qu'il se montrait suffisamment attentif, la leçon se terminait par une partie d'échecs.

« Tu lui as demandé une part de sa prochaine récolte ! »

Le regard de Cosimo pétilla.

« Tu as compris, mon petit Lorenzo... Mais, comme je ne voulais pas l'étrangler, je lui ai permis de me rembourser sur plusieurs récoltes...

– Et tu t'es fait un nouvel ami ! »

Le vieux hocha la tête.

« Mais, grand-père, si la grêle détruit à nouveau son blé ?

– Je patienterai. La mère nature est moins ingrate qu'il n'y paraît. Elle finit toujours par rendre les fruits qu'on lui abandonne. »

Cosimo referma le livre, planta ses deux coudes sur la table et posa sa tête entre ses mains.

« Vois-tu, Lorenzo, nous exerçons un métier difficile qui demande beaucoup de clairvoyance. Il faut être capable de reconnaître le mauvais débiteur, celui qui emprunte en sachant qu'il ne pourra jamais rembourser. »

Lorenzo ouvrit de grands yeux.

« Parce qu'il y a des gens qui ne remboursent pas leurs dettes ?

– Oui. Ils sont légion.

– Alors ce sont des voleurs !

– De fieffés coquins, oui.

– Comment peut-on savoir s'ils sont malhonnêtes ? »

Le vieil homme rit.

« C'est affaire d'expérience et de connaissance des hommes ! Ainsi, lorsque tu as un doute sur un emprunteur, demande un intérêt usuraire. Ou encore, exige qu'il te confie en gage un objet très précieux. Si l'homme ne se récrie pas et accepte trop facilement tes conditions, c'est qu'il n'a pas l'intention de te rembourser. Il faut alors rompre ce commerce au plus vite ! »

Malgré son jeune âge, l'enfant ne donnait aucun signe d'impatience. Il était au contraire très fier : ce vieillard au maintien modeste n'en était pas moins le personnage le plus puissant de Florence et il discutait d'égal à égal avec les monarques, les princes et les papes.

« Grand-père, as-tu déjà prêté aux rois ? »

Cosimo sourit.

« Les rois, Lorenzo, sont les plus grands emprunteurs qui existent de par le monde. Ils vivent toujours à crédit.

– Mais remboursent-ils ?

– Être le banquier d'un roi est un métier bien périlleux ! Les Bardi, la famille de ta propre grand-mère, y ont perdu toute leur fortune... Le roi d'Angleterre, Édouard III, ne les a en effet jamais remboursés ! Remarque bien que cette déroute de l'un de nos principaux concurrents nous a permis de nous affirmer comme les premiers banquiers de la place.

– Si les rois ne veulent pas rembourser, rien ne peut donc les y obliger ?

– Il faut être prudent. Prudent et patient. Seuls les banquiers suffisamment riches peuvent se permettre d'attendre. Puis on ne doit jamais oublier de prendre de sérieuses garanties avant de prêter aux rois.

– Et toi, grand-père, l'as-tu déjà fait ?

– Bien entendu... Il est difficile de refuser de prêter aux puissants. Mais j'ai toujours recouvré mon argent. Il faut savoir, mon petit, qu'un roi nécessiteux a encore la ressource de créer un nouvel impôt.

– Pour rembourser ses dettes ?

– Oui. Dans ce domaine, les souverains ne manquent jamais d'imagination. Toutefois, nous ne sommes pas seulement des banquiers, nous représentons une force politique considérable en Italie. Les rois doivent compter avec nous car ils ont souvent besoin de notre alliance autant que de nos florins.

– Et toi, pourquoi n'es-tu pas roi ? »

Cosimo éclata de rire.

« Tu m'imagines avec une couronne et un sceptre ? Non, Lorenzo, la sagesse consiste à gouverner sans en avoir l'air... Je n'ai aucun titre, je n'exerce aucune fonction officielle à la Seigneurie. Pourtant, ici, à Florence, tout procède de moi.

– Tu es donc aussi puissant qu'un roi !

–... Ou un duc ! »

Cosimo se saisit de l'échiquier qui était posé derrière sa table de travail. Les pièces avaient été sculptées dans le marbre blanc de Carrare, le vert de Prato, le rouge de Sienne, ces mêmes pierres qui faisaient la gloire de Santa Maria del Fiore.

« Accepterais-tu de disputer une petite partie avec ton grand-père ? »

L'enfant, joyeux, commença sans attendre à disposer les

pièces tandis que le vieil homme se levait et faisait quelques pas dans la pièce. Puis il se retourna.

« Écoute-moi bien, Lorenzo… Nous sommes riches, très riches. J'ai fait fructifier l'héritage de mon pauvre père, Giovanni di Bicci. Plus tard, tu agiras de même. Mais tu ne devras jamais aimer l'or… L'or n'est que l'instrument du pouvoir. C'est parce que nous sommes riches que nous sommes admirés et respectés, c'est parce nos coffres regorgent de reconnaissances de dettes que les Florentins, tant seigneurs que plébéiens, nous sont soumis. Si par malheur les Medici devenaient pauvres, ils ne seraient plus rien dans cette ville à laquelle ils ont pourtant tellement donné.

* *
*

« Regarde là ! »

L'enfant appliqua son œil droit contre un petit trou pratiqué dans la boîte que l'homme lui tendit. Lorenzo ne put s'empêcher de pousser un petit cri. Une nuit de velours s'offrait à son regard. Les étoiles brillaient dans un ciel qui semblait éclairé de l'intérieur. La lune, opalescente, paraissait dans le coin gauche. Elle rayonnait, si proche, presque vivante.

« Observe bien. Suis la queue de la Grande Ourse et tu trouveras l'Arcturus qu'on appelle également l'étoile du Bouvier. Plus loin, tu rencontreras aussi Orion et encore les Pléiades dans la constellation du Taureau. Nous devons cette science à un Grec, Atarus, et au grand Ptolémée. »

Lorenzo écoutait à peine tant il était subjugué par ce qu'il voyait.

« C'est magique… Je n'ai jamais rien vu de plus beau. »

Assise un peu à l'écart dans un fauteuil recouvert d'un brocart moiré, Lucrezia observait avec attendrissement son fils, si frêle à côté de la haute silhouette de Leone Battista

Alberti. L'homme était bâti en force. On devinait sous son pourpoint et ses chausses la masse musculeuse de son corps et les puissantes attaches de ses membres, à peine altérées par l'âge. Leone venait d'avoir cinquante ans. Remarquable athlète, il avait sculpté son corps comme une œuvre d'art, à l'image de ces anciens gymnastes grecs qu'il admirait tant. Ne disait-on pas que dans sa jeunesse il était capable de sauter à pieds joints par-dessus dix hommes debout sans même effleurer leurs cheveux ? Ou encore de perforer d'une flèche une cuirasse de fer ? Il était aussi un cavalier hors pair et un jouteur redoutable.

Alberti retira doucement la boîte des mains de l'enfant. Il fit glisser un panneau peint qui constituait le fond de l'objet. Il introduisit à sa place une autre peinture. Lorenzo s'empara aussitôt de la boîte et regarda à nouveau. Un sourire d'extase étira ses lèvres. Alberti se retourna, échangea un long regard avec Lucrezia. Sur ses cheveux blonds et courts coiffés à la mode des anciens Romains, il portait un *cappucio* rouge vif, la coiffure traditionnelle des Florentins. Ses traits étaient fins, son nez droit, ses yeux d'un bleu métallique, sa bouche gourmande. Seul le dessin fortement accentué des mâchoires trahissait ce qu'il y avait en lui d'avidité et de force.

Malgré elle, Lucrezia baissa la tête pour échapper à l'intensité de ce regard qui paraissait lire en elle à livre ouvert.

« La mer, on dirait qu'elle va sauter au-dessus de la falaise... Et la montagne là-bas qui s'enfonce dans les nuages... Il y a des grottes, des précipices, des cascades... J'ai l'impression d'entendre l'eau jaillir. Tu es un magicien, Leone. »

Lorenzo tendit la boîte à l'homme.

« Je veux voir encore une de tes images !...

– Non, Lorenzo. Il n'y a de grands plaisirs qui ne soient mesurés. Si ta mère le veut bien, je reviendrai un jour prochain. »

En même temps, il lança un nouveau regard si brûlant en direction de Lucrezia que celle-ci en rougit. Lorenzo, qui ne s'était aperçu de rien, prit la main de l'homme.

« As-tu un secret, Leone ? »

Alberti rit.

« La nature est en soi un secret... que je passe ma vie à essayer de débusquer. Heureusement, les Anciens ont cherché avant moi. Je m'inspire de leurs travaux.

– Les Anciens ? Ceux qui ont vécu avant nous ?

– Oui, bien longtemps avant nous. Les Grecs et les Romains. Ce sont mes meilleurs professeurs. Si tu veux en savoir un peu plus, sache que j'ai simplement utilisé les lois de l'optique et les qualités de la lumière !

– Alors, tu ne veux pas me livrer le secret de ta boîte magique ? »

Il posa sa main sur la tête de l'enfant.

« Un jour, je te le promets, je t'expliquerai... »

L'enfant parut déçu. Alberti s'avança vers Lucrezia. Il s'inclina profondément et murmura, de façon à ne pas être entendu de Lorenzo :

« Charmante donna Lucrezia, quand aurai-je l'honneur d'être ton invité aux thermes de Morba ? »

La jeune femme rougit à nouveau. Il prit sa main, posa ses lèvres sur les longs doigts de Lucrezia. Le mouvement n'échappa pas à Lorenzo qui s'était approché. L'apercevant, sa mère retira sa main un peu vivement. Alberti se redressa, posa une poigne pesante sur l'épaule de l'enfant.

« Lorenzo, tu as la plus belle des *mamma* ! »

Il s'en fut sans bruit, suivi du regard par la mère et l'enfant. Plus troublée qu'elle ne l'aurait voulu, Lucrezia palpa ses cheveux, comme pour vérifier que les tortillons roulés et piquetés de perles de sa coiffure ne s'étaient pas défaits.

Leone Alberti avait à peine passé la porte que Lorenzo se blottit contre elle et la serra de ses petits bras. Il y avait de la violence dans son geste. Il prit la main de sa mère.

Lucrezia eut l'impression qu'il voulait effacer la trace de l'homme.

« Tu es jaloux ? »

Son rire était un peu forcé. Elle éprouva le besoin de se justifier.

« Leone Alberti est le protégé de ton grand-père... Sa famille était bannie. Cosimo lui a permis de revenir à Florence. »

Elle se reprit et poursuivit :

« C'est un génie. Il a construit une partie de ce *palazzo* et l'église San Francesco. Il sait aussi peindre, traduire en langue vulgaire les auteurs anciens, écrire des poèmes ou jouer de l'orgue. »

Lucrezia serra l'enfant contre elle. Mais Lorenzo se détacha brusquement de son étreinte et la fixa, farouche :

« Je ne veux pas qu'il te touche ! »

* *
*

Le parfum des brassées de fleurs jetées à même la chaussée avait repoussé les miasmes de la ville : puanteur des tanneries, odeurs acides des teintureries, relents d'immondices. Les maisons, les *palazzi* étaient décorés de guirlandes ou arboraient les bannières des propriétaires mêlées à celles de Florence, lys blancs sur fond rouge, lys rouges sur fond blanc. Une foule joyeuse et bruyante se pressait dans les ruelles. Des courtisanes largement dépoitraillées côtoyaient des femmes honnêtes, des larrons déguenillés marchaient de conserve avec des artisans endimanchés, des *contadine** en cotte de gros drap riaient aux plaisanteries lestes de jeunes artistes échappés de leurs *bottege***. Parfois, il fallait s'écarter pour laisser passer une voiture ou un homme à cheval. Des

* *Contadina :* paysanne.
** *Bottega :* boutique, mais aussi atelier d'artiste où un maître accueille des élèves.

lazzis fusaient alors de la foule. Mais il n'y avait nulle méchanceté dans ces cris et moqueries. Ce 24 juin était le jour du *Palio* et les Florentins n'aimaient rien tant que s'amuser dès qu'ils abandonnaient leur commerce et leur industrie.

Sur la piazza di Santa Croce, déjà noire de monde, on avait dressé une tribune pour les juges, les familles des notables et les membres de la Seigneurie chargés de juger la course. Les gardes avaient beaucoup de mal à repousser les spectateurs qui se pressaient le long des barrières délimitant la piste improvisée où allaient arriver les cavaliers. Au fond de la place, sur un char orné à chaque angle d'un lion sculpté, attelé à quatre chevaux piaffants, le *Palio* flottait au vent. Cette pièce de soie cramoisie bordée d'or et de fourrure valait une petite fortune. Dans quelques minutes, elle appartiendrait au vainqueur. Il aurait le privilège de choisir la femme, mariée ou non, qui lui remettrait son trophée.

Le soleil était haut dans le ciel. Des hommes s'épongeaient le front et buvaient du vin à la régalade, des femmes s'éventaient. Le parfum entêtant des fleurs le disputait à l'odeur aigre de la transpiration et à celle, plus poivrée, du crottin. Il y avait de l'ivresse dans l'air.

Lorenzo écarquillait les yeux. Pour la première fois, il avait reçu l'autorisation d'assister à la course du *Palio*. Il était assis dans la tribune entre Lucrezia et Cosimo. Son père, Piero, se tenait à côté de son épouse. Il avait, à son habitude, un air morne qui tranchait avec l'excitation générale. Même Lucrezia, la tête recouverte d'un chapeau aux larges bords afin d'échapper aux feux du soleil, avait les joues un peu plus rouges. Lorsque le garçonnet l'observait à la dérobée, il lui semblait que la poitrine de sa mère, découverte jusqu'à la naissance des tétins et dissimulée à grand-peine par une bordure de mousseline, palpitait d'émotion ou d'impatience. Quant à Cosimo, qui n'avait pas dérogé à sa vêture de tous les jours, il affichait une physionomie bonhomme. Comme chaque année, il avait largement ouvert sa bourse afin que la liesse des Florentins fût totale.

Soudain, une cloche sonna. Profonde et solennelle, elle déchira le brouhaha de la foule. Ce fut le silence. Deux autres coups retentirent. Alors la folie s'empara du public. Chacun savait qu'à l'autre bout de la ville, porta al Prato, les cavaliers montés à cru s'élançaient, chacun connaissait leur parcours dans les ruelles et les rues, chacun imaginait les sabots des chevaux frappant les pavés d'où jaillissaient des étincelles. Les concurrents hurlaient, cravachaient leurs montures et les imprudents qui se risquaient jusqu'au milieu de la chaussée pour mieux les acclamer. Ils passeraient ensuite devant le majestueux *palazzo* Medici, via Larga. Puis ils longeraient Santa Maria del Fiore et traverseraient au galop la piazza della Signoria, se lanceraient dans le lacis des ruelles du quartier des tanneurs et des maroquiniers. Enfin, après le Corso, ils déboucheraient sur la piazza di Santa Croce et soulèveraient une immense clameur.

Dans ce tourbillon de couleurs, il faudrait alors reconnaître la livrée des siens. Chacune des grandes familles possédait son champion. La gloire du vainqueur rejaillirait sur le clan tout entier, parents et obligés.

La rumeur enfla. Lorenzo avait du mal à tenir en place. Il rejeta en arrière la *foggia** qui lui tenait trop chaud.

« Mais quand vont-ils arriver ? »

Un bruit furieux de galops lui répondit. Le garçon se leva. Les spectateurs hurlèrent. La tempête se déchaîna à l'entrée de la place. Un arc-en-ciel en mouvement. Les cavaliers couchés sur l'encolure de leurs montures cravachaient tant et plus leurs flancs écumants. Lucrezia saisit la main de son fils. Elle serra fort.

« Il est en tête, il va gagner ! »

---

* Partie du capuchon *(cappucio)* qui couvre la joue gauche.

Un Tornabuoni, le neveu de Lucrezia, portait les couleurs du clan Medici. Deux des concurrents s'étaient détachés. Giuliani Tornabuoni menait d'une tête. Brusquement, son cheval fit un écart, obligeant son adversaire à l'imiter, au risque de chuter. Les deux montures galopaient maintenant flanc contre flanc. Soudain, l'autre cavalier leva sa cravache et l'abattit sur les naseaux du cheval de Giuliani. L'animal hennit de douleur, se cabra. Déjà, son concurrent passait la ligne, hué et acclamé tout à la fois.

Lorenzo, indigné, criait :

« C'est un tricheur, je l'ai vu ! Il a frappé le cheval de Giuliani ! »

Au fond de la place, sous les hauts murs de Santa Croce, le char se mit en mouvement. Son cocher, un gros homme rougeaud vêtu d'une courte cape blanche sur un pourpoint écarlate et coiffé d'un *cappucio* frappé du lys florentin, semblait pénétré de son importance. Selon la coutume, le véhicule devait faire le tour de la place avant que le *Palio* ne soit remis au vainqueur par la belle qu'il aurait choisie. Le public continuait à hurler. Dans la foule, des rixes opposaient les partisans des deux concurrents arrivés en tête.

« Il n'a pas gagné ! C'est trop injuste ! »

Lorenzo trépignait de rage. À son côté, Cosimo était blême. Lucrezia se pencha vers l'enfant.

« Dans la course du *Palio*, tous les coups sont permis. Même si on le regrette, car c'est un ennemi de notre famille, c'est Giacomo degli Albizzi qui a gagné. »

Le vainqueur suivait à cheval derrière le char. Visage souriant, vêtu d'une casaque verte et de chausses jaunes, il saluait les spectateurs, son béret de velours à la main. Il y avait de l'ironie dans ce sourire. Giacomo était un grand jeune homme aux traits déliés et aristocratiques. Sa chevelure brune, mi-longue, se soulevait aux pas du cheval.

Il arriva enfin devant la tribune. Des trompettes sonnèrent. Un juge en longue robe rouge se mit debout. Ses pairs l'imitèrent.

« Giacomo degli Albizzi, nous te déclarons vainqueur ! »

Le jeune homme salua d'une brève inclination de la tête. Il éperonna sa monture qui repartit au pas. Puis il s'arrêta à nouveau à la hauteur des chaises qu'occupait le clan Medici. Son regard hardi s'attarda sur Lucrezia. Cosimo s'agita sur son siège. La jeune femme, gênée, détourna les yeux. Quant à Lorenzo, ignorant de la coutume du *Palio*, il ne comprenait pas.

Giacomo degli Albizzi ouvrit la bouche. Aucun son n'en sortit, il riait en silence. Lucrezia rougit sous l'affront. Puis le cavalier frappa de la paume le flanc de son cheval. Il s'immobilisa un peu plus loin devant une fraîche jeune fille qui s'appelait Ginevra Acciaiuoli et lui lança son bonnet.

* *
*

Échappant à la fournaise qui frappait la ville depuis plusieurs jours, Lucrezia avait quitté Florence à l'aube. Elle était simplement accompagnée de deux esclaves circassiennes achetées à Venise et qui étaient fidèlement attachées à son service depuis son mariage. Le carrosse, traîné par deux puissants chevaux, cahotait sur un mauvais chemin qui serpentait à travers les collines plantées de rares cyprès et de constructions de bois qui annonçaient les mines de cuivre et de fer. L'air marin soufflait sur ces terres arides d'où jaillissaient parfois des fumerolles brûlantes à forte odeur de souffre. Les thermes de Bagno a Morba étaient nichés plus bas au creux de la vallée du Diable. Les habitants de la région, pétris de superstitions, l'avait nommée ainsi à cause des phénomènes volcaniques inquiétants qui s'y produisaient régulièrement sous forme de jets de vapeur ou d'apparitions de sources bouillonnantes.

Lucrezia avait découvert sur ces terres appartenant aux Medici un antique établissement thermal de la période romaine ruiné par les siècles et les tremblements de terre. Elle avait entrepris de le restaurer et y avait aménagé pour elle-même une retraite campagnarde, loin de la ville et de son agitation, où elle prenait les eaux dans la plus grande discrétion, sans souci du qu'en-dira-t-on et tout entière occupée à son bien-être. Elle pouvait s'y prélasser dans un bassin d'eau sulfureuse et tiède reconstruit dans l'ancienne palestre, se barbouiller d'une boue aux propriétés balsamiques ou encore exposer son corps nu aux vapeurs bienfaisantes de l'étuve.

Il lui était aussi arrivé, rarement – trop rarement ? – d'y accueillir un amant qui n'aurait pu la courtiser sans imprudence à Florence. Assurée du silence de ses deux esclaves, elle avait abrité ses amours dans la petite villa qui jouxtait les bains. Mais elle ne dédaignait pas faire partager à ses amants les plaisirs revigorants des thermes.

La voiture s'arrêta devant le mur en grosses pierres qui protégeait les bâtiments de la curiosité. Lucrezia descendit prestement. Dans cet air plus frais, et malgré la fatigue du voyage, elle se sentait légère et libre. Il en était de même à chacun de ses séjours. Il était délicieux de penser qu'elle volait du temps à sa famille, à cette maisonnée exigeante qu'elle régentait avec sa belle-mère Contessina. Piero s'était réveillé alors qu'elle était à sa toilette. Sans un mot, il l'avait prise dans ses bras. Elle avait senti qu'il voulait la retenir, la prier de renoncer à partir. Avec douceur elle l'avait écarté et avait continué à peigner ses longs cheveux. Puis, en silence, elle était passée dans la chambre de ses fils. Lorenzo et Giuliano dormaient. Eux seuls auraient pu la convaincre de demeurer à Florence. De peur de les réveiller, elle se priva de les embrasser. Elle savait qu'ils ne tarderaient pas à lui manquer. Aussi, en ce petit matin, avait-elle hâté son départ.

Lucrezia flâna dans le petit jardin habilement désordonné qui entourait la villa tandis que les esclaves ouvraient les croisées et préparaient une légère collation. Sous ses pieds, les herbes, les fleurs exhalaient de suaves parfums qui se mêlaient aux fragrances acidulées des citronniers et à celles, plus miellées, des cédratiers. Elle s'assit sur un banc de pierre au pied d'un cyprès. Elle pensa soudain que son époux n'était jamais venu à Bagno a Morba. Il ne lui avait même pas demandé une seule fois de l'accompagner ou de la rejoindre. Que craignait-il ? De découvrir sa vie la plus secrète, de violer cet espace de liberté qu'elle s'était accordé ? Ou peut-être encore de trouver dans ce paradis terrestre quelques traces témoignant du séjour de l'un de ses amants ?

Elle méditait encore lorsqu'elle entendit le bruit d'un galop de cheval. Peu après, la haute silhouette de Leone Battista Alberti apparut derrière la grille d'entrée. Lucrezia sentit son cœur battre plus fort. Elle n'avait pas revu l'architecte depuis qu'il avait montré son étrange boîte optique à Lorenzo. Elle se leva lentement, fit quelques pas vers l'entrée. Alberti souriait à belles dents. La jeune femme, dissimulant l'émotion qui s'était emparée d'elle, demanda sur un ton volontairement froid :

« Leone, que faites-vous ici ?

– Donna Lucrezia, mes espions m'ont dit que vous alliez prendre les eaux...

– Mais je ne vois pas en quoi cela vous regarde.

– Je m'étais invité, vous ne m'avez pas répondu, j'ai cru donc habile de forcer le destin.

– Et moi, je crois que vous êtes un fieffé audacieux !

– Me laisseriez-vous toutefois à la porte, belle Lucrezia ? J'ai tant soif d'avoir chevauché aussi longtemps... »

Lucrezia soupira et ouvrit la grille. Elle ne se rendrait pas aussi facilement qu'il l'imaginait. Cependant, se dit-elle non sans hypocrisie, il lui était impossible de bafouer les lois de l'hospitalité.

* *
*

Sa conversation était éblouissante. Alberti savait tout sur tout. Son érudition était naturelle, jamais ostentatoire, il n'entrait nulle pédanterie dans son propos.

Ils étaient tous les deux assis sur des coussins que Lucrezia avait disposés dans l'herbe du jardin, à l'ombre des citronniers. Une des esclaves leur avait servi du Trebbiano, un excellent vin de Toscane, et s'était aussitôt éclipsée. La jeune femme, subjuguée, écoutait le discours de cet homme qui était capable de passer des secrets de la toilette féminine à l'élevage des chevaux ou encore à ses grandioses projets de repêchage d'une galère antique enfouie dans le lac de Nemi. Dès qu'il parlait d'architecture et de peinture, Leone Alberti s'enflammait.

« Il n'existe pas de plus grand plaisir que celui que peut apporter l'art !

– Même l'amour ?

– Bien que fugaces, les plaisirs de l'amour sont admirables.

– Êtes-vous en train de me dire que vous avez renoncé à ces plaisirs-là ? »

Lucrezia savait qu'elle empruntait un chemin dangereux en prenant l'initiative d'aborder ce sujet équivoque, propre à encourager les entreprises de son interlocuteur. Cela avait été plus fort qu'elle, et puis n'était-il pas déjà trop tard ? En outre, il ne lui déplaisait pas de provoquer ce bel homme assis auprès d'elle, si près qu'elle semblait baigner dans son odeur mâle, légèrement musquée.

Alberti répondit, ironique :

« Je ne pourrai jamais me priver de rendre hommage à la beauté. Comment peut-on mieux la célébrer qu'en la cueillant sur les lèvres d'une jolie femme ? »

Il se pencha vers elle. Elle se recula en riant et répliqua :

« La beauté n'est pas seulement féminine. Les fleurs, les animaux, les paysages ont aussi ce privilège...

– Vous avez raison, Lucrezia. Cependant, seul le corps de la femme atteint à la perfection. C'est une œuvre d'art. Je ne connais rien de plus admirable que la nudité féminine. Elle n'est jamais impudique car elle symbolise l'innocence de la nature.

– Cette beauté est si éphémère... Nous sommes à peine dans notre éclat que nous commençons à vieillir.

– Sans doute, mais la patine des ans ajoute parfois à l'harmonie. »

Le visage de Leone Alberti devint soudain sérieux. Il l'observait comme s'il ne l'avait jamais vue. Dans un mouvement enfantin, elle tenta de dissimuler ses yeux derrière ses mains.

« Ce sont mes rides que vous regardez...

– Elles sont si douces qu'on a envie de les caresser. Elles rient au coin de vos yeux.

– Vous n'êtes qu'un flatteur !

– Non, Lucrezia. J'admire les corps parce que je les connais. Nul mieux que moi ne sait leur architecture et leurs secrets les plus intimes.

– Cela me fait horreur... Tous ces organes que nous cachons, ces viscères, ces humeurs.

– Pourquoi tant de détestation ? Rien de ce qui est naturel ne mérite notre mépris. J'enseigne aux jeunes peintres qu'il leur faut d'abord étudier le squelette humain avant d'esquisser la moindre silhouette sur leur feuille à dessin.

– De vrais squelettes ?

– Naturellement ! Sous ma férule, ils procèdent à des dissections de cadavres. »

Lucrezia frissonna. Alberti poursuivit :

« Ensuite, je leur demande de comprendre comment s'attachent les muscles sur ces os et comment ils travaillent. Alors seulement, ils sont capables de reproduire la vérité de notre chair.

– Je ne pourrais jamais. »

Il plaqua une main sur la sienne. Elle n'osa pas se dérober mais elle ne put s'empêcher d'observer ses doigts noueux aux ongles ras. Elle les imagina fouiller les chairs mortes des cadavres, couper, cisailler. Ces mains maintenant sur sa peau. Il rit.

« Quelle curieuse façon de faire sa cour, n'est-ce pas ?

– Cessez ! J'ai l'impression que vous observez le squelette que je deviendrai.

– Je suis certain que sur vos muscles court une délicatesse nacrée et que vos os ont la couleur de l'ivoire... »

Elle retira sa main.

« Êtes-vous donc si pressé de me dépecer ?

– Non, mais de vous dévorer, peut-être. »

Elle n'eut pas le temps de répondre. Elle sentit son souffle chaud sur son cou. Puis ses lèvres, ses dents qui mordillaient, agaçaient...

« Leone ! » murmura-t-elle.

La pointe de sa langue glissait sur sa peau, effleurait, caressait le lobe de son oreille, s'insinuait à l'intérieur... Lucrezia, frémissante, ferma les yeux. Elle se retint de gémir. Une main sous sa robe, sur son genou, entre ses jambes, à la naissance de ses cuisses. Ses lèvres sous les siennes. Son haleine parfumée. Le goût de ce vin fruité qu'ils avaient partagé. Le poids de l'homme sur ses seins, son ventre.

Ils tombèrent à la renverse. Elle passa ses mains autour du cou de Leone, l'attira à elle. Le soleil jouait entre les feuilles des citronniers. Les fruits dorés semblaient suspendus dans le ciel. Jamais Lucrezia ne pourrait les oublier.

* *
*

Plus encore que dans le cabinet particulier de Cosimo, il régnait en ces lieux une atmosphère quasi religieuse. Sur les rayons de la bibliothèque trônaient les plus fameux auteurs de l'Antiquité et les poètes florentins majeurs. Tacite y côtoyait Virgile, Cicéron y fréquentait Sophocle, Pétrarque y frayait avec Dante. Autant de précieux manuscrits que Cosimo avait acquis à grand prix, lançant sur les routes de l'Europe ses limiers à la bourse bien garnie qui fouillaient pour lui monastères, prieurés et universités.

Lorenzo bâilla. Son précepteur lisait. Il entendait, assourdis, les cris de ses sœurs, de son frère et des cousins qui jouaient dans le jardin. Pourquoi l'obligeait-on à étudier alors qu'il se sentait des fourmis dans les jambes et que tout son jeune être vibrait d'impatience ? Non qu'il n'aimât point l'étude mais les récréations étaient si courtes et les leçons si longues. Le soir venu, il n'avait même plus la consolation de retrouver sa mère qui séjournait toujours en ses thermes de Morba. Seules satisfactions, les parties d'échecs que lui disputait son grand-père lorsque ses affaires le laissaient en paix.

Souvent, Lorenzo se sentait plus âgé qu'il ne l'était en réalité. Son nom, sa position lui imposaient d'être plus instruit, policé et intelligent que les autres enfants. Lorsqu'il se rebellait en comparant son sort à la vie insouciante que menait son cadet Giuliano, son père, mais surtout Cosimo le rappelaient à ses devoirs et à ses futures responsabilités.

Était-ce à ce prix qu'on devenait un Medici ? Deux ans plus tôt, n'avait-il pas déjà, au nom de sa famille, rendu une visite d'apparat au prince Jean d'Anjou qui séjournait alors à Florence ? Pour l'occasion, on lui avait taillé un magnifique habit à la française. Cosimo lui avait fait apprendre par cœur un compliment qu'il avait débité d'une traite devant le fils du roi René. Ses bonnes manières lui avaient valu l'admiration des gonfaloniers qui l'accompagnaient et avaient provoqué l'étonnement du prince, ravi d'entendre un enfant de cinq ans trousser une aussi jolie adresse.

Gentile Becchi leva les yeux de son livre.

« Lorenzo, as-tu fini ta traduction ? »

L'enfant soupira. Il trempa le bec de sa plume dans l'encrier et recommença à écrire, en tirant la langue comme pour mieux s'appliquer. Gentile lui jeta un regard attendri. Curé de l'église San Giovanni, il méritait son prénom et avait été choisi par Cosimo pour instruire son petit-fils des subtilités de la langue latine et des principes de la versification toscane. Il ajoutait bien sûr à cela un enseignement religieux. Cependant, Becchi, tout prêtre qu'il fût, prenait garde à ne pas endoctriner son élève à l'excès. Il prêchait un christianisme aimable qui faisait preuve de mansuétude pour le péché, à condition qu'il fût ensuite confessé. L'époque, tolérante, était ainsi faite. Des moinillons rendaient grâce à Dieu pour les offenses qu'Il leur permettait de commettre, des femmes osaient prier la Vierge de rendre leurs amants fougueux et passionnés, des prêtres trop ardents se faisaient lier pieds et mains pour éviter de céder à la tentation lorsqu'ils entendaient de jolies paroissiennes en confession. Quant à l'amour florentin, il suscitait d'autant moins de courroux que le clergé comptait nombre de sodomites.

Gentile Becchi se pencha pour lire par-dessus l'épaule de son élève. Lorenzo ne cessait de l'émerveiller. Il avait une intelligence naturelle des textes et ses premiers poèmes, même s'ils étaient encore maniérés et s'ils empruntaient exagérément aux auteurs que l'enfant avait lus, faisaient preuve du réel talent de Lorenzo.

« Allons, ce sera tout pour aujourd'hui. Demain, nous commencerons à étudier la *Vie des Hommes illustres.* »

Lorenzo se précipita à l'extérieur. Il désirait entamer au plus vite l'une de ces furieuses parties de *calcio* qui lui laissaient les genoux couronnés et la tête vide. Il se lança dans l'escalier pour rejoindre les enfants quand, soudain, il poussa un cri de joie : sa mère était enfin revenue ! L'une de ses esclaves lui ôtait le voile de lin qui avait protégé sa coiffure de la poussière des chemins. Bousculant la jeune

Circassienne, il sauta dans ses bras. Lucrezia le serra contre elle, couvrant son visage de baisers.

« Mon fils, tu m'as tant manqué ! »

Elle l'écarta pour mieux le regarder, le manger des yeux. Lui aussi l'observait. Elle était si belle. D'une beauté qui brillait de l'intérieur. Il décela tout de même sur son visage de madone une sorte de voile de tristesse. Une partie d'elle-même demeurée à Bagno a Morba l'empêchait de s'abandonner entièrement à la joie de retrouver son fils. Lorenzo résista à l'envie de l'interroger. Sa seule présence lui suffisait. Il était convaincu que son fol amour pour sa mère saurait vite dissiper les nuages qui assombrissaient ses traits.

II

1463

Sous les sapins, le sol était tapissé d'aiguilles et de mousse. La lumière gris-bleu était parfois éclaboussée de flaques de soleil quand les arbres se faisaient plus rares. Des ruisseaux creusaient le flanc de la montagne et s'en allaient rejoindre le torrent impétueux qui avait dessiné la vallée. Le chemin sinueux ne cessait de grimper. Les sabots des chevaux arrachaient au sol des cailloux qui roulaient sur le sentier.

Ils avaient quitté les douces collines qui environnaient Florence où régnait une quiétude de jardin amoureusement cultivé. Entre deux vignes s'intercalait une petite platebande de blé vert. Plus loin, des oliviers aux feuilles argentées frissonnaient sous le vent et, sur une crête, un cyprès se dressait fièrement vers le ciel, comme un cierge.

On devinait dans cette nature sauvage où ils pénétraient maintenant les frémissements d'une vie mystérieuse et invisible que seuls des sons trahissaient : le brame lointain d'un chevreuil, un bruit de branche cassée sous la patte d'un renard ou d'une martre, le cri grinçant d'un geai.

Lorenzo chevauchait derrière son maître, Cristoforo Landino. Lorsque la largeur du sentier le permettait, l'adolescent éperonnait sa monture et rejoignait son compagnon. Ils reprenaient alors leur savante conversation sur Dante dont Landino était le commentateur le plus perspicace. C'était un petit homme d'une quarantaine d'années aux cheveux bouclés, aux yeux vifs.

« Plus que de l'amour, c'est un appétit d'amour que ressent Dante.

– L'amour de l'amour ?

– Oui. Un amour idéalisé... Et même si Béatrice se refuse à répondre à son inclination, il sait que la célébration de cet amour ne pourra jamais lui être ôtée. Son bonheur se trouve désormais dans l'exaltation de sa dévotion amoureuse, dans les louanges qu'il ne cesse d'écrire à l'adresse de sa belle. En réalité, c'est pour lui qu'il compose ses poèmes lyriques.

– Un amour abstrait...

– Un amour magnifié qui n'existe que pour lui-même. Qu'importe s'il ne se conclut pas par une victoire ou une conquête. »

Lorenzo hocha la tête. Il ne pouvait s'empêcher de penser à ses propres émois. À la différence de Dante, amoureux de Béatrice à l'âge de huit ans, il n'aimait pas encore mais toute compagnie féminine lui était tentation : les petites esclaves qui tourbillonnaient dans le *palazzo* de la via Larga, ses jolies cousines toujours promptes à découvrir leurs mollets, les courtisanes à la gorge nue qui le hélaient depuis leurs fenêtres lorsqu'il marchait seul dans les rues de Florence. Ses sœurs, sa mère, le taquinaient et lui posaient mille questions. Il se gardait bien de répondre et s'en sortait par des pirouettes. Il savait que tôt ou tard il satisferait ce désir qui le brûlait mais il en préserverait la découverte et le sel pour lui seul.

Le faîtage d'un toit pointa entre les sapins. Le premier bâtiment du couvent de Calmadoli. Ce fut ensuite le clocher de l'ermitage, surmonté d'une simple croix. Tout autour, entouré de hêtres séculaires, s'étalait le village des moines, un assemblage de maisonnettes couvertes de tuiles romaines. D'autres religieux de cet ordre des Calmadules préféraient vivre en ermites au cœur de la forêt.

Lorenzo n'était encore jamais venu dans cet endroit solennel et silencieux où se réunissaient régulièrement quelques-uns de ses maîtres et les meilleurs esprits de Florence. Le plus jeune n'était pas le moins illustre : Marsilio Ficino, qui avait reçu l'enseignement des Grecs Chalcondylas et Argyropoulos, se posait déjà en successeur du divin Platon.

Les deux cavaliers s'engagèrent dans l'allée qui séparait les petites maisons. L'ermitage n'était que silence et recueillement. L'ombre blanche d'un moine apparut à l'angle d'une bâtisse et s'effaça tout aussitôt. Lorenzo pensa avoir rêvé. Il leva les yeux. Un pâle croissant de lune se levait au-dessus des arbres. Le soir tombait. Une buse tournoyait dans le ciel de velours et poussait de brefs cris perçants comme pour repousser la nuit.

Ils dépassèrent le monastère. Des torches étaient allumées au pied d'un grand hêtre. Ils distinguèrent plusieurs silhouettes assises qui faisaient cercle autour d'un brasier. Lorenzo et Cristoforo descendirent de cheval, attachèrent leurs montures à un baliveau et rejoignirent le petit groupe alors que s'élevaient les premières notes de l'angélus. Tous étaient vêtus de ces chauds cafetans dont la mode avait été apportée par les Grecs chassés de Constantinople. Marsilio Ficino, adossé à l'arbre, cessa un instant de parler. Les flammes jetaient sur son visage fin et étroit des lueurs inquiétantes. Un tout jeune homme était à demi couché à ses pieds. Le philosophe avait posé une main sur sa tête. Lorenzo n'ignorait pas que, tel Socrate, il préférait l'amour des éphèbes. En face de lui, se trouvait Leone Battista Alberti. Ses cheveux, toujours courts, avaient blanchi. Ses traits s'étaient creusés mais n'avaient rien perdu de leur énergie. Il sourit en apercevant Lorenzo. Celui-ci lui rendit son sourire : depuis longtemps, il avait oublié son ancienne jalousie.

D'ailleurs, l'architecte, lorsqu'il se rendait via Larga, s'entretenait de ses projets avec Cosimo et semblait éviter Lucrezia.

Il y avait encore une poignée de jeunes gens, poètes, musiciens, lettrés que Lorenzo connaissait de vue. Les deux nouveaux venus prirent place dans le cercle. Ficino parla à nouveau dès que la cloche se tut.

« Avant de s'abîmer dans le corps, l'âme vivait au ciel dans la contemplation de la Vérité divine. Ainsi parle Platon dans le *Phèdre*. Aussi, quand un homme observe les beautés terrestres, il ne peut manquer de se remémorer la beauté véritable et son âme aspire à s'envoler. L'âme, qui est la fontaine de notre bonheur. »

Il y eut un silence. Tous méditaient les paroles de Ficino. Lorenzo s'enhardit et apostropha le philosophe :

« Est-ce à dire qu'il faut mépriser les beautés d'ici-bas ?

– Non. Car le Bien et le Beau sont indissociables. La beauté corporelle est comme une image de la beauté de l'âme. Rappelle-toi la prière de Socrate : "Donnez-moi la beauté intérieure et que l'extérieur soit en harmonie avec l'intérieur." »

En même temps, il enfouit sa main dans la longue chevelure de son giton. Tandis qu'Alberti prolongeait son propos :

« Le corps et l'âme doivent vivre en harmonie.

– Tu en es un vivant exemple, Leone, répondit Ficino.

– Oui, Marsilio. Nous devons aspirer à être un tout. Un être complet. Un homme de bien doit respecter son corps, élever son âme et nourrir son esprit. »

Lorenzo repensa à sa conversation avec son maître Cristoforo Landino tandis qu'ils montaient vers le couvent des Calmadules. Il observait aussi la main de Ficino qui caressait machinalement la tête de son jeune compagnon. Pour trouver les secrets de la beauté intérieure, fallait-il céder à la tentation de l'amour terrestre ? Landino, comme s'il avait deviné la question que se posait son élève, se pencha vers lui :

« L'amour n'est qu'un prétexte pour atteindre Dieu.

– Même l'amour physique ?

– Bien entendu, Lorenzo. Rendre grâces à la Beauté, c'est aussi reconnaître l'œuvre de Dieu. »

La nuit avait gagné la clairière. Une chouette hululait. La lueur des torches et du feu de bois dansait sur les visages, déformant les traits, accentuant les défauts et leur faisant dans l'obscurité des yeux brillants de loups. Le silence gagna le groupe comme pour rendre hommage aux ténèbres qui les environnaient. Marsilio Ficino se mit debout, suivi par son giton. Les autres les imitèrent et se saisirent des torches. Lorenzo savait qu'ils allaient passer la nuit dans une partie du couvent mise à leur disposition par le père abbé. Demain, sous le soleil retrouvé, ils recommenceraient à philosopher et méditer. En marchant vers l'ermitage, l'adolescent se sentait envahi par une étrange exaltation. Jamais il n'avait eu autant conscience de la chance qui lui était offerte de pouvoir recevoir l'enseignement de quelques-uns des plus grands esprits de ce temps.

* *
*

Une fois l'étude terminée, Giuliano le rejoignait et ne le quittait plus d'une semelle. C'était un petit garçon aux cheveux blonds et bouclés, au visage délicat, aux yeux rieurs. Son petit frère. Lorenzo l'aimait tendrement et lui enviait son insouciance. Pour Giuliano, l'existence n'était encore que jeux et plaisirs. Jamais il ne lui arrivait de montrer la moindre jalousie lorsque son grand-père s'enfermait de longues heures avec son aîné ou quand on permettait à ce dernier d'assister à des entrevues avec des personnages solennels, ambassadeurs, membres de la Seigneurie, directeurs de filiales de la banque Medici. D'emblée, le bel enfant semblait avoir admis que son frère était promis à de hautes destinées tandis que lui-même demeurerait son second en toutes choses. Il n'en éprouvait nulle acrimonie car la vie lui était douce, au milieu du froufrou des robes de ses sœurs, des mains caressantes des servantes, des baisers de sa mère. Tout un monde féminin qui lui était dévoué et ne paraissait préoccupé que de son bonheur. Or, dès qu'il le pouvait, c'était vers son grand frère qu'il se tournait, tant il l'admirait et voulait lui ressembler. Son regard sombre lourd de secrets, sa prestance, son aisance, son ascendant naturel qui l'autorisait à traiter avec les adultes d'égal à égal.

Les deux frères avaient trouvé refuge dans l'ombre de la loggia, au premier étage du *palazzo*. Lorenzo, le regard vague, était silencieux. Le soleil, encore vif, claquait sur les tuiles rouges de la ville et une brume de chaleur nimbait le contour des collines environnantes.

« À quoi tu penses ? Tu es amoureux ? »

Lorenzo haussa les épaules. Giuliano insista :

« Je la connais, c'est Ginevra Soderini... »

L'adolescente était la fille de Tommaso Soderini, l'un des principaux conseillers de leur grand-père, apparenté aux Medici puisqu'il avait épousé une sœur de Lucrezia. C'était une jolie créature un peu dégingandée, à laquelle une forte myopie donnait des yeux perpétuellement étonnés. Chaque fois qu'elle accompagnait son père via Larga, elle ne manquait pas de s'enquérir de Lorenzo. Lorsqu'elle parvenait à le voir, elle tournait autour lui en l'étourdissant de mille chatteries et propos étourdis. Le jeune homme feignait l'agacement mais il n'était pas tout à fait indifférent à la fraîcheur de son teint de biscuit et au charme de ses formes naissantes. Il soupçonnait Tommaso Soderini d'encourager les entreprises de sa fille. Un mariage avec un Medici rehausserait le prestige de sa maison et en assurerait la prospérité. Mais il ne devait pas nourrir d'illusions : Lorenzo savait déjà que ses épousailles feraient l'objet d'un calcul politique et scelleraient l'alliance des Medici avec une famille autrement puissante. Il l'acceptait par avance : un mariage était d'abord un contrat et l'amour n'avait rien à voir là-dedans.

Il regarda son petit frère.

« Et toi, qu'en penses-tu ?

– Elle, elle t'aime, c'est certain.

– Mais les amours ne sont pas toujours partagées. Tu l'apprendras bien assez tôt. »

Giuliano fit l'étonné. Lorenzo éclata de rire malgré lui. Le garçon fronça les sourcils.

« Alors, c'est que tu en aimes une autre ?

– Pourquoi te le dirais-je ?

– Parce que tu as promis de ne jamais me mentir !

– Mais je n'ai jamais promis de tout te dire !

– C'est pareil ! » répondit l'enfant, boudeur.

Lorenzo passa son bras autour des épaules de son frère.

« Je vais te révéler un grand secret... Je dois me préparer à partir en voyage.

– Alors, emmène-moi !

– Non, Giuliano, je ne peux...

– Et où vas-tu, méchant ?

– Grand-père me charge d'une ambassade auprès du cousin du roi de France, le duc Jean de Calabre. »

Giuliano écarquilla les yeux.

« Le cousin du roi de France ! Mais, tu...

– Tu penses que je suis trop jeune, c'est cela ?

– Il ne te laissera jamais entrer dans son château ! »

Lorenzo rit à nouveau.

« Grand-père m'a promis un train de prince ! Les Medici sont désormais en mesure de pouvoir discuter et négocier avec les plus grands souverains du monde.

– Nous ne sommes même pas nobles...

– ... et nous ne portons pas de titre. Cependant, nous

sommes les premiers citoyens d'une République qui illumine l'Europe entière. Notre banque est présente dans la plupart des capitales et les rois impécunieux nous demandent l'aumône. N'est-ce pas plus important que de coiffer une couronne ? »

Giuliano feignit d'être impressionné. Puis, moqueur, il lança :

« On dirait grand-père... »

Lorenzo sourit. Il se jeta sur son frère. Les deux garçons roulèrent à terre. Ils aimaient ces joutes rugueuses. Bien que Lorenzo fût le plus grand, le plus fort, Giuliano, nerveux et souple comme une anguille, parvenait généralement à se dégager. Il s'ensuivait des poursuites joyeuses et échevelées dans les vastes pièces du *palazzo*. À bout de souffle, les joues rouges, heureux, ils finissaient par se laisser tomber au pied d'un mur.

Ginevra Soderini était à la recherche de Lorenzo quand elle les surprit au deuxième étage, au coin d'un couloir, assis à même le sol, en train de reprendre leur respiration. Elle portait une robe de soie vieux rose à dessins mauves, dont la ceinture haut placée s'efforçait de mettre en valeur ses seins menus d'adolescente. Lorenzo, vexé d'avoir été pris au dépourvu dans une attitude aussi enfantine, le cheveu en bataille et les vêtements en désordre, rougit et se releva d'un bond. Giuliano ricana et s'attira un regard furieux de son frère.

« Que faites-vous là, tous les deux ? » interrogea Ginevra.

Lorenzo haussa les épaules et répondit, abrupt :

« Rien qui te regarde !

– Je ne voulais pas être indiscrète », minauda-t-elle, battant des paupières et baissant les yeux. Mais, même repentante ou faisant semblant de l'être, elle ne fit aucun mouvement pour se retirer.

Ses cheveux blonds et nattés dégageaient son haut front et étaient rassemblés au-dessus de sa tête par un ruban brodé d'or. Lorenzo pensa qu'elle ressemblait aux vierges languides qu'avait peintes Masaccio. D'un geste brusque, il fit signe à Giuliano de déguerpir. Le petit garçon s'éloigna à regret.

« Que me veux-tu, Ginevra ? »

L'adolescente releva la tête.

« N'as-tu donc pas compris, Lorenzo ? »

Elle essuya une larme invisible au coin de sa paupière. Soudain, il la prit par le coude et la poussa devant lui.

« Veux-tu me chasser ? »

Il ne répondit pas. Ils marchaient dans le couloir à vive allure. Lorenzo s'arrêta devant une porte, retint Ginevra.

« Entre ! »

Ils pénétrèrent dans une chambre où régnait le plus grand désordre. Des manuscrits, des instruments de musique, des pages d'écriture jonchaient le sol, les sièges et l'unique table. Un lit à baldaquin occupait le fond de la pièce.

La porte à peine refermée, Lorenzo pressa l'adolescente contre lui, écrasant ses lèvres sous les siennes.

* *
*

Lucrezia se regardait dans un miroir. Le temps, cruel, avait fait son œuvre. Un pli d'amertume s'était dessiné aux coins de ses lèvres, ses yeux étaient cernés.

Je suis une vieille femme, se dit une nouvelle fois Lucrezia. Les maternités, la lassitude, les déceptions avaient terni son éclat, arrondi ses formes. Où était la beauté qui avait succombé dans les bras de Leone Alberti ?

Après avoir vécu une grande flambée d'amour dans la solitude des bains de Morba, les amants s'étaient séparés. Chacun était revenu de son côté à Florence. Lucrezia, comme si elle avait eu peur d'elle-même, de cette folie qui l'avait si longtemps éloignée de son époux, était redevenue la femme discrète et diligente que tout le monde connaissait : bonne mère, bonne ménagère, bonne catholique et s'appliquant à ne jamais croiser l'amant qui lui avait donné tant de plaisir. Mais, dans le secret de sa chambre, elle gardait comme un trésor le souvenir de ce feu qui l'avait embrasée et chérissait ces réminiscences d'un péché qui la tenaient des heures éveillée.

À son retour, Piero s'était bien gardé de lui poser des questions. Toutefois, il n'avait sans doute pas été dupe. Désormais, lorsqu'il venait parfois la rejoindre dans son lit le soir, elle s'abandonnait à son étreinte sans un mot, sans même un murmure.

On toquait à sa porte. Elle l'aperçut par le truchement de son miroir. Lorenzo. Une fois encore elle s'émerveilla de ce qu'il avait gagné en force et en prestance. Son regard sombre brûlait d'impatience. La vie coulait en lui, torrentueuse, passionnée.

Lorenzo appuya ses mains sur les épaules nues de Lucrezia. Ils se regardèrent dans le miroir. Il posa ensuite devant sa mère un feuillet. Elle lut :

Certes l'âge tendre point ne refuse
de suivre Amour, mais souffre chaque jour davantage ;
volontiers il suit son doux malheur,
puisque son destin lui a fixé ce sort.

Elle sourit un peu tristement.

« Connais-tu donc déjà l'amour pour en savoir les souffrances ? »

Lorenzo rougit. Lucrezia se retourna.

« Je ne veux point dérober les secrets de ton cœur. Il me semble tout de même que tu mésestimes les bonheurs que peut apporter une tendre inclination.

– Le sais-tu, toi ? » demanda-t-il brusquement.

Ce fut au tour de Lucrezia de marquer un léger embarras.

« J'ai lu les poètes ! répliqua-t-elle après un temps.
– C'est justement un poème que j'ai écrit.
– Alors, tu as peut-être fait œuvre d'imagination.
– Parce que tu penses que ma Béatrice n'existe pas ?
– Je ne sais si je dois le souhaiter ou le regretter. Le jour où tu aimeras, tu m'oublieras. »

Le garçon s'agenouilla devant Lucrezia, prit ses mains dans les siennes.

« Jamais une femme ne le disputera à ma mère !
– Je suis donc rassurée... Si tu aimais déjà, tu ne prononcerais pas des paroles aussi imprudentes. »

* *
*

Cosimo était las et usé. Voûté, il donnait l'impression d'avoir rapetissé. Les assauts de la maladie se faisaient toujours plus pressants et impitoyables. Le vieil homme se força pour répondre à l'invitation de son petit-fils Lorenzo qui désirait, comme autrefois lorsqu'il était enfant, aller musarder avec lui dans les rues bruyantes de la ville.

Le vieillard et l'adolescent sortirent du *palazzo* à l'heure où le soleil déclinait. Auparavant, Cosimo avait donné ses dernières instructions aux commis et veillé à ce que les coffres fussent bien fermés et les livres en ordre.

Les boutiques et les ateliers, ouverts sur la rue, fourmillaient encore d'activité. Ici, un cordonnier découpait dans un morceau de cuir des semelles de chaussures, à côté, un ferronnier frappait à coups redoublés sur une pièce de métal incandescent qu'il venait d'extraire de sa forge, plus loin, un orfèvre enchâssait une pierre dans le chaton d'une bague. Dès que les commerçants ou les artisans reconnaissaient Cosimo et Lorenzo, ils cessaient leur travail et s'empressaient de les saluer avec respect. Débonnaire, le vieillard les invitait à retourner à leur pratique.

Le grand-père et son petit-fils s'arrêtaient devant chaque échoppe, échangeant quelques mots, s'enquérant du nom d'un outil ou de la particularité d'une technique. Lorsqu'ils reprenaient leur chemin, la foule qui hantait ces ruelles ouvrières s'ouvrait naturellement devant eux, comme pour leur rendre hommage.

« Ne te fais jamais aucune illusion, Lorenzo, murmura Cosimo. Nous ne sommes estimés que parce que nous sommes riches. Si la fortune nous abandonnait, nous serions traités comme des gueux. »

Ils débouchèrent sur la place San Lorenzo. En face d'eux se dressait la masse imposante de l'église dont la façade de briques était encore nue. Il était prévu qu'un revêtement de marbre recouvrît plus tard ce monument édifié par Brunelleschi à l'initiative de Giovanni di Bicci et dont les Medici avaient fait leur sépulcre familial. Sur le flanc droit de l'église, s'ouvrait un charmant cloître, un havre de verdure qui permettait ensuite d'accéder par un escalier monumental au chef-d'œuvre dont Cosimo était sans doute le plus fier, une bibliothèque publique qui regorgeait d'ouvrages rares et précieux. Lorenzo savait qu'il n'en existait pas de semblable dans toute l'Europe.

Fatigué, le vieillard se laissa tomber sur un banc de pierre, à l'ombre des arcades du cloître. Il peinait à reprendre son souffle. L'adolescent, inquiet, l'observait. Cosimo se força à sourire.

« Ne crains rien ! Le moment de rejoindre Notre-Seigneur n'est pas encore venu. Mon vieux corps aspire malgré tout à vivre. Mais aujourd'hui, j'ai hâte d'accéder à la paix éternelle. »

Il serra frileusement son cafetan autour de lui. Un couple de pigeons voleta au-dessus d'eux et se posa sur la pelouse. Cosimo fit signe à l'adolescent de venir s'asseoir à côté de lui et reprit :

« C'est ici, à San Lorenzo, dans notre église paroissiale

construite par mon père que je reposerai. Je veux des obsèques simples, à l'image de ce que fut mon existence. Je n'ai sacrifié à l'apparat que lorsque la politique de Florence l'exigeait. J'ai toujours placé au-dessus de tout l'intérêt de notre famille et de nos affaires. J'ai toujours aimé tendrement ta grand-mère, même s'il m'est arrivé d'écorner parfois le contrat qui nous liait... Mais il n'est nul péché qu'une confession sincère ne puisse effacer... »

Lorenzo savait que Cosimo faisait allusion à la liaison qu'il avait entretenue dans sa jeunesse avec une esclave circassienne qui lui avait donné un fils, Carlo. Celui-ci, à qui il avait accordé le privilège de porter son nom, avait été ordonné chanoine de la cathédrale. Son père le destinait à la pourpre cardinalice.

Le vieillard soupira et poursuivit dans un filet de voix :

« Je te connais bien, Lorenzo. Tu es fougueux, volontaire, passionné. Tu aimes les arts, tu es épris de beauté sous toutes ses formes. Comme moi, tu protégeras les lettrés, tu donneras du travail aux peintres et aux sculpteurs, tu embelliras cette ville et tu enrichiras tes collections. Mais n'oublie pas de veiller sur nos affaires. Pour satisfaire tes ambitions et assouvir tes désirs, tu devras en effet veiller à être le plus riche. Le soir venu, il te faudra lire les dépêches de tes agents à l'étranger et les rapports des espions que tu auras placés auprès de nos ennemis exilés, ou encore écouter les relations des mouches qui épient nos concitoyens et te permettront de déjouer les complots avant qu'ils ne soient mis à exécution. »

Les pigeons, après avoir becqueté l'herbe, s'envolèrent dans un grand battement d'ailes. Lorenzo suivit malgré lui leur envol au-dessus du toit du cloître. Un instant, il envia leur liberté.

« Tu dois penser que je te vole ta jeunesse en t'entretenant de façon si sérieuse... Le sang bout dans tes veines.

Ton ardeur naturelle te pousse vers le plaisir. Mais tu es un Medici ! Tu ne peux l'oublier.

– Il me serait difficile de l'ignorer. »

Il n'y avait nulle hargne dans sa réponse. Depuis toujours, Lorenzo se pliait de bonne grâce aux leçons de son grand-père et acceptait qu'il disposât de son destin. Cosimo était ainsi fait : pour lui, la vie était un immense échiquier sur lequel il ne cessait de pousser ses pièces, parents ou alliés.

Celui-ci lui tendit la main. L'adolescent aida le vieil homme à se relever et le tira à lui. Ils reprirent leur marche. Cosimo avait posé une main sur l'épaule du garçon.

« Sache aussi, et j'en aurai fini, que la solitude et la réflexion doivent toujours précéder l'action. »

Après un silence, il ajouta :

« On n'est jamais autant seul que lorsqu'on exerce le pouvoir ! »

Sur le chemin du retour, leurs pas les conduisirent vers le couvent dominicain de San Marco, situé à proximité du *palazzo* Medici. Cosimo s'était pris de passion pour cet endroit où, à son initiative, le doux Fra Angelico avait décoré les cellules des moines et les salles conventuelles de fresques naïves et fraîches à l'image même de sa foi candide. Il dotait richement ce monastère qu'il avait contribué à édifier sur un terrain lui appartenant et, au fil des ans, son jardin, peuplé de marbres antiques, était devenu une sorte d'appendice artistique de sa propre maison. Les dominicains venaient y lire leur bréviaire et fréquentaient sans sourciller ces beautés païennes et nues, déesses, muses ou nymphes, qui languissaient sous le soleil de Florence.

Le frère supérieur vint les accueillir. Cosimo le dispensa du compliment qu'il s'apprêtait à prononcer. Ici, les Medici étaient chez eux. Cosimo venait régulièrement y faire retraite. Ils gagnèrent un corridor sur lequel s'ouvraient les cellules aux portes numérotées. Tout n'était que silence et recueillement.

« Fra Angelico vivait ici. Au numéro 33...

– 33, comme l'âge du Christ à l'heure de sa mort, murmura Lorenzo.

– Il a peint sur le mur de sa cellule le baiser de Judas. C'est devant cette fresque qu'il avait choisi de méditer. Comme si cet homme au cœur simple, étranger à toute méchanceté, avait voulu se persuader que la noirceur existait. Mais je doute qu'il y ait vraiment cru tant sa peinture recèle de douceur et de mansuétude. »

Lorenzo connaissait bien l'œuvre radieuse de Fra Angelico, mort huit ans plus tôt à Rome. Son grand-père lui avait commandé une *Adoration des Mages* qui trônait dans une salle du *palazzo* Medici. Chacun des personnages de ce tableau foisonnant respirait la piété et la bonté. Les couleurs lumineuses utilisées par le maître étaient autant d'actes de foi. Avant de prendre son pinceau, le dominicain ne manquait jamais de prier, lui avait dit Cosimo.

Au fond du corridor, le vieillard poussa la porte de la cellule 38. Le chef du clan Medici venait parfois méditer dans ces deux pièces en enfilade. Le mobilier était réduit à sa plus simple expression : un lit étroit, un coffre, une table et une chaise. Cependant deux fresques illuminaient ce lieu modeste, dont un *Christ en croix* et une autre *Adoration des Mages,* peintes par Angelico et son élève Filippo Lippi. Également moine, ce dernier avait enlevé une nonne dont il était tombé amoureux. Pour effacer ce grand scandale ou éviter à Lippi un sort semblable à celui d'Abélard, Cosimo avait pris sur lui de plaider sa cause à Rome. Le moine et la nonne avaient obtenu du pape la dissolution de leurs vœux. Ils vivaient désormais comme mari et femme avec leur enfant, Filippino.

« Vois-tu, Lorenzo, c'est ici que je me sens le plus en accord avec moi-même... Si je le pouvais, je me retirerais en ce lieu consacré à la prière et à l'étude et je me préparerais à la mort. Mais la banque et la politique m'interdisent d'y penser. »

Pour la première fois, l'adolescent prit conscience de l'immense lassitude de son grand-père. Pourtant, l'œil du petit homme demeurait vif et arrivait la plupart du temps à faire oublier la détresse physique de ce corps maigre et souffreteux.

Lorenzo eut envie de prendre Cosimo contre lui et de le serrer, afin de lui communiquer un peu de sa propre force. Il n'osa pas.

III

Août 1466

Lorenzo était inquiet. Son père lui demandait de revenir sans tarder à Florence alors même qu'il était engagé dans une négociation avec le pape. Paul II, un ancien marchand vénitien, mais tout à fait favorable aux intérêts des Medici, venait d'accepter que les Florentins détiennent désormais, en association avec la Chambre apostolique, le monopole de l'extraction et de la commercialisation d'alun du gisement pontifical de Tolfa. Ce gisement fournissait une matière première indispensable au dégraissage des tissus et à la fixatior des teintures. Le jeune homme avait également mené, tant au Vatican qu'à Naples, de délicates discussions diplomatiques. Après la mort de Francesco Sforza, le condottiere devenu duc de Milan, les Medici avaient aussitôt reconnu son héritier, Galeazzo. Ils entendaient que le pape et le roi de Naples, Ferrante d'Aragon, les imitent, afin de constituer une puissante alliance destinée à limiter les visées belliqueuses de Venise. Paul II, malgré son origine vénitienne, s'était rendu aux arguments de Lorenzo. Quant à Ferrante, en échange d'une paix commerciale avantageuse pour le royaume de Naples, il y avait aussi consenti. Habilement, Lorenzo en avait profité pour écarter de la place de

Naples les concurrents florentins de la banque Medici, les Acciaiuoli et les Pitti.

De retour à Rome, il ne restait plus au jeune homme qu'à convaincre le pape d'accorder un chapeau de cardinal à son jeune frère, Giuliano. Ce n'était, selon ses espions au Vatican, qu'une question de temps. En attendant, Lorenzo comptait bien profiter des plaisirs de Rome. Reçu à l'égal d'un prince dans les meilleures familles de l'aristocratie, le jeune homme ne désespérait pas de tourner la tête à quelque belle jouvencelle. La Ville éternelle n'était que fêtes, débauches et intrigues. Même les gens d'Église entretenaient ouvertement des concubines ou des prostituées. Jamais Lorenzo n'avait vu autant de putains que dans la capitale de la Chrétienté.

Mais, depuis qu'il avait reçu le message de son père, étreint par l'angoisse, il courait la poste, brûlant les étapes entre Rome et Florence.

Cosimo était mort deux ans auparavant. La Seigneurie et les membres des Conseils lui avaient décerné le titre de « Père de la patrie ». L'inscription était gravée sur son tombeau dans l'église San Lorenzo et des médailles avaient été frappées pour rendre hommage au « premier » des Florentins. La succession avait naturellement échu à celui qu'on appelait familièrement Piero il Gottoso. Et, sous Cosimo comme sous Piero, s'était prolongée cette curieuse fiction qui voulait que le Medici ne fût qu'un citoyen parmi les autres alors qu'en réalité il gouvernait la ville. Cependant, depuis la mort de Cosimo, de sombres nuages obscurcissaient le ciel de Florence. Prenant prétexte de la mauvaise santé de Piero, les notables aspiraient à s'affranchir de la tutelle de la toute-puissante famille Medici. Les vieilles querelles resurgissaient. Les anciens comploteurs, exilés ou reclus dans leurs *palazzi*, se reprenaient à espérer. Déjà, à l'automne 1465, une première alerte avait ébranlé la maison Medici : sous la pression des Républicains, les prieurs de la

Seigneurie et les Conseils du Peuple et de la Commune avaient accepté de revenir aux anciennes méthodes de désignation des candidats aux fonctions de l'État, c'est-à-dire le tirage au sort. Le résultat fut l'élection de Niccolo Soderini au poste de gonfalonier de justice. Frère de Tommaso et oncle de la charmante Ginevra, le nouveau magistrat prônait le rétablissement des libertés anciennes. Bien que son frère fût un des proches conseillers de Piero, il avait engagé une lutte sournoise contre les Medici qui contrôlaient encore le Conseil des Cent, un sénat qui pouvait imposer sa volonté aux autres institutions.

À la dernière étape, Lorenzo avait abandonné son carrosse et avait sauté sur un cheval pour gagner du temps. Il était parti au petit jour. Mais le soleil montait trop vite dans un ciel immaculé. L'été toscan pesait sur une campagne déjà lourde de chaleur depuis plusieurs semaines.

Était-ce parce qu'il craignait la menace d'une nouvelle conjuration que Piero rappelait son fils en toute hâte ? Niccolo Soderini était-il l'inspirateur de cette manœuvre visant à écarter les Medici du pouvoir ?

Un instant, Lorenzo repensa à Ginevra : sa jeune poitrine, ses membres graciles et la passion qui, soudain, l'animait. Ses ongles qui s'enfonçaient dans son dos, son corps qui, au moment du plaisir, se tendait comme un arc. Ses cris enfin qui mouraient sous les lèvres de son amant.

Lorenzo lui rendait grâce de l'avoir initié à l'amour. Il avait toutefois éprouvé un secret soulagement lorsqu'il avait appris que Tommaso Soderini, abandonnant tout espoir de la marier avec un Medici, avait choisi de lui donner un époux appartenant à l'une des meilleures familles siennoises.

Dans un nuage de poussière, il aperçut Florence tel un joyau doré, fiché au milieu des collines à la végétation jaunie. Il cravacha son cheval et s'accrocha à sa crinière couverte d'écume.

* *
*

Piero grimaçait. Le moindre cahot sur le chemin lui arrachait des gémissements de douleur. Il était couché sur une litière richement décorée, attelée à deux mules, l'une tirant, l'autre poussant. Malgré la chaleur, il en avait fermé les rideaux. Trempé de sueur, geignant, il ne voulait pas se donner en spectacle à son escorte armée. Il ne laissait sourdre sa souffrance que lorsqu'il était seul. Même devant Lucrezia, il veillait à ne jamais se plaindre.

Le chef du clan Medici avait choisi de fuir Florence pour trouver refuge dans sa villa de Careggi. Avait-il obéi à la peur ? N'était-il pas mieux protégé dans sa forteresse de la via Larga, derrière les hauts murs de son *palazzo* ? Certes, Careggi n'était pas dépourvu de défenses. En revanche, à l'arrière, la villa s'ouvrait sur la campagne. Une bande armée et résolue pouvait aisément l'investir. Piero n'ignorait pas que deux des meilleurs condottieri du moment, Ercole d'Este, frère du marquis de Ferrare, et Bartolomeo Colleoni, avaient réuni une puissante troupe qui s'était mise en marche en juillet. Elle campait maintenant à proximité des États de Florence. Le Medici en avait aussitôt appelé à son allié milanais, Galeazzo Maria Sforza. Toutefois son armée était encore loin. Trop loin pour faire obstacle à la soldatesque de Ferrare que ses ennemis florentins avaient convaincue de se lancer contre la ville dès qu'ils lui en donneraient l'ordre. Les mercenaires devaient déjà piaffer à l'idée de mettre à sac une cité qui regorgeait de richesses.

Piero de Medici n'ignorait rien du complot qui se tramait. Ses espions avaient percé les secrets des conjurés. Leur chef était Luca degli Pitti, issu de l'une des plus célèbres familles florentines. Longtemps allié des Medici, il estimait ne pas avoir été récompensé à la mesure de sa fidélité passée. Il avait en outre de gros besoins d'argent car il avait entrepris la construction d'un gigantesque palais situé sur la colline San Giorgio, de l'autre côté de l'Arno. S'il accédait au pouvoir, il saurait faire en sorte de renflouer ses finances en puisant dans les caisses de l'État et en permettant à ses affidés d'accéder aux charges les plus lucratives. Il avait habilement dissimulé ses ambitions personnelles en les habillant d'une revendication de liberté, cette liberté des citoyens confisquée par les Medici. L'alliance entre Florence et Milan lui avait fourni un autre argument : si Piero il Gottoso avait choisi de soutenir le fils du condottiere qui avait chassé les Visconti, la famille légitime, c'était parce qu'il envisageait un jour de réduire lui-même la République florentine et de l'asservir en se proclamant duc.

Autre ancien allié des Medici prompt à se révolter, Agnolo Acciaiuoli remâchait sa rancœur contre Cosimo qui lui avait refusé l'archevêché de Pise pour l'un de ses fils et avait empêché le mariage d'un autre de ses enfants avec la puissante famille Bardi. À ces ressentiments s'ajoutait la récente éviction de sa banque du royaume de Naples. Enfin, il se trouvait, dans l'entourage même de Piero, des hommes comme son conseiller Diotisalvi Neroni qui le jalousaient et rêvaient en secret de les voir chuter, lui et son clan.

Tous ces hommes, et bien d'autres, dont les Albizzi, ennemis traditionnels des Medici, s'étaient réunis à la nuit tombée fin mai dans la grande salle de la Seigneurie au *palazzo* Vecchio. Le gonfalonier de justice, Niccolo Soderini, un homme populaire et respecté, y avait prononcé un discours républicain, dénonçant les menaces qui pesaient sur la démocratie. C'étaient bien sûr les Medici et le premier d'entre eux, Piero, qui étaient visés. Mais ce dernier, après avoir découvert avec effarement l'ampleur de la conspiration en prenant connaissance de la liste des participants – la plupart des familles les plus anciennes de Florence étaient représentées –, savait que l'âme du complot n'était pas Soderini. Il n'en était qu'un des membres. Les vrais chefs était Pitti et Acciaiuoli. Et ce qu'ils voulaient, c'était sa mort.

Piero écarta le rideau de sa litière. Il crut apercevoir dans les lointains la porte crénelée qui permettait d'accéder à la villa dès le franchissement du torrent. Il avait hâte d'arriver. Dieu que ces mules étaient lentes ! Ce voyage n'en finissait pas. Tout au long du trajet, il avait craint une embuscade de ses ennemis. S'ils étaient nombreux, sa petite escorte serait incapable de leur résister. Tant qu'il n'aurait pas franchi les murailles de Careggi, il serait en danger.

Trouverait-il la paix dans le calme enchanteur du jardin où son père avait multiplié les essences, les fontaines, les sculptures et les galeries de verdure ? Oublierait-il un moment ses ennemis et ce mal qui ne cessait de l'affaiblir et l'empêchait d'agir comme il l'aurait voulu ? Il Gottoso ! On se gaussait de ses maux, on le brocardait sans même prendre la peine de se dissimuler. Dans les discussions politiques, on ne cessait de comparer ses pauvres mérites à ceux de son père. En fait, ces Pitti, Acciaiuoli ou autres Pazzi voulaient avant tout se venger d'avoir vécu sous la férule de Cosimo sans broncher. Impuissants hier à contester le pouvoir du père, ils tentaient aujourd'hui de briser le fils et de prendre leur revanche sur ces Medici qu'ils considéraient toujours comme des parvenus.

Lorsque la litière longea un torrent, Piero crut sentir la fraîcheur de l'eau venir jusqu'à lui. Au prix d'un douloureux effort, il se redressa, épongea son front avec l'une des couvertures de sa litière. Il lui faudrait faire bonne figure devant sa famille et ses serviteurs.

Lorenzo devait bientôt arriver à Florence. Demain ou après-demain au plus tôt. Piero avait laissé des consignes via Larga : son fils aîné devait le rejoindre immédiatement à Careggi où se trouvaient déjà Lucrezia et ses autres enfants. Lorenzo serait de bon conseil, Lorenzo représentait l'espoir des Medici !

* *
*

Il connaissait sa ville. Il sentit tout de suite que la torpeur de ce mois d'août était trompeuse. Chevauchant dans les rues, il surprit sur son passage des sourires sournois, des regards hostiles, des visages moqueurs. La populace humait déjà l'odeur du sang. Elle n'aimait rien tant que ces brèves éruptions de violence où hommes et femmes pouvaient libérer leurs instincts les plus cruels et criaient de joie au spectacle des bûchers.

Florence, telle une torsade d'étoupe, ne demandait qu'à s'embraser à la moindre étincelle.

Lorenzo gagna au plus vite le *palazzo* Medici. La ruche, habituellement bruyante et joyeuse, était silencieuse. Une esclave lui apprit que toute sa famille se trouvait à Careggi. Seule, sa grand-mère, Contessina, était restée via Larga. Il monta aussitôt dans sa chambre, sans même prendre le soin de secouer la poussière qui recouvrait ses vêtements de voyage.

La vieille dame était occupée à un ouvrage de tapisserie. Son visage s'illumina lorsqu'elle vit paraître son petit-fils.

« Enfin, tu es là ! »

Lorenzo baisa son front. Contessina avait jadis été très belle et sur ses traits patinés par l'âge, une douceur demeurait que les rides ne parvenaient pas à effacer.

« Que se passe-t-il ? »

Elle soupira.

« Ton père a cru sage de faire retraite en notre villa de Careggi. Il veut que tu l'y rejoignes au plus vite.

– La situation est donc grave... »

Contessina hocha la tête.

« De méchants bruits circulent. On veut détruire l'œuvre de mon cher Cosimo. Bien qu'ils l'aient proclamé "Père de la patrie", ils n'ont rien de plus pressé que d'effacer son souvenir. Même dans ma propre famille, je sens des vents mauvais. »

La vieille femme était née Bardi. Une illustre lignée d'aristocrates ruinée par des opérations hasardeuses. C'était à la faveur de ce désastre financier que Cosimo le roturier avait pu épouser Contessina.

« Où sont les conseillers de mon père ?

– Ils ont soudain éprouvé l'envie de visiter leurs proches ou de s'intéresser à leurs propres affaires... »

Lorenzo ne pouvait croire que les fidèles Soderini et Diotisalvi avaient déserté au moment où l'orage grondait. La trahison avait-elle gagné aussi le clan Medici ?

« Et toi, grand-mère, pourquoi restes-tu ici ?

– Je garde la maison, répondit-elle en souriant. Ils n'oseront pas s'attaquer à une vieille femme.

– Mais s'ils mettent le *palazzo* à sac ?

– Je leur montrerai qu'une Bardi sait faire face ! »

On cogna à la porte. La tête d'une servante apparut dans l'entrebâillement. Elle s'adressa à Lorenzo.

« Un homme veut vous parler de toute urgence.

– Qui est-ce ?

– Il n'a pas voulu dire son nom. Mais il insiste pour vous voir au plus vite ! »

Après avoir fait ses adieux à sa grand-mère, Lorenzo descendit au rez-de-chaussée où l'homme l'attendait à l'abri des regards, dans l'ancien cabinet de Cosimo. Avant d'entrer, il vérifia que la dague attachée à sa ceinture coulissait aisément dans sa gaine.

Malgré les lourds rideaux qui plongeaient la pièce dans une quasi-obscurité, il le reconnut aussitôt. Ce quadragénaire aux épaules étroites et au ventre rond ressemblait au notaire Niccolo Fedini.

« Est-ce toi, Niccolo ?

– Oui, Lorenzo..., répondit-il d'une voix mal assurée. Je

suis entré par la porte du jardin... Je ne souhaitais pas être vu.

– Que désires-tu ?

– Je voulais voir ton père. Mais il était déjà parti à Careggi. Alors quand j'ai su que tu venais d'arriver...

– Parle ! ordonna Lorenzo.

– Personne ne doit savoir...

– Rassure-toi ! Tout cela restera entre toi et moi. »

Le notaire hésitait pourtant. Lorenzo, menaçant, marcha vers lui.

« N'oublie pas à qui tu dois ta fortune, Niccolo ! »

* *
*

Une boule au creux de l'estomac, Lorenzo galopait vers Careggi. Son père était en danger. Le notaire Fedini lui avait confié qu'une embuscade attendait Piero sur la route de campagne qui menait à la villa des Medici. Il l'avait appris de la bouche même d'un des conjurés. Pourquoi avait-il tant tardé à délivrer ce message ? La peur, la lâcheté... La trahison, toujours. Lorenzo bouillait. Il faudrait abattre la pieuvre, couper des têtes, bannir les plus tièdes.

N'était-il pas trop tard ? Le cortège du Medici était parti à la fraîche. Si le piège avait échoué, malgré la lenteur des mules, il devait être en vue de Careggi. Il y serait momentanément à l'abri. Mais Piero n'avait-il pas commis une faute en donnant l'impression à ses ennemis qu'il fuyait et à ses partisans qu'il renonçait à se battre ?

Un nuage de poussière au loin. Était-ce l'escorte de son père ? À moins que ce ne soient des sicaires chargés de le tuer ? Le jeune homme n'hésita pas un seul instant. Il piqua des deux. Le cheval hennit de douleur et reprit sa course de plus belle.

Malgré le brouillard poudreux qui faisait comme un halo

autour des montures, Lorenzo reconnut les siens, une dizaine d'hommes en cuirasse, piques à la verticale, qui entouraient la litière de son père. Soulagé, il mit son cheval au trot et, salué par de joyeuses acclamations, se glissa au milieu de l'escorte armée. Piero ouvrit aussitôt le rideau de sa couche. Son visage s'éclaira dès qu'il vit son fils chevaucher à son côté.

« Lorenzo ! Tu es déjà là !

– Père, nos ennemis ont prévu de te tendre une embuscade !

– Nous sommes tout près de Careggi... Ils auront remis leur projet.

– Je n'en suis pas certain. Tant que tu n'auras pas rejoint notre villa, tu ne seras pas en sûreté. Laisse-moi aller de l'avant en reconnaissance...

– Je ne veux pas que tu prennes des risques pour me protéger. Le mal ne tardera pas à m'emporter. Tu es appelé à me succéder, tu ne dois pas t'exposer.

– J'ai un frère...

– Giuliano est trop jeune. Et le temps me presse. »

Lorenzo détourna la tête. Une larme mouillait ses yeux. Il l'essuya furtivement du dos de la main. Puis il regarda à nouveau Piero.

« Père, je t'en supplie ! »

Sans attendre sa réponse, il lança son cheval au galop.

* *
*

Careggi se trouvait maintenant à moins de deux milles*. Lorenzo n'avait encore rien observé de suspect. Soudain, à Sant'Antonio, en approchant de la villa de campagne de l'archevêque de Florence, Giovanni Neroni, il retint son

* Le mille *(miglio)* équivalait à une distance comprise entre un kilomètre et demi et deux kilomètres selon les régions.

cheval. Il montait des jardins un brouhaha. Lorenzo s'avança prudemment au pas. Il entendit plus distinctement des rires, des exclamations, des jurons obscènes. La propriété était cernée de hauts murs. Après avoir mis pied à terre, il attacha son cheval à un cyprès. Il entreprit ensuite d'escalader un arbre dont la plus haute branche lui permettrait de jeter un œil sur les jardins.

Dissimulé par le feuillage, il découvrit la cause de cette agitation inhabituelle : des hommes en cotte de mailles s'amusaient à lancer des couteaux contre les arbres. D'autres buvaient à la régalade des fiasques de vin ou jouaient aux cartes. Des spadassins assurément. Les hommes chargés de tuer son père avec la complicité d'un éminent homme d'Église, qui n'était autre que le frère d'un des principaux conseillers des Medici, Diotisalvi Neroni. Sans nul doute, ces sicaires passaient le temps en attendant qu'un de leurs compagnons posté sur la route les avertît de l'arrivée du cortège de son père.

Lorenzo en avait assez vu. Il sauta sur le sol et rebroussa chemin ventre à terre.

Il retrouva l'escorte de son père peu avant un carrefour et se porta immédiatement à sa hauteur.

« Ils nous attendent à la villa de l'archevêque Neroni ! »

Piero de Medici blêmit.

« Alors, il en est lui aussi !

– Son frère doit te trahir depuis longtemps... »

Piero demeura sans voix un long moment avant de se ressaisir.

« Que faire ? Retourner à Florence ?

– Non, il est trop tard. Et puis, ne te voyant pas arriver, ils seraient capables de se lancer à ta poursuite... Avec de bons chevaux, ils te rattraperaient avant que tu n'atteignes les portes de la ville. »

Autour d'eux, les hommes d'armes, sur le qui-vive, écoutaient.

« Il faut ruser pour gagner Careggi, poursuivit Lorenzo... Emprunter un autre chemin. Je connais bien les lieux pour y avoir souvent couru quand j'étais enfant. Si, au carrefour, nous prenons à droite, nous pourrons retrouver la route du nord par un petit chemin. Cependant... »

Il s'arrêta pour ne pas blesser son père. Piero comprit aussitôt et dit avec force :

« Qu'importe si ce sentier est malaisé... Je quitterai ma litière et j'emprunterai le cheval d'un de nos soldats ! »

Il était prêt à endurer mille souffrances pour échapper à ses assassins et sauver la maison Medici. La fermeté de son ton suffisait. Lorenzo était fier de son père.

* *
*

Lorenzo serra son frère dans ses bras. Le tenant par les épaules, il le repoussa pour mieux l'observer. Il y avait des mois qu'ils ne s'étaient vus. Giuliano avait grandi et forci. Sous ses boucles brunes, son front bombé ressemblait à celui d'un petit taureau. Le nez était droit, bien formé, les traits réguliers. Ses yeux noisette, son menton joliment ourlé, sa bouche sensuelle, adoucissaient son visage et ajoutaient une note féminine. Lorenzo ressentit fugitivement une petite pointe de jalousie. Que n'était-il pourvu d'une figure aussi charmante !

Ensemble, les deux frères montèrent jusqu'à la chambre de Lucrezia. Leur mère était en train d'écrire sur un pupitre placé devant une fenêtre ouverte sur les jardins et la vallée de l'Arno. Elle abandonna sa plume pour étreindre son fils aîné. Lorenzo se laissa aller au plaisir de retrouver le giron maternel après tant de mois d'absence.

« Ton père m'a dit les risques que tu as pris... C'était bien imprudent et j'ai eu très peur lorsqu'il m'a fait ce récit. Tu as fait honneur à ton nom et tu as comblé ta mère de bonheur ! »

Lorenzo ne répondit pas. Les yeux de Lucrezia brillaient de satisfaction. Tout à coup, son visage devint grave.

« Le danger n'est pas écarté. Nos gens ont vu des mercenaires qui rôdaient dans la campagne. Lorenzo, tu dois convaincre ton père d'agir avant qu'il ne soit trop tard ! Careggi pourrait se révéler un piège mortel.

– Nous nous battrons, s'il le faut ! dit Giuliano avec enthousiasme.

– Je ne doute pas, mon fils, que tu sois aussi courageux que ton frère. Mais la prudence impose que nous ne soyons pas acculés à affronter nos ennemis par les armes. Nos soldats ne sont pas en nombre suffisant.

– Je vais parler avec mon père, répondit Lorenzo.

– Je t'accompagne ! » ajouta Giuliano.

Lucrezia les suivit des yeux. Malgré la chaleur qui régnait dans la chambre, elle sentit un filet de sueur glacée couler dans son dos.

* *
*

Piero, épuisé, était couché. Nu-tête, il paraissait encore plus vulnérable. Lorenzo et Giuliano s'assirent de part et d'autre du lit. La même angoisse les étreignait devant la faiblesse de leur père.

« Nous ne devons pas rester ici », attaqua aussitôt Lorenzo.

Piero serra les mâchoires, comme pour effacer le rictus qui tordait son visage. Ses deux fils comprirent qu'il essayait de maîtriser sa souffrance. Cette chevauchée sur les mauvais chemins de collines l'avait brisé. Enfin, il trouva la force de parler.

« Que proposes-tu, Lorenzo ?

– Il nous faut regagner Florence au plus vite...

– Nos adversaires nous tendront un nouveau guet-apens.

– Nous y échapperons encore une fois, dit Giuliano. Lorenzo a plus d'un tour dans son sac !

– Si nous parvenons à entrer sains et saufs dans Florence, reprit son frère, nous y apparaîtrons comme des vainqueurs. Nos ennemis, apeurés, se débanderont et le peuple se retournera en un tournemain et nous acclamera ! »

Piero hocha la tête. Il ne semblait pas convaincu. Lorenzo insista :

« Les élections doivent avoir lieu dans quelques jours. Le tirage au sort peut nous être à nouveau favorable. Nous ne pouvons pas être absents de Florence au moment où le peuple se prononce.

– Mes enfants, vous avez peut-être raison... Voyez cependant mon désarroi. Je ne suis plus qu'un vieil homme... Parfois, je me fais honte !

– Tu as montré il y a peu de temps que tu pouvais te surpasser !

– Oui. Mais à quel prix ! On a été obligé de me coucher comme un nourrisson dès que je suis descendu de cheval. »

Il demeura silencieux de longues secondes avant d'interroger Lorenzo.

« Quel est ton plan ? »

Le jeune homme sourit. Il avait gagné. Il enchaîna aussitôt :

« Les conjurés rêvent de nous prendre tous les trois ensemble et de nous occire. Ils souhaitent être d'un seul coup débarrassés des Medici pour toujours. Nous allons donc leur faire savoir discrètement que nous sommes décidés à retourner à Florence. Bien sûr, étant donné ton état de santé, nous prendrons la route principale et nous ne manquerons pas de nous arrêter à Sant'Antonio pour saluer l'archevêque et lui remettre une offrande...

– Ils croiront alors nous tenir ! l'interrompit Giuliano.

– Ainsi, sûrs d'eux-mêmes, ils ne se donneront pas la peine de surveiller les autres routes. Nous pourrons donc nous échapper par la campagne, au prix d'un grand détour au nord de Careggi.

– Tu te proposes de me faire remonter sur un cheval ! s'exclama Piero.

– Il n'y a pas d'autre solution. Des espions épient nos faits et gestes. Nous partirons donc avant la fin de la nuit avec une escorte des plus réduites pour ne pas attirer l'attention.

– Laisse-moi tout de même le temps de reprendre quelques forces... »

Lorenzo serra la main de son père dans la sienne.

« Il me faut parachever mon plan pour tromper à coup sûr l'archevêque, et peut-être trouver une médecine qui soulagera tes douleurs le temps du voyage. Tu as donc plus d'une longue journée pour te reposer. »

* *
*

En dépit de la chaleur, Lorenzo avait revêtu un grand manteau qui dissimulait ses armes, épée, pistolet et dague. Entre son chaperon enfoncé jusqu'aux yeux et le col relevé de son habit, il était difficile de distinguer ses traits.

Giuliano avait voulu l'accompagner. Quand Lorenzo avait refusé, l'adolescent avait réagi avec violence :

« Tu n'as pas confiance en moi !

– Il ne s'agit pas de cela... Je dois être seul ! »

Il s'était alors échappé au galop vers les prés qui se trouvaient derrière la villa.

Son cheval le mena d'abord dans une clairière où se trouvait la hutte d'un charbonnier. Giacomo vivait en solitaire. Les Medici qui le soupçonnaient de braconner sur leurs terres préféraient fermer les yeux sur ces menus larcins : leurs forêts étaient riches en gibier de tous poils.

L'homme sortit de son repaire dès qu'il entendit le pas

du cheval. Dans sa face noire et barbue brillaient deux yeux rusés et méfiants. Son bliaud de rude toile était déchiré et couvert de taches à tel point qu'on pouvait se demander quelle en avait été la couleur originelle. Sans dire un mot, il observait le cavalier, remarquait l'élégance de sa selle, la prestance de sa monture. Lorenzo était certain que le charbonnier ne l'avait pas identifié.

« Giacomo, es-tu un bon chrétien ?

– Pour sûr, messire !

– Voudrais-tu te rendre utile à notre mère l'Église ?

– Il n'y a pas meilleur paroissien que moi ! »

Lorenzo rit sous cape. Giacomo, intrigué, passa une main aux ongles noirs dans sa chevelure embroussaillée. Au même moment, une bourse bien ventrue apparut dans la main du Medici.

« Toute peine mérite salaire... Si tu fais ce que je vais te dire, ces florins seront à toi ! »

Giacomo n'avait plus d'yeux que pour la bourse qui sautait dans la main de Lorenzo.

« Tu vas d'abord aller te laver dans le ruisseau et revêtir ton meilleur vêtement. Tu te rendras ensuite à Sant'Antonio jusqu'à la villa de notre bien-aimé archevêque, Giovanni Neroni. Lorsque tu diras que tu possèdes d'importants renseignements sur les Medici, on te permettra d'accéder jusqu'à Son Éminence, bénie soit-elle !

– Et que lui dirai-je ? balbutia Giacomo.

– Tu l'informeras que les Medici, le père et ses deux fils, prendront demain la route de Florence et qu'ils s'arrêteront au passage pour le saluer... »

Le charbonnier se gratta à nouveau la tête.

« Et vous me donnerez tous ces florins ? »

Alors qu'il tendait déjà la main, Lorenzo fit disparaître la bourse dans les plis de son manteau.

« Elle sera à toi lorsque tu auras accompli ta mission.

– Et si Son Éminence me demande comment j'ai appris que les trois Medici allaient lui rendre visite ? »

Lorenzo rit :

« Ne t'arrive-t-il pas de trousser une des lingères de la maison Medici ? »

Giacomo toussa.

« Il y a bien longtemps que je ne l'ai touchée...

– Alors, il te suffira d'imaginer que tu l'as récemment culbutée. Dans la paille, les confidences vont bon train.

– Mais c'est mensonge !

– Pour te repentir, tu donneras un de tes beaux florins à l'offrande de la prochaine messe. Dieu te pardonnera ce péché véniel. »

Lorenzo donna un léger coup de cravache à son cheval. Il commença à s'éloigner au pas.

« Et ma bourse ? cria Giacomo.

– Un messager te la remettra ce soir même, lorsque tu seras revenu. Mais veille à bien m'obéir ou je reviendrai te couper le nez ! »

Il accompagna sa menace d'un moulinet de son épée.

* *
*

Lorenzo retrouvait les chemins de son enfance. Ces longues journées d'été où, en compagnie de ses sœurs et de ses cousins, il courait en toute liberté les champs et les bois.

Careggi avait gardé une place particulière dans son cœur. Il s'y était construit un monde imaginaire peuplé de nymphes et d'autres créatures mythologiques qu'il avait découvertes dans les livres de ses maîtres. Ici, dans le mystère de cette nature à peine domestiquée, il attribuait une âme à certains arbres, yeuse, orme, cyprès, peuplier. Il les privilégiait en raison de leur forme, ou de la beauté de leur frondaison. Tel chêne vert au tronc noueux et tordu ne pouvait qu'abriter un faune tandis que ce gracieux saule dont les feuilles paraissaient redescendre en pluie vers le sol devait être le logis d'une dryade. Il croyait si fort à l'existence de ce peuple enchanteur qu'au détour d'un sentier il lui semblait voir entre les arbres la cuisse nue d'une nymphe qui fuyait en se moquant des avances d'un satyre. Ailleurs, dans le friselis d'un ruisseau, il entendait le rire d'une naïade qui se coulait au milieu de l'eau claire.

Émus, le jeune homme s'arrêta un instant pour écouter les bruits de ses chers bois. Le cri querelleur d'un merle, le piapia d'une grive, le trille d'une sittelle. Soudain, il entendit des craquements de bois mort derrière lui. Instinctivement, Lorenzo sauta à terre et, la main sur le pommeau de son épée, il tira son cheval dans le sous-bois.

Trois cavaliers portant cuirasse venaient au pas sur le chemin. Une avant-garde ? Pourtant, à sa connaissance, les troupes d'Ercole d'Este campaient toujours sur les collines, de l'autre côté de l'Arno. Le jeune homme se dissimula comme il le put. S'il était découvert, il ne serait sans doute pas de force à affronter trois hommes armés. Il était cependant décidé à se battre jusqu'au bout, s'il le fallait.

Son cheval, nerveux, frappa le sol d'un de ses sabots. Lorenzo lui flatta le flanc pour l'apaiser. Les cavaliers se rapprochaient. Derrière le rideau de taillis qui le protégeait tant bien que mal de leur vue, il distingua leurs visages rudes aux joues grises de barbe. Ils étaient nu-tête et avaient accroché leurs morions à leurs selles. L'un d'eux était balafré du menton à l'oreille. Des mercenaires. Ils ne l'avaient toujours pas repéré. Ils passèrent devant lui puis s'éloignèrent. Lorenzo s'apprêtait à remonter en selle lorsque son cheval s'ébroua. Les cavaliers retinrent leurs palefrois. L'un d'eux se retourna. Ils écoutaient, fouillaient des yeux le sous-bois. Lorenzo caressait le chanfrein de sa monture. Enfin, les mercenaires repartirent. Le jeune homme respira profondément.

Quelques minutes plus tard, il descendit de cheval devant une masure située à l'orée du bois et frappa du poing sur une porte branlante. Une vieille femme en haillons parut dans l'entrebâillement. On la disait sorcière. Crainte par les paysans, elle avait choisi de vivre en dehors du village. Le soir venu, des femmes n'hésitaient cependant pas à la visiter. Elles venaient quémander un onguent pour les foulures, une herbe pour le mal d'enfant, un remède pour éloigner la peste. Maria connaissait aussi les prières qui guérissent ou les mots qui envoient le mauvais œil. Enfant, Lorenzo était souvent venu rôder près de sa maison. Il était l'un des rares enfants à qui la vieille ne faisait pas peur. Plusieurs fois, il s'était même entretenu avec elle. Observant la paume de sa main, elle lui avait prédit un brillant avenir traversé de nombreux orages et chagrins.

Lorenzo ôta son chaperon. Maria le reconnut. Son sourire édenté éclaira un instant son visage grêlé.

« Bonjour, Maria.

– Je suis bien aise de te voir... Tu es un homme à c't'heure !

– J'ai besoin de toi, Maria.

– Es-tu malade ? Ou as-tu quelque peine de cœur ?

– Ni l'un ni l'autre... »

Elle sourit à nouveau de tous ses chicots jaunâtres.

« C'est vrai qu'elles doivent être folles de toi ! »

Elle empoigna son bras et le palpa comme si elle voulait mesurer sa force. Lorenzo, malgré sa gêne, la laissa faire et l'interrogea :

« As-tu une médecine qui apaise provisoirement la douleur ?

– Combien de temps ?

– Le temps de galoper toute une journée !

– Entre ! »

L'unique pièce au plafond bas et au sol de terre battue était encombrée d'objets étranges : cornues, alambics, têtes d'animaux momifiées ou empaillées, fiasques emplies de liquides colorés, fagots de pattes de poulets, jonchées d'herbes sèches. Des toiles d'araignées habillaient uniformément ce capharnaüm.

Maria, d'un revers de main, débarrassa un coin de table, remplit un mortier de divers ingrédients puants et plus répugnants les uns que les autres. Elle y ajouta un filet d'huile, des herbes et écrasa le tout avec un pilon. Lorenzo, au bord de la nausée, ne la quittait pas des yeux.

« Seul le mal peut combattre le mal ! dit la sorcière. Mais il en résulte un bien qui ne dure guère. Il te faudra prévenir celui à qui tu destines cette drogue qu'il risque ensuite de souffrir d'un fort flux d'entrailles. »

La vieille versa la mixture qui avait pris la consistance d'une pâte sur une large feuille de châtaignier dont elle replia avec soin les bords. Elle tendit le tout au jeune homme qui posa deux florins d'or sur la table avant de s'en saisir.

« Merci, monseigneur ! » ricana Maria.

Lorenzo avait déjà franchi le seuil de la porte.

« Je conseille d'avaler ça avec un bon gobelet de vin ! » cria la sorcière en riant.

* *
*

Ils s'étaient mis en route bien avant l'aube. Seuls deux hommes d'armes accompagnaient les trois Medici. Piero, les yeux fermés, avait avalé la potion de Maria au moment du départ.

Le ciel blanchissait. Lorenzo, qui chevauchait en tête, se retournait fréquemment pour observer son père dont la monture trottait juste derrière. Il lui semblait qu'au fil des heures Piero tenait ses rênes plus fermement. Parfois, une grimace passait sur son visage, comme un bref réveil de sa douleur. À moins que ce ne fût l'effet de la médecine qu'il avait ingurgitée.

Le premier, Lorenzo aperçut entre les arbres les braises d'un feu de camp. À son signal, ses compagnons se mirent au pas et avancèrent en silence. Une poignée de soldats somnolaient autour des bûches à demi consumées. Une brindille cassa sous les sabots d'un cheval. Instantanément, un des hommes se redressa, porta la main à son épée et cria pour réveiller ses camarades. Lorenzo cravacha le cheval de son père qui partit aussitôt au galop.

« Giuliano, suis-le avec nos hommes d'armes ! Je vais essayer de les retenir. »

L'épée en avant, il précipita sa monture vers le feu de camp. À peine éveillés, les soldats roulèrent sur le côté, pour éviter les sabots de son cheval. Lorenzo en blessa un au visage. Un autre chuta dans le brasier et hurla de douleur. Leurs chevaux étaient attachés un peu plus loin. D'un coup de dague, le jeune homme les libéra puis les frappa du plat de son épée. Les animaux, affolés, s'égayèrent dans le sous-bois. Il fit alors volte-face. Les soldats, armés de piques, couraient vers lui. Lorenzo éperonna son cheval qui fit un bond prodigieux au-dessus des mercenaires. Quelques instants plus tard, il galopait sur le sentier.

Le soleil se levait lorsque les Medici aperçurent à l'horizon, nimbées d'or pur, les murailles de Florence. Ils étaient saufs. Quel accueil recevraient-ils à l'intérieur de la cité ? La veille, Lorenzo avait envoyé un messager auprès de la Seigneurie pour informer les prieurs qu'un attentat avait été préparé contre son père par Luca Pitti et Agnolo Acciaiuoli, avec la complicité de l'archevêque, Giovanni Neroni. Cela suffirait-il à retourner l'opinion en faveur du clan Medici ? Lorenzo, le cœur serré, se prenait maintenant à douter. N'avait-il pas péché par audace, cédant à sa fougue naturelle ?

Les portes de la cité étaient ouvertes. Une foule immense

de gardes, artisans, paysans venait vendre des victuailles en ville. Le silence accompagna les Medici dès qu'on les reconnut. Comme si on ne croyait pas à leur retour. Lorenzo sentit combien tout pouvait basculer. Précédant les siens, il entra au pas, s'efforçant d'afficher un visage détendu et distribuant quelques saluts. Une femme cria. Il ne comprit pas si cette vocifération était ou non hostile. Il continua lentement de fendre la cohue qui les entourait. D'autres clameurs montèrent de la foule : « *Palle ! Palle*[*] *!* » Puis, comme une vague puissante, les vivats gagnèrent de groupes en groupes. Il s'agissait maintenant d'une véritable ovation. Le peuple de Florence saluait leur courage et reconnaissait leur primauté. Lorenzo sut qu'il avait gagné. Les Medici étaient sauvés.

* *Palla :* balle. Sept balles figuraient sur le blason des Medici. Et ce mot *palle* était devenu le cri de ralliement des partisans des Medici.

IV

Août-septembre 1466

Piero s'était couché dès son retour via Larga. À bout de forces, visage de cendre, il avait l'impression que son corps tout entier bouillait et se révoltait. La médecine de la sorcière, qui lui avait permis de chevaucher plusieurs heures sans souffrir, produisait enfin ses terribles effets. Le mal contre le mal, avait dit Maria. Plusieurs fois, affrontant la tempête qui bouleversait son organisme, Piero avait cru mourir. Lorenzo et Giuliano, inquiets, étaient venus lui rendre visite à de nombreuses reprises. Mais il n'avait pas voulu qu'ils voient sa détresse et les avait renvoyés.

Au reste, Lorenzo, en digne successeur de son père et de son grand-père bien-aimé, s'affairait à parachever le succès des Medici. Ses espions lui avaient rapporté que leurs ennemis, les Pitti et les Acciaiuoli, se trouvaient dans le plus grand désarroi. Ceux-là mêmes qui les avaient poussés à se soulever contre les maîtres de Florence et à prendre la tête de la conspiration, leur reprochaient maintenant leurs atermoiements et leurs erreurs. Le complot se débandait. Craignant la vengeance des Medici, l'archevêque de Florence, Giovanni Neroni, et le gonfalonier de justice, Niccolo Soderini, avaient choisi de fuir. Quant au peuple, velléitaire comme à l'habitude et las d'attendre le soulèvement et les pillages qu'on lui avait promis, il s'était majoritairement rallié aux Medici dès leur retour à Florence.

Lorenzo devait désormais assurer le succès des élections qui étaient fixées au 28 août. Selon la nouvelle loi, le tirage au sort désignerait les nouveaux prieurs. Le jeune homme songeait sérieusement à donner un coup de pouce au destin. Avec la complicité de quelques assesseurs, il suffirait de placer dans les bourses d'où l'on extrairait les noms des nouveaux membres de la Seigneurie nombre de bulletins d'hommes fidèles aux Medici. Le hasard ferait le reste.

Lorenzo n'éprouvait aucun scrupule à envisager une telle manipulation. Que pesait une tricherie au regard de l'avenir des Medici et de la prospérité de Florence ? Toutefois, le jeune homme décida d'agir seul, sans même informer son père.

Restait aussi le danger extérieur. Les condottieri stationnaient toujours aux frontières de l'État. Lorenzo espérait qu'en apprenant la défaite de ceux qui les avaient appelés, ils lèveraient rapidement le camp. Mais, privés de butin et dans l'incapacité de payer leurs mercenaires, Bartolomeo Colleoni et Ercole d'Este seraient tentés de passer derechef à l'action. Venise, l'éternelle rivale, saurait certainement reconnaître leurs mérites et financer leurs soldats de fortune. Il convenait donc de se préparer à ce conflit qui ne manquerait pas d'éclater.

Il faudrait ensuite penser à punir les comploteurs, même si les élections devaient se dérouler dans le calme. Lorenzo, habilement, avait fait courir le bruit que les Medici, dans leur grande mansuétude, ne chercheraient pas à se venger et prônaient la réconciliation. Bien entendu, il n'en était rien. Le peuple, oublieux, ne comprendrait pas que, tôt ou tard, les hôtes de la via Larga ne fassent tomber des têtes et ne lui offrent le spectacle de quelques jolis bûchers.

Un orage soudain éclata sur Florence à la nuit tombante. La pluie giflait les murs, pénétrait par les croisées ouvertes.

La tempête couchait les fleurs du jardin, renversait les pots de citronniers, secouait violemment les arbres. Une branche, arrachée par le vent, tomba dans un grand fracas au pied de la statue de Judith et Holopherne. À l'intérieur du *palazzo*, les serviteurs, affolés, couraient en tous sens. Les femmes se signaient. Des tuiles avaient été emportées. L'eau ruisselait à l'étage supérieur, dégoulinait dans les escaliers. Lorenzo, quant à lui, restait étrangement calme. Il se refusait à voir un quelconque signe divin dans ce déchaînement céleste. Il savait toutefois que les Florentins, volontiers superstitieux, ne manqueraient pas d'interpréter l'événement comme la punition de leurs fautes.

Lorenzo revint vers la chambre de son père. La flamme tremblotante d'un chandelier brillait à son chevet. Il s'approcha. Malgré le vacarme extérieur, Piero dormait d'un sommeil agité mais il paraissait avoir repris quelques couleurs. Le jeune homme s'éloigna et referma la porte.

La tempête, aussi brutale que brève, s'éloignait. Lorenzo ouvrit les fenêtres de sa chambre. Un puissant parfum de terre mouillée mêlé d'une odeur métallique monta jusqu'à lui. Des éclairs bleuâtres couraient encore au-dessus des collines et le tonnerre grondait dans les lointains.

Il n'avait pas envie de se coucher. Armé d'une bougie, il entreprit de faire le tour du *palazzo* pour inventorier les dégâts, tant à l'intérieur qu'à l'extérieur. Dans un corridor du dernier étage, il vit venir à lui une lueur hésitante. Il s'arrêta. Peu à peu un visage de vierge sortit de l'ombre. Sa chandelle, qui n'éclairait que le haut du corps de cette apparition, lui faisait comme une auréole de lumière autour de la tête.

Lorenzo, bouleversé par cette vision de pureté et de grâce qui lui rappelait un tableau de Donatello, demeura interdit. Intimidée, la jeune fille s'arrêta et baissa les yeux.

C'était une esclave circassienne qui était depuis peu de

temps au service des Medici. Lorenzo l'avait seulement entr'aperçue le jour même.

« Comment t'appelles-tu ? demanda-t-il enfin.

– Chamyla », répondit-elle d'une toute petite voix.

La lumière dorait ses épaules nues et la naissance de ses seins. Lorenzo résista à l'envie d'y poser un baiser. Il s'écarta pour la laisser passer. Elle le frôla. Furtivement, il prit sa main un instant. Elle ne chercha pas à se dérober. Sa peau était de satin. Il porta la petite main à ses lèvres. Vite, Chamyla s'enfuit. Elle était si légère qu'il n'entendit pas le son de ses pas.

* *
*

Lorenzo eut du mal à ne pas laisser éclater publiquement sa joie. Les Medici triomphaient. Les prieurs désignés par le tirage au sort leur étaient majoritairement acquis. Le jeune homme revint en hâte via Larga annoncer la bonne nouvelle.

Piero de Medici n'avait guère quitté son lit mais il avait recouvré quelques forces. Un sourire éclaira son visage lorsque son fils aîné lui apprit le résultat des élections.

« Je n'ai jamais douté que le sort nous fût favorable. »

Lorenzo n'osa pas lui avouer la part qu'il avait prise dans cette affaire.

« Le peuple murmure déjà que nous devons cette victoire à la protection de la Vierge de la Santa Annunziata.

– Elle ne nous a jamais fait défaut », remarqua simplement Piero.

Était-il dupe ? Ou soupçonnait-il que son fils avait aidé le hasard ? La petite lueur malicieuse qui brilla soudain au fond de ses yeux donnait à penser qu'il ne croyait guère à la seule intervention divine. Toutefois, il se garda bien d'exprimer son scepticisme à voix haute.

Le Medici observa un silence avant d'ajouter :

« Alors il conviendra de manifester notre reconnaissance à notre sainte protectrice... Nous accorderons un présent aux Servites de Santa Annunziata et nous ferons un don pour embellir la chapelle consacrée à la Vierge. Bien sûr, nous ne manquerons pas de le faire savoir au peuple de Florence. »

Lorenzo dut reconnaître que son père, tout affligé qu'il fût, n'était pas moins politiquement habile que ne l'avait été le grand Cosimo. À coup sûr, cette initiative serait acclamée par les Florentins. Elle renforcerait la conviction de tous ceux qui pensaient que les Medici accomplissaient une mission divine en présidant aux destinées de la cité.

Une question lui brûlait toutefois les lèvres. La réponse n'appartenait qu'à son père, le chef du clan.

« Quel sera le sort de ceux qui ont ordonné de nous tuer ? »

Piero rit doucement. Au même instant, Lorenzo pensa qu'il n'avait pas entendu rire son père depuis des années.

« Nous laisserons aux Florentins eux-mêmes le soin de disputer de cette question...

– Pouvons-nous leur faire confiance ?

– Ils seront d'autant plus sévères qu'ils se sentent coupables d'avoir consenti à nous évincer et espéré piller nos biens. Mais nous saurons discrètement canaliser leur courroux. Je ne veux pas de morts ! La haine qu'ils déchaînent est inextinguible et finirait un jour par se retourner contre nous. Méfions-nous du poison de la vengeance ! Mieux, après une brève déception, ceux-là mêmes qui réclameront des mises à mort nous rendront grâce plus tard de ne pas avoir exigé des exécutions. On se demandera encore longtemps comment, devant tant de générosité, on avait pu seulement penser frapper notre famille. »

Une fois encore, Lorenzo fut frappé par la profonde sagesse de ce père qu'il connaissait si mal. Il se reprocha de lui avoir trop souvent préféré son grand-père qui avait fait son éducation politique. Discret, effacé, moqué, Piero avait dissimulé ses réelles qualités sous une apparence bonhomme et chétive. Il avait peut-être fait de sa maladie un instrument politique. Peut-on en vouloir à un homme qui suscite la pitié ? Lorenzo, bouleversé par cette découverte tardive, n'en songeait pas moins que les Medici se devaient de sévir avec plus d'énergie. Malgré les propos judicieux (trop judicieux ?) de son père, il ne pouvait s'empêcher d'assimiler la mansuétude à une forme de faiblesse. Il reprit avec fougue :

« Parmi ces comploteurs, il se trouve des gens que nous considérions comme nos meilleurs conseillers. Ils ont conspiré contre nous au sein même de cette maison. Ils nous ont trahis !

– Tu as raison, Lorenzo. Nous n'oublierons pas. Ceux-là, je te l'assure, s'ils n'ont pas eu la sagesse de fuir, auront la lâcheté de venir ici implorer notre pardon. Là encore, nous le ferons savoir car les Florentins ne détestent rien tant que les pleutres ! »

Il avait à peine prononcé ces mots qu'un serviteur annonça la visite de Tommaso Soderini et Diotisalvi Neroni. Piero sourit.

« Ne t'avais-je pas dit qu'ils ne tarderaient pas à venir à résipiscence ? »

Il ordonna de les faire attendre. Lorenzo demanda :

« Désires-tu te lever et les recevoir dans un des salons ?

– Non. Qu'ils viennent ici et qu'ils éprouvent la honte d'avoir attenté à la vie d'un homme souffrant. »

Il se tut, réfléchit et reprit :

« Tu disposeras des hommes armés devant la porte de ma chambre !

– Crains-tu qu'ils t'assènent un mauvais coup ?

– Certes pas ! Mais de cette manière, tout au long de notre colloque, ils s'attendront à être occis sitôt qu'ils auront quitté mon chevet ! »

* *
*

Tête basse, debout au pied du lit de Piero, le gros Diotisalvi et le maigre Tommaso transpiraient également. Lorenzo s'était bien gardé de leur offrir des sièges. Luimême se tenait en retrait près d'un grand coffre aux armoiries des Medici. À la demande de Piero, la porte était demeurée ouverte et l'on voyait les hommes d'armes en cuirasse qui gardaient l'entrée de la chambre. Parfois, un cliquetis métallique rappelait leur inquiétante présence.

Le Medici, dont la tête émergeait à peine des draps, feignait un grand épuisement. Sa voix était tout juste audible.

« Mes amis, il nous faut placer au-dessus de tout notre mère patrie. C'est notre premier devoir. »

Les deux conseillers, désarçonnés, se demandaient où le Medici voulait en venir. Ils relevèrent la tête. Piero esquissa un sourire qui ressembla à une grimace. Il continua :

« La noble cité de Dante ne mérite pas que ses enfants se déchirent. Les chicanes et les querelles ruinent nos efforts communs pour servir au mieux ses intérêts. »

Il marqua un temps et reprit :

« Quant à la prospérité, elle ne se conquiert jamais à la pointe des épées ! Sicaires et condottieri ne sont que sale engeance. Qui les paye a intérêt à se boucher le nez. »

Cette fois, l'allusion était claire. Tommaso, le premier, osa :

« Nous sommes des hommes de paix ! Nous avons toutefois cru sincèrement que, pour le bon gouvernement de Florence, certaines injustices devaient être réparées...

– À l'écoute de nos concitoyens, nous avons tenté de conjurer un danger encore plus grand : les armées étrangères campaient à nos frontières... » poursuivit Diotisalvi.

Piero fit semblant de n'avoir pas entendu. Il leva les yeux au ciel, paraissant s'absorber dans la contemplation du plafond où des putti dansaient autour d'une jeune vierge à demi nue et dit comme pour lui-même :

« Mon seul tort fut de placer ma confiance en des hommes que mon père, à l'heure de sa mort, m'avait enjoint d'écouter et de traiter avec bienveillance. »

Les deux conseillers blêmirent. Derrière eux, Lorenzo ne put réprimer un tressaillement de joie. Enfin, Piero passait à l'offensive et désignait clairement les traîtres.

Le Medici reporta son regard sur Diotisalvi et Tommaso. Le vieillard égrotant qui gisait au fond de son lit s'était métamorphosé. Ses traits s'étaient durcis, son regard était impérieux, sa voix forte.

« Les nouveaux élus sauront juger ces hommes à l'aune de leur ingratitude ! »

Il avait à peine fini qu'un personnage apparut entre les hommes d'armes qui gardaient la porte. Luca degli Pitti ! Le chef de la conspiration. Lui aussi se présentait en repenti.

Les épaules basses, Luca se fraya un chemin au milieu des soldats. Le banquier avait perdu de sa superbe. Son teint était plombé, ses paupières pochaient. Il s'avança lentement jusqu'au pied du lit. Piero leva son bras droit, main tendue. Lorenzo eut l'impression que son père, plus souverain que jamais, reconnaissait par ce seul geste la soumission de son ennemi.

Plus tard, quand les trois comploteurs furent repartis, Lorenzo interrogea Piero :

« Crois-tu que Pitti était sincère ?

– Peu me chaut ! Il appartient désormais au passé. Bientôt tout Florence apprendra qu'il s'est humilié devant moi pour sauver sa tête et la fortune de sa famille. Même ses amis ne lui pardonneront pas sa lâcheté. Ses clients se hâteront de retirer leurs fonds de sa banque. Quant à ses créanciers, ils fondront sur lui comme des oiseaux de proie sur un malheureux gibier. Il ne tardera pas à être ruiné. Alors, magnanimes, les Medici lui rachèteront ce gigantesque palais en construction qui fait son orgueil, mais dont il ne pourra plus payer les travaux. »

Lorenzo approuva. Ce *palazzo* situé de l'autre côté de l'Arno, adossé à la colline, promettait d'être le plus grand bâtiment de la cité. Les vergers et les prairies qui prolongeaient la construction jusqu'aux fortifications de Florence permettraient d'y édifier un somptueux jardin. Un écrin de verdure, tout en gradins. Une perle de plus dans le trésor des Medici.

Piero, éprouvé par tous les événements de cette journée, devait se reposer. Avant de prendre congé, Lorenzo s'adressa à son père :

« Le vieux Tommaso m'a fait pitié... Grand-père l'estimait au plus haut point. Il a toujours été de bon conseil.

– Il a tout de même partagé le pain avec nos ennemis.

– Sans doute. Cependant, d'après le notaire Fedini, il n'a pas été partie prenante dans le complot. Aujourd'hui, il paie simplement le fait d'avoir été le frère de Niccolo.

– Alors tu voudrais qu'on l'épargne ?

– Gardons-le près de nous. Et surveillons-le. Par reconnaissance, il sera même capable de trahir son frère si celui-ci, depuis son exil, fomentait encore quelque mauvais coup. Ainsi, nous préviendrons peut-être de nouveaux complots. »

Piero, malgré sa fatigue, sourit.

La nuit était tombée, nuit miraculeuse de Florence, tiède et parfumée. Lorenzo exultait en quittant la chambre de son père. Jamais il n'avait été aussi fier d'être un Medici, même s'il ne se dissimulait pas que son plaidoyer en faveur de Tommaso Soderini devait quelque chose à son ancienne inclination pour sa fille, la piquante Ginevra.

Sans même réfléchir, il se dirigea vers l'étage des servantes. Depuis qu'il avait croisé la mystérieuse Chamyla le soir de l'orage, tout son être aspirait à la douceur de sa peau.

Lorsqu'il frappa à la porte de sa chambrette, elle ouvrit presque aussitôt. Elle eut un geste de recul en le découvrant.

« N'aie pas peur, belle Chamyla... »

Une longue chemise blanche la serrait au col et descendait jusqu'à ses chevilles. Pourquoi lui évoquait-elle un suaire ? Il ne put s'empêcher de frissonner. Lorenzo pensait que la mort ne cessait d'envoyer des signes aux humains. Il se reprocha aussitôt sa folie. Se pouvait-il que cette jeune et pure beauté soit porteuse de quelque menace ?

Il avança vers elle. Sous le léger tissu, ses tétins pointaient. Devinant son regard, elle plaqua ses mains sur ses seins comme pour les protéger.

« Que me veux-tu ? » demanda-t-elle.

Il ne répondit pas et fit encore un pas dans sa direction. Elle recula jusqu'au mur où elle se tint plaquée, les mains dissimulant toujours sa poitrine.

« Tu m'as ensorcelé, Chamyla... Je ne cesse de penser à toi !

– Je ne suis qu'une esclave ! »

Lorenzo, soudain, s'agenouilla devant elle. Il aperçut l'ombre de son buisson. Tremblant de désir, il saisit ses mollets, pressa son visage contre la fourche de ses cuisses. Frémissante, Chamyla ne bougeait pas.

« Je ne te ferai pas de mal... Je ne veux pas te faire de mal.

– Alors, laisse-moi, je t'en supplie ! »

À regret, il se mit debout. Elle posa ses mains dans les siennes et Lorenzo comprit qu'elle essayait surtout d'éviter qu'il la touche. Il la regarda dans les yeux. Son regard brûlait.

« Tu peux me posséder quand tu le voudras puisque tu es le fils du maître... Mais tu n'en tireras nulle joie si je n'y consens.

– Alors je devrai attendre ?... Combien de temps ? »

Elle délivra ses mains, posa un doigt sur les lèvres du jeune homme.

« Chez nous, l'amour est toujours un grand mystère... Seuls les djinns en connaissent le secret !

– Comment pourrai-je apprivoiser ces animaux-là ? »

Tout en éclatant de rire, la Circassienne repoussa doucement Lorenzo.

« Va, mon joli seigneur... Le temps viendra s'il doit venir. »

Le lendemain matin, alors que l'esclave servait à la lingerie, Lorenzo déposa discrètement une bague d'or sur sa couche.

* *
*

Place de la Seigneurie, la foule, massée devant la loggia, frémissait d'impatience. Lorenzo, monté sur un cheval blanc, armé de pied en cap, se tenait au premier rang. Impossible de ne pas remarquer que les prieurs qui s'installaient les uns après les autres sous les majestueuses arcades allaient siéger sous le contrôle du représentant des Medici. Impossible aussi de ne pas voir les piques des soldats postés devant tous les accès de la place : Piero avait demandé à son allié milanais Sforza de disposer ses troupes en ville. Non qu'il craignît un coup de main de ses ennemis, désormais hors d'état de nuire, mais il montrait ainsi aux Florentins que l'ordre était rétabli et que toute agitation serait vaine.

Dès le matin, des hérauts avaient parcouru les rues de la cité. Les citoyens étaient solennellement conviés à se constituer en Assemblée du peuple afin de ratifier les mesures prises par les nouveaux prieurs. La procédure était exceptionnelle. Piero espérait que cette apparence de démocratie consacrerait définitivement sa victoire.

Les visages des prieurs étaient graves. Juchés sur une estrade, les magistrats, revêtus de leur *lucco*, une longue robe rouge, violette ou cramoisie, dominaient la foule. De part et d'autre, des huissiers et des mercenaires portant bouclier encadraient cette noble et sévère tribune. Sur la droite, symbole imposant du pouvoir, l'architecture altière et dorée du *palazzo* Vecchio, hérissé de merlons, mâchicoulis et créneaux, lançait son beffroi dans un ciel immaculé.

Enfin, un homme se leva. Roberto Lioni était le nouveau gonfalonier de justice. Le silence gagna de rang en rang jusqu'aux extrémités de la place. La voix forte du magistrat s'éleva :

« Florentins, notre cité doit recouvrer la paix. Il convient de mettre fin aux querelles partisanes et de travailler ensemble à la prospérité de nos arts, de nos ateliers et de nos commerces. »

Une ovation monta de la foule. Lorenzo, impassible, se contenta d'approuver d'un mouvement de menton. On entendit à plusieurs reprises des *« Palle ! »* et des cris hostiles aux Pitti qui se mêlèrent aux applaudissements : des sectateurs des Medici avaient été habilement répartis dans l'assemblée. Le fils aîné de Piero y avait veillé en personne.

Lioni reprit dès que le calme revint.

« La tranquillité de Florence requiert qu'elle dispose dorénavant d'une autorité qui dépasse les intérêts particuliers. Un pouvoir fort qui œuvrera pour le bien commun et écartera les ambitieux et les séditieux. »

À nouveau jaillirent des cris exigeant que fussent jugés les Pitti et les autres familles nobles qui avaient conspiré. Lioni savoura son effet et poursuivit :

« Aussi, nous proposons que soit constituée une balie* qui gouvernera non plus deux mois, mais quatre. Vous êtes le peuple souverain. C'est à vous tous d'approuver ou non cette proposition de vos prieurs. »

Il avait à peine fini qu'une immense clameur s'éleva de la foule. L'approbation était massive. *« Palle ! Palle ! »* scan-

---

* Comité ou gouvernement de réforme.

dait le peuple. Les Medici avaient gagné. Leurs représentants allaient apparemment gouverner, alors que la réalité du pouvoir se trouverait via Larga.

Lorenzo manœuvra pour faire demi-tour. La foule était si compacte qu'il dut attendre. Autour de lui, des hommes venaient toucher sa monture ou sa cuirasse comme si ce simple geste pouvait leur porter chance et sceller leur alliance retrouvée avec la famille la plus puissante de Florence.

Lorsqu'il parvint à se dégager, Lorenzo regagna au plus vite le *palazzo* de la via Larga. Piero se trouvait dans son cabinet de travail, là où, autrefois, Cosimo aimait à se retirer. Il avait déjà connaissance du triomphe que l'Assemblée du peuple avait réservé aux Medici. Lucrezia se tenait à son côté. Accompagnée de ses filles, elle venait d'arriver de Careggi où un messager envoyé par son époux l'avait assurée que tout danger était écarté en ville.

Lorenzo embrassa tendrement sa mère. Malgré un léger embonpoint, Lucrezia demeurait une femme séduisante et il émanait toujours de son visage une lumière quasi surnaturelle. Elle lui prit la main et l'entraîna :

« Viens, nous avons à parler. »

Le jeune homme eut un pincement au cœur. Que lui voulait sa mère ? Sans un mot, ils se dirigèrent jusqu'à sa chambre. Elle ouvrit la porte. Troublé, Lorenzo découvrit Chamyla qui était en train de préparer la literie.

« Laisse-nous ! » dit Lucrezia.

La petite esclave, passant devant eux, jeta un regard à Lorenzo qui se sentit rougir. Dès qu'elle fut sortie, Lucrezia rit :

« Quel œil de velours ! Aurais-tu quelque amourette avec cette fille appétissante ? »

Le jeune homme ne répondit pas. Sa mère enchaîna :

« Vous, les Medici, vous avez toujours cultivé les amours ancillaires. Nous en avons pris notre parti ! Après tout, mieux vaut trouver chez soi des caresses qu'on devrait monnayer à l'extérieur. Sans compter que que celles-ci ne sont sans doute pas avariées, à la différence des filles qui fréquentent les étuves et vendent leur corps au plus offrant ! »

Le franc-parler de Lucrezia étonna son fils. Ils n'avaient que rarement évoqué ensemble les sujets amoureux. Et encore était-ce toujours par le truchement des poèmes qu'ils se plaisaient à composer tous les deux et qu'ils échangeaient.

Elle alla jusqu'à la fenêtre et se retourna brusquement.

« Nous venons d'en parler avec ton père. Il est temps de te trouver une épouse ! »

Lorenzo demeura sans voix. Il savait, bien sûr, qu'un jour ou l'autre cette question serait abordée. Dans le jeu compliqué des alliances, les mariages jouaient un rôle éminent. Avec les Medici, il en allait comme pour la plupart des familles régnantes européennes : lorsqu'on donnait un fils ou une fille à épouser, ce ne pouvait être que par intérêt. Lorenzo avait appris, par exemple, avant son voyage pour Rome et Naples, que Piero avait envisagé de le marier à l'une des filles de Luca degli Pitti. Or, depuis, le banquier avait trahi. Bientôt ruinée, sa prestigieuse lignée était désormais dépourvue de tout attrait.

« Piero m'a confié le soin de conclure cette affaire, reprit Lucrezia. Je vais aller à Rome !

– Pourquoi à Rome ? »

La tradition voulait que les riches familles florentines ne trouvent point d'époux ou d'épouses hors des frontières de la cité. Déroger à ce principe risquait de mécontenter les citoyens les plus puissants. D'autant que Lorenzo de Medici était assurément le plus beau parti de la ville.

« Ton père estime que nous devons asseoir notre influence également en dehors de la Toscane. Un mariage avec l'héritière d'une grande famille romaine permettrait d'atteindre ce but. En outre, le Vatican ne verrait sans doute pas d'un mauvais œil ce rapprochement. N'oublie pas que ton frère Giuliano est promis un jour à revêtir la pourpre cardinalice... Ces épousailles serviraient sa cause. »

Lorenzo resta coi. Il savait que ses parents avaient raison. Il accepterait l'épouse qu'on lui donnerait, quelle qu'elle fût. Il espérait cependant qu'elle ne serait ni contrefaite ni trop laide.

Lucrezia s'approcha de lui. Elle caressa sa joue.

« Je sais ce que tu penses... Je la choisirai avec des yeux de mère ! »

Elle ajouta, ironique :

« En attendant, tu peux faire les yeux doux à cette petite chatte... Mais évite d'engendrer un bâtard ! Nous n'en avons que trop à Florence ! »

* *
*

Le corps verdâtre était gonflé comme une outre. Les bateliers qui l'avaient trouvé, flottant entre deux eaux, l'avaient déposé sur la berge pelée de l'Arno. Le visage de l'homme n'était qu'une plaie, le masque hideux d'un fantôme, nez rongé, orbites vides, joues grêlées.

Un émissaire des Huit de garde*, accompagné d'un médecin, examina le cadavre autour duquel bourdonnait un essaim de commères et de gamins en guenilles. Les deux hommes disputèrent doctement des causes de la mort. Le policier en tenait pour la lèpre. Après avoir sondé les plaies avec un coutelas, le médecin déclara que l'inconnu avait été vitriolé avant d'être plongé dans le fleuve. Quant à l'homme des Huit de garde, qui ne voulait pas être en reste, il affirma que la vêture de cet individu indiquait sans aucun doute possible qu'on avait affaire à un bourgeois.

Le cadavre fut chargé sur une charrette et emporté en

---

* La police de Florence.

ville. On le garderait provisoirement dans une salle souterraine suintante d'humidité où l'on plaçait les dépouilles non identifiées avant de les jeter au charnier ou de les confier à quelque étudiant en médecine féru de dissection.

Le convoi funèbre avait à peine passé les murailles que la rumeur courait les rues. Ce corps était celui de Niccolo Fedini. Le notaire avait disparu depuis deux jours. Or, selon son épouse, il n'avait pas déserté la couche conjugale une seule nuit depuis son mariage.

Les Medici furent rapidement informés que leur espion avait été assassiné. Ainsi, les poisons de la trahison et de la conspiration n'avaient pas été entièrement expurgés. Pourtant, depuis que l'Assemblée du peuple leur avait de fait rendu le pouvoir, ils avaient conduit la politique florentine à grandes guides. Il avait d'abord été décidé que seul pourrait être *imborsato** celui qui avait recueilli la confiance des prieurs, et donc celle des Medici. En peu de temps, ils reconstruisirent ce que l'ancien gonfalonier, Niccolo Soderini, avait détruit : toutes les charges officielles de l'administration furent dévolues à leurs partisans.

Puis, sans tarder, les prieurs avaient convoqué un tribunal d'exception pour juger les conspirateurs et leurs principaux complices. Diotisalvi Neroni, qui avait finalement trouvé plus prudent de fuir, fut condamné au bannissement perpétuel. Niccolo Soderini et Agnolo degli Acciaiuoli écopèrent de vingt ans d'exil. Les Albizzi furent épargnés, de même que Luca degli Pitti : Piero de Medici avait donné des ordres en ce sens, la ruine de son ennemi suffisant à sa vengeance. Quant à Tommaso Soderini, on oublia qu'il avait eu des sympathies pour les conjurés et, conformément au vœu de Lorenzo, il demeura conseiller du clan.

Une procession d'actions de grâces mit fin à l'affaire. Le peuple entier de Florence fut invité à participer à cette

* Mis dans la bourse, c'est-à-dire participant au tirage au sort des prieurs.

cérémonie destinée tout autant à remercier le Ciel d'avoir épargné à la cité une nouvelle guerre civile qu'à fêter le retour des Medici au pouvoir. Précédant les prêtres qui avaient revêtu pour l'occasion leurs chasubles les plus précieuses, tissées de fils d'or et d'argent, les deux frères Medici, en tenue d'apparat, chevauchèrent en tête. Le cortège parcourut longuement les rues de Florence jusqu'à Santa Maria del Fiore. Cependant, si dans les premiers rangs on observait la solennité de l'instant, derrière, la foule menait grand tapage, buvant et se réjouissant bruyamment. La liesse aidant, quelques larrons s'emparèrent de citoyens ayant eu le mauvais goût de ne pas souscrire à l'enthousiasme général. Certains d'entre eux furent battus. D'autres y trouvèrent la mort. Le peuple se rattrapait enfin : frustré de pendaisons et de bûchers, il manifestait sa joie à sa façon.

Le soir même, Lorenzo entra dans la chambrette de Chamyla. Bien que déjà couchée, la petite esclave n'avait pas mouché sa chandelle. Le jeune homme eut l'impression qu'elle l'attendait. Sans un mot, il découvrit le drap de grosse toile. Elle était nue. Son corps était couleur de miel ambré. Elle s'offrait à son regard sans manifester la moindre gêne.

« Le temps est-il venu ? » murmura Lorenzo.

D'un simple battement de cils, elle fit oui.

V

1467

Quel âge pouvait-elle avoir ? Douze ou treize ans. Une fillette malingre aux cheveux filasse, affublée d'une robe de bure dont on avait échancré le col à grands coups de ciseaux. Ses mains étaient attachées et ses bras entravés.

« À mort ! À mort ! » cria la foule massée sur la place de la Seigneurie quand elle monta sur l'échafaud, poussée par deux soldats. La condamnée avait tué la fille d'un orfèvre pour la dépouiller de ses bijoux et l'avait ensuite jetée dans un puits.

Le bourreau, la tête dissimulée par une cagoule, attendait près du billot, appuyé sur sa hache. Plus loin, un moine encapuchonné brandissait à bout de bras un crucifix. La gamine pleurait et se débattait. Une femme éclata d'un rire nerveux. Puis se tut brusquement, comme si elle était effrayée d'elle-même. Le silence se fit. Les gardes forcèrent la fillette à s'agenouiller et à poser sa tête sur le billot. Le bourreau leva sa hache. Une clameur monta de la foule. Lorenzo détourna les yeux et regagna le *palazzo* de la via Larga. Il détestait ces manifestations de bestialité populaire et savait bien que rien n'aurait pu détourner les Florentins d'assister aux exécutions capitales. On y allait en famille comme au spectacle. Après que le bourreau eut fait son œuvre de mort, les plus acharnés se disputaient même les restes de la victime, ongles et dents étant censés porter bonheur.

Encore troublé par l'horreur de cette cérémonie expiatoire, Lorenzo retrouva la paix du jardin du *palazzo* où tout n'était qu'harmonie. Le printemps triomphait. Arbres et arbustes, gorgés de sève, voyaient leurs bourgeons éclater. Il en sortait des feuilles tendres et pelucheuses qui donnaient envie de les caresser. Les pelouses étaient jonchées de fleurs multicolores. L'air aussi, léger et bleu, participait de cette renaissance.

Lorenzo lui-même se sentait en harmonie avec cette effervescence. Depuis peu, il était éperdument amoureux. Tout le monde s'accordait à dire que Lucrezia Donati était la plus belle femme de la cité. Blonde, comme l'exigeait la mode, – les Florentines usaient de mille procédés pour décolorer leurs cheveux, de l'exposition au soleil jusqu'aux lavages avec des produits citronnés, souffrés ou acides, tel l'alun –, elle avait un visage d'un ovale exquis, des yeux violets, un nez mutin et une bouche qui appelait les baisers.

Lucrezia Donati était mariée à un patricien, son aîné d'une quinzaine d'années, Niccolo Ardinghelli. Peu importait à Lorenzo qui avait décidé qu'elle serait sa muse, au vu et au su de tout Florence. La nouvelle liberté des mœurs autorisait ces liaisons poétiques à condition qu'elles restent platoniques. Le mari se montra le premier complaisant. D'abord parce que la prospérité de ses affaires, qui le menaient régulièrement en Turquie, dépendait du bon vouloir des Medici qui avaient autrefois banni sa famille. Par ailleurs, Niccolo était aussi incontestablement flatté qu'un jeune homme appartenant à la meilleure famille de Florence eût choisi son épouse comme inspiratrice de ses poèmes. L'honneur ne rejaillissait-il pas sur lui, l'heureux possesseur d'une telle beauté ? Les vers flamboyants du Medici ne faisaient que magnifier sa bonne fortune.

Seul dans le jardin, Lorenzo récita pour lui-même :

Dans le petit temple que tu ornes à toi seule,
gente dame, plus haute que toutes les autres
des temps modernes ou anciens,
privé ensuite de tout bien par ton départ,

me trouvant porté par mon destin
pour réconforter mon âme affligée et dolente,
apparut à mes yeux un rayon si brillant
qu'obscur me paraît désormais ce que je regarde.

Ne pouvant observer fixement, je pensai
que la cause en était la splendeur d'un diamant
ou d'une autre pierre plus brillante et belle,

placées là pour s'orner l'une l'autre ;
puis je changeai de pensée et compris
que ce rayon irradiant était ton beau regard.*

Pour la première fois de sa vie, Lorenzo aimait et souffrait. La belle goûtait ses compliments mais se dérobait. Elle acceptait d'être chantée et fêtée mais prenait bien garde à ne pas succomber. Lorsque le soir venu, le jeune homme rejoignait la couche de la petite Chamyla, il s'imaginait étreindre le corps de sa muse.

L'arrivée d'un serviteur interrompit sa méditation. L'homme lui tendit une lettre. Lorenzo reconnut aussitôt l'écriture fine et élégante de sa mère. Lucrezia était partie à Rome dès le début de l'année. Elle y avait rejoint son frère Giovanni Tornabuoni, agent de la banque Medici auprès du Vatican et chargé de l'aider dans ses négociations de mariage. Un précédent courrier l'avait informé que le choix de sa mère s'était porté sur Clarice, l'héritière d'une famille princière très influente à Rome, les Orsini. Cette célèbre

* Poème traduit par Christian Bec.

lignée comptait en ses rangs de puissants hommes de guerre, un cardinal, plusieurs prélats et avait déjà donné un pape à l'Église. Piero de Medici escomptait bien qu'une alliance avec les Orsini favoriserait son projet d'obtenir un chapeau de cardinal pour le jeune Giuliano. Tandis que les princes romains, eux, escomptaient que l'argent des Medici les aiderait à conforter leur influence au sein de la curie.

Dans ce premier courrier, Lucrezia annonçait qu'elle avait brièvement vu Clarice, en présence de son oncle, le cardinal Orsini. Âgée d'une quinzaine d'années, la jeune fille lui avait fait bonne impression. Elle regrettait cependant que la mode romaine, plus austère que la florentine, ne lui eût pas permis de voir ses seins. Toutefois, avait-elle souligné, ils lui avaient paru de bonne proportion.

Lorenzo brisa le cachet de cire et commença à lire. Lucrezia avait de nouveau été reçue chez les Orsini. Elle avait pu rester plus longuement en compagnie de la jeune Clarice et livrait ses commentaires perspicaces et humoristiques.

« Quoique moins jolie que nos filles, elle est d'une grande modestie, de telle sorte qu'il sera facile de lui enseigner nos manières. Elle n'est pas blonde, car personne ne l'est ici, et ses cheveux épais ont une teinte rougeâtre. Son visage est rond, mais il ne me déplaît pas. Le cou est beau, mais plutôt mince, ou à vrai dire d'un modelé délicat. Elle ne porte pas sa tête avec autant de fierté que nos filles, mais un peu penchée en avant, ce que j'attribue à la timidité qui semble faire le fond de son caractère. Dans l'ensemble, cette jeune fille me paraît supérieure au type courant, mais elle ne peut pas être comparée à tes sœurs Maria, Bianca et Lucrezia. »

Sa future épouse ! Brûlant pour Lucrezia Donati, il se moquait bien de savoir si cette Clarice était belle ou laide, même s'il savait gré à sa mère de le rassurer par avance en lui dépeignant une fiancée qui n'était ni trop repoussante ni trop sotte. Il était prêt à accomplir son devoir dynastique et à l'engrosser autant de fois que sa nature pourrait le supporter.

Au reste, il n'ignorait pas que les négociations avec les Orsini ne faisaient que commencer. Son oncle et sa mère devraient discuter pied à pied chaque détail de ce contrat qui consacrerait l'union des deux familles. De longs mois, peut-être des années, allaient s'écouler avant que la pâle Clarice ne vînt partager son lit. Lorenzo comptait bien profiter de ce sursis pour conquérir la sublime Lucrezia, la Diane de ses poèmes où lui-même, sans modestie aucune, se présentait sous les traits du divin Apollon.

Si tu as flèche et carquois, Amour,
pourquoi ne pas briser et rompre mon cœur ?
Dame mortelle ne doit pas résister à un Dieu !

Même la souffrance de ne pas être agréé était douce quand on avait la chance d'aimer un être aussi parfait.

Le casque de cheveux frisés de Giuliano apparut dans l'encadrement d'une fenêtre. Une fois encore il regretta que le sort ne lui eût pas donné à lui, Lorenzo, un visage aussi séduisant. Pour faire oublier son long nez tordu, il devait se surpasser, briller en toutes choses, être le meilleur à défaut d'être le plus gracieux ! Mais Lucrezia Donati saurait-elle découvrir la vraie beauté qui se cachait en lui ?

Giuliano, l'apercevant, lui adressa de grands gestes joyeux. Lorenzo décida de rejoindre son frère. Une petite souillon qui sortait en hâte des cuisines faillit le renverser. Tandis qu'elle se répandait en excuses et révérences, Lorenzo frissonna : elle ressemblait à la suppliciée de la place de la Seigneurie...

* *
*

Le printemps de Careggi entrait à flots dans la pièce ouverte sur le jardin. Ils étaient une quinzaine à festoyer autour d'une table surchargée des mets les plus divers : paon bouilli, poulets farcis, chapons parfumés au genièvre, *crostini*[*], *finocchione*[**]. Des pichets de Trebbiano circulaient de convive en convive, et chacun plongeait gaiement sa *fuschina*[***] au hasard des plats qui se présentaient à lui.

Il l'appelait sa *brigata*. La brigade ! Une joyeuse assemblée de jeunes gens sur laquelle régnait Lorenzo. Viveurs, noceurs, mais aussi poètes ou musiciens, ils formaient via Larga une véritable cour et suivaient l'héritier des Medici dans ses escapades bucoliques autour de Florence, ses parties de chasse au faucon, ses virées nocturnes dans les tavernes de la cité ou encore ses visites dans les *bottege* de ses amis peintres.

Il y avait d'abord les frères Pulci, Luca, Bernado et Luigi qu'on appelait familièrement Gigi. Trois poètes, trois amuseurs. Issus d'une bonne famille qui avait connu la ruine, ils étaient attachés au service des Medici : quand ils ne rimaillaient pas, ils se rendaient utiles aux besognes les plus diverses. Fous du prince, on leur pardonnait leur impertinence et on tolérait la plupart de leurs facéties. Lucrezia Tornabuoni, en particulier, s'était entichée de Gigi, qui avait composé à sa demande une parodie burlesque de *La Chanson de Roland*.

En face de Lorenzo se trouvait Braccio Martelli, l'ami intime, le confident. Un compagnon dont la verve pouvait égayer les plus maussades et qui reprochait régulièrement à

---

* *Crostini :* tartines au foie de volaille, aux champignons ou garnies de gros haricots rouges.

** *Finocchione :* saucissons parfumés au fenouil sauvage.

*** *Fuschina :* fourchette dont l'usage se généralise en Italie au XVᵉ siècle.

son ami la mélancolie dont il semblait frappé dès lors qu'il pensait à la belle Lucrezia Donati.

À gauche, à demi affalé, un coude posé sur la table supportant sa grosse tête, se tenait Dionigi Pucci. Ce bon vivant, menacé d'embonpoint, trompait son monde. S'il préférait aux interminables chevauchées de Lorenzo dans la campagne toscane les plaisirs plus poivrés que lui offraient les bras des courtisanes, ce paresseux dissimulait aussi un politique avisé, prodigue en conseils judicieux.

Il y avait encore, membres permanents de la *brigata*, Pietro Alamanni, les deux beaux-frères de Lorenzo, Bernardo Rucellai et Guglielmo de Pazzi, Francesco Berlinghieri, platonicien fervent, Giovan Ventura, marchand épicurien et débauché notoire. Toutefois, la figure la plus étonnante de cette assemblée était celle de Sigismondi della Stufa dont l'exceptionnelle beauté faisait l'admiration de toutes les Florentines. Fiancé à la très jolie Albiera degli Albizzi, le jeune homme était le préféré de Lorenzo et lui était entièrement dévoué. Au-delà de cette société de plaisirs dans laquelle ils communiaient tous deux, le Medici, qui oubliait rarement ses responsabilités futures, tenait Sigismondi pour l'un de ceux sur lesquels il pourrait s'appuyer plus tard.

Dionigi Pucci leva son gobelet.

« À nos amours ! »

Les jeunes gens rirent. Nul n'ignorait que ses amours fugaces étaient toujours tarifées. Pucci répugnait à s'engager dans une liaison plus régulière. Quant au mariage, il tenait trop à sa liberté pour ne pas s'en défier par-dessus tout.

À son tour, Sigismondi brandit son verre.

« À Lucrezia, la sans-pareille ! »

Tous les jeunes gens l'imitèrent en tournant leurs regards vers Lorenzo, qui rougit.

« Nulle citadelle n'est imprenable ! dit Giovan Ventura.

– Et nulle femme suffisamment honnête pour résister

longtemps aux avances d'un amant entreprenant ! continua Luca Pulci.

– Surtout quand son mari déserte aussi souvent la couche conjugale ! ajouta Pietro Alamanni. Je le sais à nouveau sur le départ.

– Il serait dommage de laisser en friche un si aimable terrain ! remarqua Ventura. Lorenzo, il est temps de chercher la douce fin.

– Un jour viendra où tes poèmes la toucheront droit au cœur ! Alors, elle rendra les armes ! » conclut Francesco Berlinghieri.

Ils vidèrent leurs gobelets de vin, les emplirent à nouveau. Braccio Martelli rit :

« Toutefois, Lorenzo, mon devoir est de te mettre en garde. Si tu veux jouir d'elle et lui donner un plaisir égal en arrosant son jardin, il te faudra accomplir des prouesses...

– Que veux-tu dire ?

– En me dissimulant derrière une tenture, j'ai épié sa nuit de noces... »

Des exclamations étonnées saluèrent cette révélation. Goguenard, Giovan Ventura demanda :

« Tu l'as vue en sa natureté ?

– Aussi blanche qu'un lys, elle est dotée d'appâts appétissants là où la main de l'homme aime à les trouver ! »

Les regards brillèrent, égrillards. Seul Lorenzo restait de marbre.

« Eh bien ? demanda enfin le jeune homme, agacé. Pourquoi voulais-tu me mettre en garde ?

– J'ai constaté *de visu* que Niccolo était pourvu de fort belle manière... Son *pene* ressemble à une corne de bœuf !

– Tu mens !

– Il est aussi capable de courir plusieurs tournois en une nuit.

– Affabulations ! »

Braccio se tourna vers les autres et rit à nouveau en désignant Lorenzo :

« Voyez comme l'amour peut rendre aveugle ! Les meilleurs d'entre nous y succombent ! »

Lorenzo se contint. Sous les plis de son vêtement, ses poings se serrèrent. Imaginer cette « corne de bœuf » pénétrer le corps délicat de Lucrezia était plus qu'il ne pouvait supporter.

« Tu es ivre, Braccio ! »

Martelli se figea. C'était la première fois que Lorenzo lui parlait ainsi.

« Si je t'ai offensé, je le regrette. »

Lorenzo ne répondit pas. Le silence qui s'abattit sur la *brigata* était tellement pesant que Luca Pulci s'empressa de saisir son luth et commença à jouer quelques notes.

« La *zibetto* ! » s'exclama Bernardo.

Il s'agissait d'une chanson de carnaval que Lorenzo avait composée avec ses compagnons. Toute en allusions grivoises, elle faisait la joie des jeunes gens de la *brigata*.

« Voici, mesdames, un animal parfait

Pour maints usages : il se nomme civette... »

Les visages s'étaient éclairés. Lorenzo lui-même se dérida tandis que Pulci poursuivait joyeusement et que ses deux frères l'accompagnaient en se livrant à maintes pitreries :

On prend une sonde longue d'un tiers,
Épointée, pour ne pas piquer ;
Introduisez-la, qu'elle s'y enduise :
Mesdames, cela sera un doux plaisir.
Il faut pour l'introduire assez bien regarder,
Trouver sans erreur où gîte la civette ;
On risquerait de barbouiller la sonde,
D'autre chose et de blesser le petit animal.
Que celle qui n'a pas de sonde s'en arrange,
Recourre à des moyens étrangers ou du moins à son doigt

Et le donne à sentir ensuite à son mari,
S'il n'en a pas ou si c'est de sa faute...
Elle a le grand pouvoir d'engrosser :
Et bien d'autres, mais nous n'en dirons pas plus...
Peut-être en avons-nous trop dit : Allons, mesdames,
Vérifiez si ce que nous avons dit est vrai.

Luca Pulci acheva sa chanson dans un immense éclat de rire et sous les applaudissements de toute la *brigata.* De l'autre côté de la table, Braccio Martelli jeta un regard inquiet en direction de Lorenzo. Mais celui-ci lui répondit par un sourire.

* *
*

Le fidèle Gigi Pulci accompagnait Lorenzo. Le Medici aimait à marcher dans les ruelles de Florence. Ces promenades trop rares lui rappelaient le temps où son grand-père Cosimo le guidait à travers le lacis des venelles à la découverte des secrets des petits métiers de la ville.

Une belle jeune femme s'avançait au-devant d'eux. Elle portait une jupe de satin vert broché d'un semis de fleurs. La soie arachnéenne de son bustier laissait deviner ses seins. Sa coiffure en chignon plat piqué d'une guirlande de perles découvrait largement son front. Sans doute s'était-elle rasée pour l'agrandir. En passant près des deux jeunes hommes, elle leur lança un regard effronté. Gigi se moqua :

« Sais-tu ce qu'on dit de ce genre de coquettes : "Elle est de si bon lin qu'elle trouvera bien quenouille et fuseau pour la filer."

– Et j'imagine que tu te métamorphoserais bien en rouet pour l'accommoder à ta façon ! »

Gigi Pulci rit de bon cœur. Le printemps était si capiteux que les Florentines en prenaient à leur aise avec les règlements municipaux qui régentaient leur vêture. Ce n'était que profusion de couleurs, d'ornements de fourrure, de brocatelles, de broderies, de mousselines de soie, de fanfreluches et d'affiquets plus indécents les uns que les autres. Les décolletés s'échancraient, les robes serrées autour de la taille mettaient en valeur hanches et croupes.

Chaque dimanche, les prédicateurs hurlaient au scandale et accusaient les plus respectables des femmes de cette cité d'afficher des manières déshonnêtes. Habillées comme des courtisanes, pomponnées et maquillées à outrance, c'était Dieu qu'elles provoquaient ! Bref, l'esclandre menaçait : les magistrats de Florence se résolurent à contrecœur à faire appliquer une loi tatillonne dont la lointaine origine devait tout autant à la bonne organisation du commerce qu'au respect de la décence. Las, les notaires envoyés dans la rue pour contrôler les parures féminines firent l'objet de tant de railleries qu'ils renoncèrent bien vite à s'ériger en arbitres de la mode florentine. Lorenzo, bien qu'il manifestât en public beaucoup de respect pour la Seigneurie, fut le premier à en rire. La liberté toute nouvelle des Florentines qui osaient, malgré les usages, sortir seules dans la rue et exhiber leurs extravagantes toilettes le réjouissait. C'était un hommage à la beauté, un hymne à l'amour. Pour Lorenzo, Florence avait les yeux de Lucrezia Donati.

Toutefois, cette atmosphère d'insouciance, qui tranchait avec les orages de l'automne passé, était trompeuse. Les conjurés de l'an dernier mettaient à profit leur exil pour dresser Venise contre la cité toscane. Niccolo Soderini et Diotisalvi Neroni étaient les meneurs de cette nouvelle agitation. Ils avaient réussi à convaincre le doge d'engager Bartolomeo Colleoni. Le vieux chef de guerre, qui s'était mis si souvent au service de la République de Saint-Marc, ne rêvait que de revanche après avoir dû plier bagage devant Florence. Mais d'autres condottieri étaient prêts à joindre leurs forces à celles de Colleoni. Ercole d'Este, Alexandro Sforza, seigneur de Pesaro, Giovanni Pico della Mirandola et d'autres encore espéraient bien se tailler de nouveaux fiefs aux dépens des Florentins.

Grâce à leurs agents qui pullulaient dans toute l'Italie, Piero et Lorenzo suivaient les progrès de cette coalition. Chaque jour, de nombreux rapports renforçaient leur inquiétude. Des navires florentins avaient été attaqués et confisqués par la flotte vénitienne. Des émissaires de la Sérénissime tentaient de susciter une révolte à Gênes et de pousser la Savoie à attaquer le duché de Milan, allié de la cité toscane.

Piero avait très vite pris conscience du danger. Il avait d'abord obtenu qu'une ligue regroupant Florence, Milan et Naples se constituât sous la haute autorité du pape Paul II. Cet important succès diplomatique ne suffisait cependant pas : il fallait aussi se préparer à combattre et opposer aux troupes rassemblées par Venise une force comparable. Un seul condottiere pouvait faire pièce à Bartolomeo Colleoni : Federigo da Montefeltro, comte d'Urbino. Grand capitaine, nommé par Paul II gonfalonier des armées de l'Église, Federigo était l'émule traditionnel de Colleoni. Si l'un se trouvait dans un camp il était rare de ne pas voir l'autre commander l'armée adverse.

Piero décida de dépêcher Lorenzo à Urbino. Ensuite, il devait courir à Naples afin de convaincre le roi Ferrante d'envoyer des régiments à la rescousse. Le Medici espérait que les mercenaires de Montefeltro, les soldats napolitains et quelques escadrons bolonais auxquels se joindraient des renforts milanais et les propres forces de Florence, réunis au sein d'une puissante armée, seraient capables de mettre un terme aux ambitions vénitiennes. Seul Lorenzo, qui avait déjà fait preuve, tant à Naples qu'à Rome, de grands talents diplomatiques pourrait exaucer ce vœu.

L'héritier des Medici, nanti par son père d'une grosse somme d'argent et de nombreux cadeaux, décida de se mettre en route sans tarder. Luca Pulci, Braccio Martelli et une poignée de soldats lui feraient escorte.

Un vent frais venu des Apennins soufflait sur Florence quand, à la pointe du jour, les cavaliers sortirent du *palazzo* de la via Larga. Chamyla guettait son départ sous le porche. Lorenzo ne la vit pas, bien que son cheval la frôlât.

La ville dormait encore. Lorenzo fit une courte halte devant la demeure de Lucrezia Donati. Les persiennes étaient closes. Il regretta de ne pas posséder un portrait de sa muse. Sa contemplation, pendant les longues semaines où il allait être absent, aurait atténué les affres de la séparation.

* *
*

L'effet était saisissant. De très loin, on voyait surgir de la plaine deux hautes collines isolées, comme les témoignages anciens de quelque bouleversement des entrailles de la Terre. En s'approchant, on distinguait ensuite la muraille crénelée ceinturant les deux tertres qui s'élevaient à plusieurs centaines de pieds. La ville entière d'Urbino apparaissait alors comme un gigantesque château fort d'où émergeaient les clochers des églises et la masse imposante d'un *palazzo*.

Lorenzo et ses compagnons escaladèrent une route en lacets qui menait à une des portes de la ville. Un messager avait prévenu de leur arrivée. Des gardes les escortèrent jusqu'au *palazzo* à travers un dédale de ruelles en pente ou en escalier. La façade du bâtiment, malgré ses vastes dimensions, était d'une grande élégance. Deux hautes tourelles, qui rappelaient les temps passés, étaient réunies par trois loggias superposées, symboles de l'art nouveau qui ouvrait les maisons au soleil et à la lumière. La cour d'honneur était encore en travaux. Mais Lorenzo apprécia la beauté des arcs en plein cintre qui s'appuyaient sur des colonnes élancées aux chapiteaux richement décorés. L'intérieur témoignait également du goût de Federigo da Montefeltro. Le condottiere était en train de transformer une antique forteresse gothique en un luxueux palais. Chaque détail l'attestait : la luxuriance des tapisseries des Flandres tendues sur les murs, la marqueterie subtile des portes, la délicatesse des cheminées sculptées, la magnificence des plafonds polychromes, le discernement avec lequel avaient été rassemblées les collections de marbres et d'instruments de musique et, enfin, la sensibilité des peintures de Piero della Francesca dont Lorenzo reconnut aussitôt la manière.

Le jeune homme était curieux de rencontrer ce chef de guerre qui tenait en si haute estime toutes les manifestations de l'art.

Le condottiere reçut Lorenzo de Medici dans sa bibliothèque, la pièce du *palazzo* dont – son hôte l'apprit plus tard – il était le plus fier. Sur les étagères de bois sombre étaient alignés des milliers de livres aux reliures de brocart d'or ou de cuir cramoisi. Montefeltro, qui n'ignorait pas que le grand-père de Cosimo avait eu l'ambition de constituer à Florence la plus grande bibliothèque du monde connu, laissa le jeune homme s'extasier devant sa collection. Chaque ouvrage, écrit à la main, était enrichi de délicates miniatures.

« Quarante scribes travaillent tous les jours à enrichir cette collection. Tous les Grecs, les Hébreux et les Latins y ont leur place... Je m'enorgueillis aussi d'y avoir fait figurer les textes majeurs des docteurs de l'Église. »

Le comte d'Urbino était un homme râblé coiffé d'une toque rouge qui tombait sur son front tel un couperet, tout près de son étrange nez ; cassé à la racine au cours d'un tournoi qui lui avait aussi valu la perte d'un œil, ce curieux appendice lui faisait maintenant comme un bec planté au milieu du visage.

On devinait sous sa robe, de même couleur que sa toque, un corps puissant et musclé. Montefeltro, malgré son infirmité, devait exceller dans l'exercice physique. Toutefois, ce guerrier couturé parlait avec une voix égale et douce, employant des mots choisis, et son œil unique, à demi dissimulé par une lourde paupière, brillait d'intelligence et de perspicacité. Lorenzo pensa aussitôt que sa réputation était justifiée : ce capitaine n'attaquait que lorsqu'il était sûr de vaincre. Avant la bataille, il louvoyait, feintait, manœuvrait, inventait de nouvelles machines pour assiéger les cités. Or dès qu'une occasion favorable se présentait, il fondait sur l'ennemi avec une stupéfiante rapidité. On lui reconnaissait aussi une loyauté à toute épreuve. Contrairement à beaucoup de condottieri, jamais il n'avait trahi l'un de ses commanditaires et il ne dénonçait pas un contrat avant la fin de sa *condotta*. Enfin, il imposait à sa soldatesque une rigoureuse discipline et prévenait autant que possible les morts inutiles, les mises à sac et les violences contre les populations. Parce qu'il épargnait ordinairement les villes, les vaincus lui abandonnaient un butin de guerre plus important que ce qu'il aurait gagné en laissant ses soldats piller les maisons et trousser les femmes. Il devait à cette sagesse, et aux soldes considérables qu'il réclamait pour prix de ses services, d'avoir accumulé une énorme fortune qui avait accru la prospérité de la ville d'Urbino.

Lorenzo reposa le livre qu'il avait en main – les *Décades* de Tite-Live – sur un lutrin disposé au milieu de la bibliothèque.

« J'aime à ce qu'on me lise quelques pages lors du repas. Sauf, bien sûr, quand un hôte illustre me fait l'honneur de venir partager ma pitance. »

Il sourit. Son œil valide se plissa. Lorenzo comprit que le condottiere l'invitait à exposer enfin l'objet de sa mission. Tout en ayant l'impression que c'était parfaitement inutile : pourquoi un Medici se présenterait-il au moment où Venise faisait des préparatifs de guerre si ce n'était pour le recruter, lui et sa troupe de mercenaires ? Sans doute se réjouissait-il déjà à l'idée d'affronter une fois de plus son vieil adversaire, Bartolomeo Colleoni.

La discussion fut vive. Le lettré cédait la place à un négociateur redoutable. Montefeltro exigeait le versement immédiat de plusieurs milliers de florins, ainsi que le commandement de la coalition.

« Une troupe doit marcher comme un seul homme ! S'il y a plus d'un chef, elle se débande et s'en va à vau-l'eau ! »

Lorenzo prit sur lui d'accepter, tout en appréhendant la réaction des Milanais et des Napolitains.

À la fin de ce premier entretien, ils passèrent dans le cabinet particulier du condottiere. Vingt-huit portraits en ornaient les murs. Montefeltro avait réuni les figures des plus grands hommes des temps passés, Homère, saint Thomas d'Aquin, Ptolémée, Sénèque ou encore Salomon. Après avoir laissé Lorenzo admirer cette exceptionnelle collection, il dit tout à trac :

« Il est évident que si la campagne devait se prolonger et s'interrompre avec l'hiver, des indemnités me seraient dues afin que je puisse conserver mes soldats et les payer.

– Mais, Messer comte, il m'étonnerait qu'un capitaine aussi talentueux que vous n'en finisse pas avant le début de l'automne ! »

Au rire de Montefeltro, Lorenzo sentit qu'il se forçait quelque peu.

* *
*

Piero hocha la tête. Bien que frappé par une nouvelle attaque de goutte, il s'était levé pour écouter le rapport de son fils. Lorenzo avait réussi. Federigo de Montefeltro allait incessamment se mettre en marche. Nul n'était plus habile que lui pour transporter ses lourds canons de bronze par les chemins tortueux des montagnes qui séparaient Urbino de

Florence. À Naples aussi, Lorenzo s'était montré convaincant. Le roi Ferrante avait décidé d'envoyer des régiments commandés par son propre fils, Alphonse de Calabre. Toutefois Piero grimaça quand il apprit combien ces précieuses alliances militaires allaient coûter au trésor de Florence et à la bourse personnelle des Medici. Il n'était plus question de tergiverser : Bartolomeo Colleoni venait de franchir le Pô à la tête d'une formidable armée rassemblant huit mille cavaliers et six mille fantassins. Il était urgent que Montefeltro se portât au-devant de cette troupe qui risquait de fondre sur Florence.

« Le comte d'Urbino arrivera à temps, dit Lorenzo. Il m'a affirmé que Colleoni détestait avancer à marche forcée. Il préfère prendre son temps en espérant que des négociations de paix surviendront avant qu'il n'engage son armée. »

Piero haussa les épaules.

« Ces condottieri se soucient plus de préserver leurs soldats que de satisfaire ceux qui les paient.

– Tout vaut mieux que la guerre !

– Mais pendant qu'ils lambinent, leur bourse enfle ! »

Lorenzo sourit. Le sens de l'économie était une des vertus les mieux partagées chez les Medici. Même lorsqu'ils semblaient dépenser sans compter pour embellir leur ville ou encourager les artistes, ils en escomptaient des bénéfices un jour ou l'autre, tant la richesse de Florence se confondait avec la leur. Lui-même saurait-il manifester une telle habileté ?

« Père, je voulais te demander... »

Bien qu'il fût toujours follement amoureux de Lucrezia Donati et qu'il aspirât à la revoir au plus tôt, Lorenzo désirait rejoindre Federigo de Montefeltro qui l'avait tant impressionné. Voir ce capitaine, le meilleur condottiere d'Italie, préparer sa campagne. Pénétrer ses desseins, observer sa stratégie, surprendre ses secrets militaires. Une leçon incomparable. Même si Lorenzo était conscient qu'il ne serait jamais lui-même un chef militaire, aussi adroit fût-il au maniement des armes, il lui semblait indispensable d'apprendre à conduire une bataille.

« Laisse-moi accompagner le comte d'Urbino !

– Non, Lorenzo, ta présence est plus utile à Florence qu'à la guerre ! Mes forces me quittent peu à peu et tu devras me remplacer pour recevoir tous ces princes qui nous apportent leur concours. Il te faudra les distraire, leur dispenser les plaisirs qu'ils ne manqueront pas de réclamer. »

Il marqua un silence et poursuivit d'une voix plus faible :

« Je craindrais trop que tu coures quelque danger. »

Lorsqu'il gagna sa chambre, Lorenzo y trouva Chamyla qui feignait d'épousseter ses vêtements.

« Que fais-tu là ? demanda-t-il sur un ton brusque.

– J'ai appris ton retour... »

La Circassienne avait les larmes aux yeux. Lorenzo regretta la rudesse de son ton. Il éprouvait de moins en moins de désir pour la petite esclave. À Urbino, une accorte chambrière de la comtesse avait su éteindre l'incendie qui coulait dans ses veines. Celle-là ou une autre... Une Chamyla pour lui donner le change, alors que c'était la seule Lucrezia qu'il voulait prendre dans ses bras.

« Sèche tes larmes, petite Chamyla...

– Tu ne veux plus de moi !

– Je vais bientôt me marier. »

Ces mots à peine prononcés, Lorenzo eut honte. Pourquoi essayait-il de tromper cette jeune fille qui, après s'être d'abord refusée, s'était ensuite donnée à lui avec une telle générosité ? Il prit sa main. Elle la retira bien vite et s'enfuit en courant.

Lorenzo se promit de lui faire un cadeau. Mais l'or pouvait-il effacer le chagrin ? N'était-ce pas une nouvelle preuve de lâcheté ?

* *
*

Des mois passèrent. Via Larga, on dansait, on festoyait sous les auspices de Lorenzo, maître de cérémonies du *palazzo* Medici. Milanais, Napolitains, Bolonais étaient traités avec les plus grands égards. Sur le terrain, les opérations militaires piétinaient. Il semblait bien que les deux condottieri, aussi matois l'un que l'autre, prenaient garde à ce que leurs armées respectives ne se rencontrent pas.

Tandis que Piero, qui ne quittait plus guère sa chambre, s'impatientait et enrageait, Lorenzo poursuivait ses manœuvres dans le but de conquérir Lucrezia Donati. Or, tels Montefeltro et Colleoni, il ne progressait guère. C'était à peine s'il avait pu lui arracher un baiser à la dérobée. La muse, pourtant libérée de son époux reparti en voyage, résistait. Coquette, elle laissait toutefois espérer.

La mélancolie imprégnait désormais les poèmes que Lorenzo-Apollon ne cessait d'écrire en hommage à sa Diane.

Ainsi parmi les arbustes je reste seul,
jamais seul toutefois, car j'ai en ma compagnie
mille pensées d'amour dignes et suaves.
Là de douces larmes je baigne ma poitrine
et je nourris mon cœur, qui n'a d'autre désir
que viennent la mort ou des temps meilleurs.

Les compagnons de la *brigata* s'affligeaient. Certains, las d'assister à cet interminable siège, conseillaient de battre en retraite. D'autres, sans barguigner, prônaient d'emporter la place en force et soutenaient que la cruelle n'attendait que l'assaut final. Conquise à la pointe de l'épée, elle se soumettrait à son vainqueur. Violentée ou feignant de l'avoir été, elle n'éprouverait pas même le remords d'avoir été infidèle !

Lorenzo ne se décidait pas. Sa passion inassouvie lui était

plus précieuse que tous ces conseils. Il y trouvait une perpétuelle source d'inspiration et chérissait son malheur. Au fond n'était-ce pas l'amour qu'il aimait, plus que Lucrezia ? Toutefois il n'osait pas se l'avouer, de peur de briser son rêve : en secret, il craignait de moins aimer dès lors qu'on se rendrait a son désir.

* *
*

Les alliés des Medici, gavés de plaisirs mais las d'attendre une improbable confrontation entre les deux armées, étaient rentrés chez eux. Au cœur de l'été, la fournaise frappait Florence. Les bourgeois avaient fui la ville en quête d'un peu de fraîcheur dans leurs villas de campagne. Ils y soignaient leurs vignes et surveillaient leurs récoltes. Lorenzo, lui aussi, avait pensé trouver refuge à Careggi avec ses amis de la *brigata.* Cependant, lorsque sa mère, de retour de Rome, lui avait proposé de l'accompagner à Bagno a Morba, il n'avait pas hésité. Pour la première fois, il allait enfin connaître ces thermes mystérieux où Lucrezia Tornabuoni avait l'habitude de se retirer dans la plus grande discrétion.

En chemin, elle lui avait confié que les négociations avec les Orsini traînaient en longueur. Les princes romains étaient gourmands. Certains que leur alliance servait plus les intérêts des Medici que les leurs, ils multipliaient les exigences. De guerre lasse, Lucrezia était partie, confiant la suite de ce marchandage à son frère Giovanni. Lorenzo n'avait rien dit mais il avait éprouvé un secret soulagement : il n'était nullement impatient de voir cette Clarice arriver à Florence.

Il avait été d'emblée conquis par la simplicité et l'élégance des installations thermales édifiées à l'initiative de sa mère et il goûtait le charme du jardin tiède et parfumé, planté de citronniers et égayé par les jonchées de fleurs qui poussaient dans l'herbe folle des pelouses. Un nid d'amour ? Lorenzo imaginait Lucrezia Donati flâner dans ce paradis terrestre. Son visage adorable dans cette alcôve de verdure, comme une madone de Fra Filippo Lippi. Son corps de marbre blanc, délicieusement impudique, s'épanouissant dans les eaux sulfureuses du bassin. Et encore Diane sortant du bain, réchauffant sa nudité au soleil. Le divin Apollon ! Il dardait ses rayons sur cette beauté qui lui était offerte... Elle se donnait. Il allait enfin la posséder.

« À quoi penses-tu ? »

Lorenzo sursauta. Il n'avait pas entendu sa mère arriver.

« Rien, je méditais ! »

Moqueuse, elle rit doucement.

« Quand les jeunes gens méditent, c'est que quelque affaire amoureuse les agite !

– Ce jardin n'est-il pas une invitation à l'amour ? »

Lucrezia rosit. Le jeune homme eut soudain l'intuition que les retraites de sa mère à Bagno a Morba avaient peut-être dissimulé une ou des liaisons secrètes. Des aventures qu'elle n'avait pu mener à bien à Florence par respect pour son époux. Aimait-elle encore ? Lorenzo, cruellement, se dit d'abord qu'elle était désormais trop âgée. Il se repentit aussitôt d'avoir eu cette pensée et étreignit sa mère avec fougue.

« Que me vaut cette grande brassée d'affection ? demanda Lucrezia, qui s'était reprise.

– Le bonheur de t'avoir pour mère ! »

Lucrezia sourit. Observant la lumière éclatante qui éclaira son visage, il sembla à Lorenzo qu'elle recouvrait sa beauté passée.

Ce fut au début de la soirée, alors que le soleil couchant allumait des boules d'or dans les citronniers, que Lorenzo les aperçut : deux cavaliers qui maraudaient près de la villa. Leur harnachement, leur pourpoint de gros cuir sentaient le soldat. Immédiatement, le jeune homme fut en alerte. À plusieurs reprises, déjà, les espions de son père l'avaient averti que les ennemis des Medici, non contents de provoquer la guerre avec Venise, envisageaient quelque mauvais coup.

Il se reprocha d'être venu seul à Morba, sans escorte armée, et d'avoir mésestimé le danger. En cas d'assaut, comment pourrait-il défendre Lucrezia ? Sans alarmer celle-ci, il décida d'attendre la nuit. Avant l'aube, il sella son cheval puis alla réveiller sa mère.

« Il faut fuir. Je crains qu'on ne nous attaque... »

En Florentine avisée, Lucrezia savait que l'assassinat était un des modes d'action habituels de la politique. Elle réagit avec sang-froid, se prépara en hâte et rejoignit son fils à l'écurie.

« Dans ton carrosse, nous serions trop vulnérables... Tu vas monter en croupe derrière moi. Tes deux Circassiennes, en demeurant ici, laisseront croire que nous n'avons pas quitté la villa. »

Elle n'émit aucune objection. Tandis qu'il l'aidait à se hisser sur le cheval, il ajouta :

« Nous allons gagner Volterra, la ville la plus proche. Derrière ses murs, nous serons en sécurité. »

La nuit était laiteuse lorsqu'ils sortirent au pas. À l'est, on voyait dans le ciel des écharpes roses, les premières lueurs du soleil levant. Lucrezia avait passé les bras autour du torse de son fils et le serrait fort. Lorenzo était bouleversé de sentir dans son dos la chaleur de sa mère. Il piqua des deux dès qu'il quitta le village.

* *
*

Ils ne firent aucune rencontre inquiétante. Lucrezia était éreintée et courbatue. Pourtant, à aucun moment elle ne s'était plainte et n'avait relâché son étreinte.

À Volterra, une grosse bourgade fortifiée, ils élurent domicile chez le représentant des Medici qui supervisait l'exploitation des mines d'alun. À peine arrivé, Lorenzo envoya un messager à Florence afin d'informer son père et lui demander l'envoi de quelques soldats.

À son retour, l'homme était porteur d'une grande nouvelle : les deux condottieri avait enfin livré bataille dans la plaine de Molinella. Une lettre de Piero donnait quelques détails. Selon les témoins l'engagement avait été vif. Les armées s'étaient entrechoquées dans un grand fracas d'armures, de sonneries de trompe et de mitraille. Federigo de Montefeltro avait équipé l'un de ses régiments d'une nouvelle arme à feu, l'espingarde, qui accomplit des merveilles en semant la désolation à travers les rangs vénitiens. Le combat s'était poursuivi à la clarté des torches jusque tard dans la nuit. L'aube pointait lorsque Colleoni envoya un parlementaire dans le camp de son adversaire demandant la cessation des combats et reconnaissant ainsi sa défaite. Personne n'avait pu évaluer le nombre de soldats tués mais tous s'accordaient à souligner que les deux condottieri s'étaient efforcés de ménager leurs troupes.

Au petit matin, Montefeltro et Colleoni conférèrent. Adversaires traditionnels, les deux capitaines ne se haïssaient point. Ils convinrent donc d'un arrangement qui sauvait l'honneur du vaincu sans amoindrir la gloire du vainqueur. Le chef des armées vénitiennes, admettant sa défaite, s'engagea à faire reculer son armée. La guerre était terminée. Chacun allait prendre ses quartiers d'hiver. Avant de se séparer, les deux condottieri se donnèrent une forte et franche accolade.

Lorenzo exultait. Florence avait gagné. Toutefois, la paix n'était pas encore conclue. Si aucun accord n'était signé rapidement, il faudrait payer les mercenaires pendant l'hivernage avec la crainte que les hostilités ne reprennent dès le printemps suivant.

Le jeune homme annonça à sa mère qu'il regagnait au plus vite Florence où Piero aurait besoin de ses qualités de négociateur. Florence où Lucrezia Donati l'attendait peut-être.

VI

1469

Sous une pluie de fleurs rouges et blanches jetées des fenêtres, Lorenzo, précédé par douze cavaliers et son porte-étendard, chevauchait fièrement. Son cheval blanc caparaçonné lui avait été offert par le roi de Naples. Vêtu d'un habit aux couleurs de Florence, blanc et rouge, il était coiffé d'une toque noire piquée de perles et surmontée d'une aigrette de diamants. Harnachement et costume lui avaient coûté, murmurait-on, la somme considérable de dix mille florins. C'était surtout son étendard qui retenait l'attention de tous les badauds massés dans les rues pavoisées de la ville. Peint par le grand Verrochio, sous la devise en français de l'héritier des Medici, « *Le temps revient* », il représentait une jeune femme en robe bleu vif tressant des lauriers (allusion à Apollon) sous un soleil radieux. Et pour tous, nul doute, la belle avait les traits de Lucrezia Donati.

Derrière, venait Giuliano de Medici. Il n'était pas moins magnifiquement vêtu : son habit de brocart argenté, orné de perles, suscitait l'admiration de tous les spectateurs. Défilaient ensuite les quatorze autres participants à ce qui devait être la plus grande *giostra** jamais vue à Florence. La plupart

* Joute ou tournoi.

étaient membres de la *brigata* et, comme Lorenzo, ils arboraient sur leur étendard le portrait de la dame de leurs pensées.

Officiellement organisée pour les vingt ans de Lorenzo, les Medici entendaient d'abord faire de cette joute un acte politique. Piero il Gottoso, qui méritait plus que jamais son surnom tant il était affligé par son mal, offrait au peuple cette fête destinée à célébrer sa victoire en même temps que l'anniversaire de son fils aîné. L'Italie avait en effet recouvré la paix et Florence un nouveau prestige. Naples et Venise, les deux cités les plus belliqueuses, avaient longtemps barguigné. Mais Piero avait fini par en appeler au roi de France. Louis XI, qui donnait du « Mon cousin » au Medici et lui avait permis d'ajouter des fleurs de lys sur champ d'azur au beau milieu d'une des six boules de son blason, s'était entremis avec efficacité. La paix avait été signée et les condottieri enfin remerciés. Florence y gagnait une cité, Sarzana, et une place forte sur la route de Gênes. Elle contrôlait désormais les routes qui menaient vers la Lombardie.

Piero, à l'occasion de cette *giostra* à laquelle il ne pourrait assister, entendait aussi signifier aux Florentins qu'ils ne devaient pas craindre l'avenir puisque son successeur était d'ores et déjà adoubé : « le Magnifique », comme on commençait déjà à l'appeler, autant pour sa prestance que pour sa prodigalité dès qu'il s'agissait de protéger les arts, serait le prince de cette fête de la jeunesse.

Des dizaines de milliers de spectateurs occupaient les gradins installés tout autour de la place Santa Croce. Les cavaliers pénétrèrent dans la lice au son des trompes. L'atmosphère était joyeuse, la liesse générale. Lorenzo et ses compagnons saluèrent les six membres du jury, tandis que les porte-étendards faisaient tournoyer leurs bannières. Tout autour, ce n'était qu'un chatoiement de couleurs. Les Florentines agitaient leurs écharpes en direction des concurrents. Au milieu de ce bouquet, Lorenzo reconnut Lucrezia

Donati. Sa muse avait revêtu une robe de soie blanche semée de fleurs vertes et dorées. C'était à lui, et à nul autre, qu'elle adressait des vivats enflammés. Elle le reconnaissait comme son chevalier servant. Elle l'aimait enfin. Ses acclamations étaient un délicieux aveu.

Le cœur gonflé d'orgueil, ivre de passion, il gagna au fond de la place la tente où il devait passer son armure. Il lui fallait triompher. Lucrezia le voulait. Pour un peu Lorenzo en oubliait qu'il était maintenant marié. Les longues négociations avec les Orsini s'étaient terminées à la fin de l'année passée. Il était prévu que Clarice apportât en dot six mille florins romains. Toutefois, le contrat stipulait que ce trésor devait revenir à sa famille si elle mourait sans enfants. Au mois de décembre, Filippo de Medici, archevêque de Pise, avait épousé Clarice par procuration en lui passant l'anneau nuptial. La jeune femme demeurait encore à Rome chez ses parents. Les deux époux s'écrivaient. Lorenzo à la hâte, Clarice avec application. Le vrai mariage serait célébré avec faste au mois de juin dans la cité toscane. Lorenzo était d'autant moins pressé de consommer que Lucrezia, à coup sûr, venait de se déclarer publiquement.

Il abandonna sa monture pour un cheval de combat, cadeau de Borso d'Este, marquis de Ferrare. Cuirassé de la tête au pied, il rabattit la visière de son heaume. Un page lui présenta son écu bosselé aux fleurs de lys du roi de France. Il empoigna ensuite sa lance dont la pointe, comme celle des armes de tous les autres jouteurs, avait été émoussée. Enfin, au son des trompes, il s'élança dans la lice.

Lorenzo courut d'abord contre Carlo Barromœi qu'il défit aisément. Puis il affronta son cousin Braccio de Medici qui, au premier passage, faillit le jeter à terre. Le coup avait été violent, sa poitrine était en feu. Oubliant sa douleur, il se rua à nouveau dans la lice. Évitant la lance de son adversaire, il frappa son cousin au beau milieu du torse. Braccio roula sur le sol. Lorenzo n'avait plus en main qu'un tronçon de bois éclaté.

Le Magnifique courut ensuite contre Carlo da Forme dont il fendit le casque. Et encore contre Bedenetto Saluti qu'il vainquit.

Quand la joute se termina, Lorenzo n'avait perdu aucun duel, même si, à plusieurs reprises, il avait été en difficulté. Chaque fois, sa rage était telle qu'il était allé au-delà de ses forces et qu'il avait fini par mettre en déroute son rival.

Débarrassé de son casque, toujours revêtu de son armure, il s'avança jusque devant la tribune des juges, mit pied à terre. Sans surprise, il fut déclaré vainqueur. Une ovation s'éleva des gradins pour saluer sa victoire. Des spectateurs lançaient leur bonnet en l'air. Les cloches de Santa Croce carillonnaient à toute volée. Conformément à la tradition courtoise, il mit un genou au sol et baissa la tête. Allait-elle oser ?

Un froufrou de soie dans la tribune. Son cœur battait à rompre. Lorenzo se força à garder les yeux baissés. Il préférait attendre le tout dernier moment. Enfin, il vit apparaître le bas de sa robe. Les fleurs vertes et dorées dansaient devant lui comme des étoiles dans un ciel immaculé. Elle vint si près que le tissu frôla son visage. Le jeune homme fut bouleversé par ce contact, par la proximité de ce corps qu'il devinait à travers la soie.

Lorenzo releva les yeux au moment où Lucrezia plaçait sur sa tête la récompense du vainqueur de la *giostra*, un heaume d'argent ciselé par Antonio del Pollaiolo et dont le cimier représentait le dieu Mars. Ses mains frôlèrent ses tempes. Il eut l'impression qu'elles s'attardaient plus que nécessaire.

* *
*

Le *palazzo* était en fête : les Medici célébraient la victoire de Lorenzo. Les amis de la *brigata* menaient grand tapage.

Gigi Pulci chantait une ballade de sa composition que les autres reprenaient en chœur. Braccio Martelli, fraîchement marié, n'avait d'yeux que pour sa jeune et jolie épouse, Costanza de Pazzi, et lui volait baiser sur baiser. Giovan Ventura, à son habitude, contait quelque histoire salace à sa voisine. Un nouveau venu, Agnolo Poliziano, promenait son regard fiévreux sur cette bruyante assemblée, effaré par ce luxe, cette débauche de nourriture et de boisson. C'était le maître platonicien, Marsilio Ficino, qui l'avait recommandé à Lorenzo. Orphelin, Poliziano arrivait de sa ville natale, Montepulciano. Habits en guenille, chaussures éculées, maigre comme un chat de gouttière, ce très jeune homme, qui avait accompli ses humanités tout seul, ressemblait alors à un mendiant. Après la lecture de ses premiers poèmes, Lorenzo sut que Ficino venait de lui présenter un artiste incomparable, un nouveau Pétrarque. Il s'attacha aussitôt ses services et Poliziano rejoignit la joyeuse assemblée de la via Larga. Chantre du printemps, célébrant de l'amour, sa voix charmait tous ceux qui l'écoutaient. Jamais encore, un poète n'avait si bien exprimé la renaissance des beautés antiques et païennes auxquelles Lorenzo s'appliquait à initier ses concitoyens.

Le festin était terminé. Des servantes passèrent les aiguières destinées à rafraîchir les mains. Devant la loggia, des flambeaux illuminaient le jardin. Derrière un boqueteau, dans une ombre complice, Lorenzo entrevit un couple enlacé. Ce fut comme une morsure au cœur. Pourquoi n'était-elle pas là ? Pourquoi ne participait-elle pas à la célébration de son triomphe ?

Braccio, qui avait ses habitudes dans sa maison, l'avait prévenu que son mari était bientôt attendu à Florence. Un époux ! Et sa corne de bœuf ! Comme il haïssait la bonne fortune de ce butor ! Qui était-il pour mériter la plus belle femme de Florence ?

Lorenzo se retint de se lever à l'instant et de courir frapper à sa porte. Même si elle le voulait, elle ne pourrait lui ouvrir, de peur du scandale et des commérages des domestiques. Demain, il chargerait Braccio de lui transmettre un message. Il fallait qu'il la voie. Il fallait qu'il la tienne dans ses bras et qu'elle exauce ses vœux. En choisissant de le sacrer champion, ne lui avait-elle pas promis qu'elle serait sienne ?

Ce fut un peu plus tard dans la soirée que Lucrezia le prit discrètement à part : la petite Chamyla était morte. Elle toussait beaucoup depuis quelques mois et s'était éteinte sans un bruit, sans un cri. Bien que son cœur fût tout occupé par sa muse, Lorenzo ressentit une violente émotion. Plus que le chagrin, c'était le remords qui l'assaillait. Il savait que le fantôme de la Circassienne ne cesserait de hanter les couloirs du *palazzo* et les méandres de son âme.

* *
*

Le cœur battant, Lorenzo poussa la porte de la *bottega*. Viendrait-elle ? C'était Braccio qui en avait eu l'idée : proposer à Lucrezia Donati de poser. Ainsi, le jeune homme, venu lui-même constater l'avancement des œuvres qu'il avait commandées, pourrait deviser inopinément avec sa muse. Peut-être obtenir enfin ses faveurs !

Debout devant une grande table placée au milieu de la pièce, le peintre observait une esquisse qu'il venait de crayonner avec un morceau de charbon de bois. « Comme il est jeune ! » se dit Lorenzo. Un visage fin qui trahissait une extrême sensibilité. Alessandro Filepepi était pourtant plus âgé que lui mais ses traits avaient gardé quelque chose de l'adolescence. Une féminité à fleur de peau que soulignaient ses cheveux blonds mi-longs et ondulés.

Pourquoi l'avait-on affublé de ce sobriquet ridicule et qui lui ressemblait si peu : Botticelli, le petit tonneau. Nul ne le savait. Personne n'appelait autrement ce fils de tanneur qui promettait de devenir l'un des plus grands artistes de Florence.

Tout autour régnait un fouillis d'objets les plus divers : livres, coffres, étoffes, étendards, sculptures, ciels de lit qui attendaient d'être décorés. Des apprentis, pinceaux à la main, s'affairaient dans une joyeuse agitation. Des plaisanteries fusaient d'un chevalet à l'autre. La *bottega* de Sandro Botticelli, située dans le quartier d'Ognissanti, respirait la gaieté. On y travaillait aussi beaucoup : les commandes affluaient. Le peintre, malgré la nuée d'apprentis qui besognaient sous ses ordres, peinait à satisfaire tous ses clients.

Botticelli avait été formé par le moine défroqué Filippo Lippi. Puis il était passé par l'atelier de Verrochio et celui d'Antonio Pollaiolo qui lui avait appris l'art du *sfumato*, cette technique qui permettait, en jouant avec les transparences de la couleur, d'obtenir une peinture vaporeuse et diaphane. Artiste confirmé, Sandro accueillait lui-même dans sa *bottega* des apprentis déjà talentueux : le fils de Lippi, qu'on appelait Filippino en souvenir de son père, Piero Vannuci, rebaptisé le Perugino à cause de sa ville natale et enfin un adolescent, fils naturel d'un notaire de Vinci, Leonardo Fibonacci. Ancien élève de Verrochio lui aussi, il faisait déjà preuve d'un talent certain et d'une originalité constante.

Lorenzo avait confié à Botticelli l'ordonnancement esthétique du prochain carnaval. Il s'agissait d'imaginer des chars, de concevoir des costumes, de peindre des saynètes, de confectionner des décors. Inspiré par le jeune poète Poliziano, le peintre avait mis tous ses élèves au travail. Lorenzo avait retenu le thème de la mythologie. On y verrait Ariane consolée par Bacchus ; Jupiter métamorphosé en cygne, filant le parfait amour avec Léda ; Vénus trompant Vulcain avec Mars, et encore Danaé ensemencée par une pluie d'or ou Pasiphaé se donnant à un monstrueux taureau. Diane, bien sûr, harnachée de son carquois, brandissant son arc. Diane qui aurait les traits de Lucrezia.

Lorenzo se proposait de ressusciter la beauté des mythes païens. Ce carnaval où, traditionnellement, se mêlaient aux spectacles d'inspiration religieuse des divertissements gras et licencieux, serait une fête de la jeunesse et du renouveau, un hymne au bonheur, à l'amour et à cet âge d'or que le Medici désirait instaurer.

Soyons heureux, n'attendons pas :
Demain n'est que vaine promesse.

Bacchus parlait ainsi à la belle Ariane en baisant ses paupières baignées de larmes. Ainsi Lorenzo murmurerait bientôt à l'oreille de Lucrezia.

* *
*

L'instant était magique. Diane surgissait devant les yeux émerveillés de Lorenzo. En quelques coups de fusain, Sandro Botticelli avait croqué le visage de Lucrezia. L'expression était fidèle : cette moue un peu dédaigneuse qu'elle affichait lorsqu'elle feignait d'être excédée par les hommages incessants qu'on rendait à sa beauté, ce regard dominateur, ce front hautain et immaculé. C'était elle !

Elle quitta la pose dans un grand froissement de soie, jeta un rapide coup d'œil sur l'esquisse et annonça qu'il lui fallait regagner sa demeure où elle était attendue. Habilement, Sandro la retint. Il proposa d'aller boire un peu de vin frais de Toscane dans le modeste logement qu'il occupait au-dessus de la *bottega*. Lucrezia hésita puis finit par accepter.

Ils la précédèrent dans un escalier étroit qui conduisait jusqu'au dernier étage de la bâtisse. Sandro les installa sur une terrasse couverte d'où l'on dominait les toits de Florence tandis qu'il allait chercher le vin. Lucrezia était légèrement oppressée. Lorenzo devina que ce n'était pas seulement à cause de la montée de l'escalier. Quand il s'approcha d'elle, la jeune femme réprima un mouvement de recul.

« C'est un piège... » murmura-t-elle.

Sous la robe de soie prune qui la corsetait sa poitrine se levait et s'abaissait. Le souffle de la vie. Poser ses lèvres sur les siennes, capter une bouffée de son haleine, pénétrer son âme.

« Lucrezia, il y a si longtemps que je te désire ! »

Il se pencha vers elle. Elle tourna la tête pour dérober sa bouche. Il baisa la naissance de son cou. Il la sentit frissonner.

« Non... »

Un bruit derrière. Sandro Botticelli. Il revenait avec un cruchon et trois gobelets. Lucrezia, rougissante, s'écarta de Lorenzo. Le peintre fit comme s'il n'avait rien vu. Il posa le vin et les verres sur un guéridon, puis tourna les talons.

« Vous êtes chez vous ! » dit-il simplement avant de disparaître dans la bouche d'ombre de l'escalier.

Lucrezia prit un air affolé. Se jouait-elle de lui ? Ou avait-elle vraiment peur ? Il posa ses mains sur ses épaules nues, l'attira à lui. Sa peau était tiède, satinée.

« Diane... »

Il caressa son dos, s'insinua dans l'échancrure de sa robe.

« Si tu savais combien je t'ai souvent chantée... »

Il chercha ses lèvres.

« Ne te refuse pas, c'est du feu qui coule dans mes veines... »

Enfin, elle s'offrit à son baiser. Puis, lentement, il commença à découvrir sa poitrine.

* *
*

Il ne se lassait pas de la contempler.

« Si j'avais le talent de Sandro, c'est ainsi que je te peindrais, nue, encore vibrante d'amour. »

Il promenait son index sur son corps abandonné, dessinait d'invisibles déliés sur sa cuisse, son giron, son sein. Elle tressaillait sous la caresse. Elle repoussa sa main et rit :

« Regrettes-tu aujourd'hui d'avoir tant attendu ?

– Oui. Car il faut se hâter de vivre !

– Mais tu es jeune...

– La vie est si courte, Diane.

– Les déesses sont immortelles. »

Ils étaient allongés sur le lit de Sandro Botticelli dans une petite pièce encombrée de tableaux et de dessins. Des femmes au profil délicat, aux yeux rêveurs, les contemplaient. La lumière de Florence, fluide et transparente, baignait les lieux.

Lucrezia but une gorgée de vin. Lorenzo s'empara ensuite du gobelet, mit ses lèvres là où celles de la jeune femme s'étaient posées. Il but avec avidité.

« Tu vas connaître mes pensées.

– Les amants ne doivent pas avoir de secrets l'un pour l'autre.

– Au contraire ! Le mystère pimente l'amour. Je te défends bien de chercher à percer mes secrets ! »

Il prit son menton dans sa main, l'obligea à le regarder, les yeux dans les yeux.

« Qu'entends-tu me dissimuler ?

– Tout ! Moi, ma vie, mes désirs... Tu n'as eu de moi que le plaisir que tu as pris ! »

Lorenzo, décontenancé, secoua la tête.

« Que veux-tu dire ?

– Ne fais pas l'enfant, Lorenzo. Je suis mariée et je respecte mon époux.

– Alors, tu ne m'aimes pas !

– Tu ne le sauras jamais ! »

Il lui prit la main, implora :

« Permets-moi au moins d'espérer !

– Mais toi-même, tu vas bientôt convoler avec Clarice Orsini !

– Je te parle d'amour et pas d'épousailles ! »

Lucrezia rit encore. Il se jeta sur elle. Il voulait la posséder à nouveau, imprimer dans sa chair ce désir violent qu'il avait pour elle, oublier la morsure de la jalousie en lui arrachant des cris de plaisir.

* *
*

La foule se pressait via Larga. Les Florentins voulaient voir à quoi ressemblait cette Romaine – l'intruse, comme disaient certains – qu'on avait donnée pour épouse à Lorenzo de Medici.

Un mois plus tôt, au beau milieu du printemps, un cortège de jeunes patriciens de Florence, dont beaucoup de membres de la *brigata*, conduits par Giuliano et l'ancien mentor de Lorenzo, Gentile Becchi, étaient partis pour Rome. Ils avaient été chargés d'aller chercher Clarice Orsini et de l'escorter jusqu'à Florence. Le 2 juin, ils étaient de retour. Très peu de Florentins avaient pu apercevoir la fiancée qui, à peine arrivée, avait été confiée à une famille amie où elle avait passé sa première nuit dans la cité du Lys.

Ce matin du 3, Clarice devait être solennellement conduite au *palazzo* de la via Larga pour être présentée à son époux. La ville était en fête. Les Medici avaient promis des réjouissances qui dureraient quatre jours et, sans doute pour faire oublier le fait que la mariée n'était pas florentine, ils avaient décidé d'inviter la population entière à la célébration de ces noces princières. Défilés de chars fleuris, spectacles de rue, concerts allaient être offerts aux citoyens.

Dès la veille, en provenance de toute la Toscane, des monceaux de victuailles avaient afflué via Larga : cent cinquante veaux, deux mille paires de chapons et encore des centaines de volailles et de poissons ; des pâtisseries, des fromages et des fruits à foison ; des tonneaux de vins italien et français en abondance. Face à une telle profusion les intendants du *palazzo* avaient décidé de procéder immédiatement à une distribution de nourriture aux habitants de la cité les plus pauvres.

Enfin on la vit. L'éclair de sa chevelure rousse, à demi dissimulée sous un voile blanc. Sa robe de brocart assortie au feu de ses cheveux. Les mieux placés constatèrent que la poudre qui recouvrait ses joues avait à peine effacé les taches de son qui gâtaient son teint. Ils notèrent aussi que, contrairement à la mode florentine qui décolletait généreusement les femmes, son col était fermé jusqu'au menton. D'autres observèrent qu'elle pénétrait dans la maison Medici juchée sur le destrier blanc que le roi de Naples avait offert à Lorenzo et qu'il avait monté pour la première fois lors de la récente *giostra*.

Les lourdes portes se refermèrent alors que des trompettes sonnaient en son honneur.

En compagnie de sa mère, Lorenzo l'attendait au pied du grand escalier. Son épouse ! Il la découvrait peu à peu, alors qu'elle montait les marches du vestibule, environnée de pages. Ni grande ni petite, ni belle ni laide, un visage banal pailleté de taches de rousseur, une démarche empruntée. Peut-être était-ce l'émotion... Ou la peur ! Ce soir, après la cérémonie à la cathédrale et le banquet, elle devrait se sacrifier. Lui-même sentant encore son corps frémir à la seule pensée de la capiteuse nudité de Lucrezia, comment pourrait-il honorer cette inconnue ? Lucrezia ! Elle était invitée au banquet. Il la verrait. Bientôt. Il brûlait de poser ses lèvres sur la nacre de sa peau.

S'arrêtant devant lui, Clarice fit une révérence. Il lui prit la main pour la relever. Elle esquissa un petit sourire. Un oiseau blessé. La mère de ses futurs enfants !

* *
*

Piero, à demi paralysé, avait fait porter sa litière dans le grand salon où les cadeaux offerts aux époux, vaisselle d'or, aiguières en argent, couverts en vermeil, étaient exposés sur des crédences. Le Medici avait tenu à saluer ses hôtes un par un. Puis il avait regagné sa chambre et demandé à ses deux fils de le rejoindre un instant.

« Mes enfants, je bénis le Ciel d'avoir vécu ce moment. Je peux quitter ce monde en paix. »

Il parlait difficilement, butant sur chaque mot. La souffrance creusait ses traits. Giuliano tenta de protester :

« Tu vas guérir...

– Non, ma fin est proche. Les médecins ne m'ont guère laissé d'espoir !

– Ce sont des ânes ! »

Piero eut un rictus. Une grimace plus qu'un sourire. Il se reprit et poursuivit, au prix d'un effort sur lui-même :

« Lorenzo aura une nombreuse famille. Toi, mon Giuliano, grâce à cette alliance avec les Orsini, tu seras cardinal... Je le veux. Peut-être même qu'un jour, si la Providence l'accorde aux Medici, tu coifferas la tiare. J'ai encore envoyé une lettre au pape. Pour faire bonne mesure, je l'ai accompagnée d'une bague de grand prix...

– Tu devrais te reposer, dit Lorenzo.

– Non, laissez-moi continuer. Lorenzo me succédera. La Seigneurie lui est acquise et le peuple l'admire. Mais Giuliano, toi que les Florentins aiment tant, grâce à ta prestance et ta gentillesse naturelle, tu devras seconder ton frère. Nos ennemis ont été vaincus. Toutefois, la haine est prompte à se réveiller : dans le cœur de chaque citoyen de cette cité sommeille un comploteur. Notre puissance et notre pouvoir suscitent trop de convoitises pour que vous n'ayez pas, un jour ou l'autre, à essuyer d'autres tempêtes. Ensemble, vous ferez face. Je rends grâce à Dieu de cette grande affection qui vous lie l'un à l'autre. »

Il se tut, ferma les yeux. Les deux frères, également émus, lui baisèrent les mains avant de rejoindre leurs invités.

Des jeunes gens dansaient dans le jardin illuminé au son d'un quatuor à cordes. On entendait aussi le brouhaha de la foule qui se pressait dehors devant la fontaine à vin installée au pied des murs du *palazzo*.

Malgré l'heure tardive, les invités continuaient à festoyer. Les plats ne cessaient de se succéder. Des tables avaient été dressées un peu partout, dans la galerie de la cour, les salons et même sur l'herbe du jardin, pour accueillir les huit cents invités de la noce. Selon la coutume, hommes et femmes banquetaient séparément. Lorenzo présidait la table où siégeaient les hôtes les plus illustres, représentants des grandes familles italiennes, du pape, du roi de France, et notables de la Seigneurie. Lucrezia Tornabuoni, elle, recevait les matrones dans la loggia. Quant à Clarice, elle trônait au milieu d'un essaim de jeunes femmes pimpantes et enjouées, la fine fleur de l'élégance florentine. Parmi elles, à deux chaises de la jeune mariée, se trouvait Lucrezia Donati, plus désirable que jamais, arborant une robe de velours écarlate qui découvrait largement sa gorge et peinait à cacher ses tétins. L'image même du péché. L'épouse et l'amante si près l'une de l'autre. Lorenzo, venant saluer les belles invitées à leur table, n'avait pu manquer d'être troublé par cette proximité qui desservait la pauvre Clarice, engoncée dans sa tunique trop prude. Une confusion d'autant plus grande que la perfide Lucrezia l'avait, au vu et au su de toutes, accablé de compliments et de vœux de bonheur.

* *
*

Les bruits de la fête, musique, rires, exclamations, chocs de verres et de plats, montaient jusqu'aux croisées restées ouvertes. Une chambrière romaine, qui avait suivi sa maîtresse à Florence, déshabillait Clarice, peignait sa longue chevelure rousse.

Dans la pièce voisine, Lorenzo, assis à une table, ouvrit le mémorial où il notait jour après jour les événements les plus importants de sa vie. Il trempa sa plume dans l'encrier et écrivit : « Moi, Lorenzo, j'ai pris pour femme donna Clarice, fille du seigneur Orsini... » Il s'interrompit un instant, réfléchit et continua : « Ou plutôt, elle m'a été donnée en décembre 1468, et le mariage fut célébré en notre maison le 4 juin 1469. » Il reposa sa plume, poudra ce bref constat afin de sécher l'encre, referma le livre.

Il cogna à la porte de la chambre nuptiale. N'obtenant pas de réponse, il entra. Clarice, le drap jusqu'au menton, les cheveux dénoués, était déjà couchée. Lorenzo s'approcha du lit. La jeune femme avait les yeux gonflés. Elle avait pleuré. Il vit aussi le missel posé à côté d'elle.

Il s'assit à son chevet.

« Ma mie, ne craignez rien. Vous êtes dorénavant mon épouse et je vous respecterai aussi longtemps que Dieu me prêtera vie.

– Je me plierai à votre volonté puisque vous êtes mon seigneur », répondit Clarice d'une toute petite voix.

Malgré lui, Lorenzo fut ému. Elle semblait tellement fragile et apeurée. Pourtant, Lorenzo le devinait, elle était résolue à accomplir son devoir. Sa famille, son éducation, son confesseur, le lui avaient commandé.

« J'apprendrai à vous connaître et je vous laisserai la liberté d'agir à votre guise dans cette maison qui est désormais la vôtre. Jamais je n'exigerai que vous m'aimiez si vous n'en éprouvez pas le désir...

– Et vous ? osa-t-elle. On m'a dit à Rome que les Florentins avaient tous des maîtresses. »

Lorenzo rit.

« N'en est-il pas ainsi des Romains ? Quand j'y ai séjourné, j'ai croisé moult putains. Plus que n'en compte Florence. Des plus huppées jusqu'aux plus misérables. »

Il lui sembla qu'elle rougissait. Il chercha sa main sous le drap, frôla son corps et constata qu'elle avait gardé sa chemise.

« Voulez-vous devenir mienne ? dit-il en serrant sa menotte.

– Dieu nous a faits époux. Je ne saurai vous repousser ! »

En prononçant ces paroles, elle ferma les yeux, vierge prête au sacrifice.

Lorenzo, pour épargner sa pudeur, moucha les chandelles. Il se déshabilla sans hâte, se glissa dans le lit et releva la chemise de Clarice. Elle ne bougea pas. Il roula doucement sur son corps glacé, la serra contre lui, comme pour lui communiquer sa propre chaleur.

« Je ne te ferai pas mal... Jamais. »

Un sanglot étranglé fut la seule réponse de son épouse.

* *
*

Un ciel de neige pesait sur Careggi. Piero il Gottoso, au plus mal, était paralysé. Tous les Medici avaient rejoint la villa. Même la vieille Contessina, sa mère, s'était déplacée malgré sa santé chancelante.

Lucrezia Tornabuoni, en pleurs, ne cessait d'aller et venir entre la chambre du mourant et l'office. Piero paraissait étrangement apaisé. Au seuil de la mort, la souffrance semblait l'avoir enfin quitté pour mieux le laisser aborder les rivages de la « grande mer », ainsi qu'on disait à Florence.

Devant la cheminée du grand salon où brûlait une

énorme bûche, Lorenzo et Giuliano avaient commencé une partie d'échecs. Comme ni l'un ni l'autre n'avaient le cœur à jouer, ils commettaient faute sur faute. Silencieuse et morne, Clarice paraissait parfois. Embarrassée de son gros ventre, elle s'en allait comme elle était venue, sans bruit.

Le fils aîné de Piero était tout autant attristé par la fin de son père qu'effrayé par l'ampleur de la tâche qui l'attendait. Saurait-il être le premier des Florentins ? Son grand-père et son père avaient accédé aux plus hautes destinées alors qu'ils étaient déjà dans leur maturité. Lui n'avait que vingt ans et aspirait d'abord à jouir de tous les plaisirs de la vie avec ses amis de la *brigata* ou dans le secret de ses amours avec la piquante Lucrezia.

Jusqu'à ce jour, sur chacune des missions qui lui avaient été confiées, il avait senti planer l'ombre de son père. Désormais il serait seul : Giuliano, du haut de ses quinze ans, n'était pas encore en mesure de lui venir sérieusement en aide. Or l'Italie retombait dans ses péchés éternels et connaissait de nouveaux troubles. Au beau milieu de l'été, Lorenzo, sous prétexte d'assister au baptême du fils de Galeazzo Maria Sforza, duc de Milan, avait renouvelé le pacte qui liait les deux cités. Le Milanais redoutait en effet que la Savoie, qui s'était rapprochée du terrible duc de Bourgogne, Charles le Téméraire, ne s'attaquât un jour à son duché, traditionnellement allié au roi de France, Louis XI. Le Medici, tout en acceptant avec fierté d'être le parrain du nouveau-né, avait promis au duc que Florence subviendrait avec générosité à l'entretien des forces milanaises.

Lorenzo était à peine revenu de son escapade milanaise qu'un conflit éclata en Romagne. Roberto, fils naturel du condottiere Sigismondo Malatesta, seigneur de Rimini, reprit cette ville qui avait été annexée par le Saint-Siège à la mort de son père. Rome, aussitôt, en appela à Venise, bien qu'elle eût combattu la Sérénissime deux ans plus tôt. En retour, cette initiative provoqua une réaction hostile des

États de la Ligue, Naples, Florence et Milan, qui craignaient que Paul II n'étendît trop son influence dans la péninsule et ne grignotât leurs possessions pour doter sa nombreuse parentèle. Il en résulta que Federigo de Montefeltro, condottiere attitré de la Ligue, prit les armes contre son ancien maître, le pape, et soutint Roberto Malatesta, fils de celui qui avait pourtant toujours été son irréductible ennemi, Sigismondo, seigneur de Rimini.

Florence, Naples et Milan mobilisèrent. Leurs troupes n'eurent toutefois pas le temps d'intervenir : Montefeltro défit sans tarder l'armée papale, ajoutant encore à sa réputation de plus grand condottiere d'Italie. Il ne restait plus qu'à signer la paix. Une diète, rassemblant les représentants des belligérants, se réunit dans la Ville éternelle. Mais, rapidement, les alliés de la veille, dont les troupes demeuraient sur le pied de guerre, commencèrent à se déchirer. À la différence de Naples, Milan voulait conclure au plus vite. Cette précipitation dissimulait un secret dessein : Sforza répondait ainsi à une sollicitation de son grand allié, le roi de France, qui espérait engager l'armée milanaise, devenue disponible à la faveur de la paix, dans une tentative de reconquête du royaume de Naples où régnaient autrefois les Anjou. Le roi Ferrante avait percé la machination : furieux, il menaçait maintenant de s'allier avec l'ennemi de la veille, Venise.

Entre Naples et Milan, les ambassadeurs de Florence tentaient d'éviter l'éclatement de la Ligue, gage de stabilité dans la péninsule et garantie pour la cité toscane de ne pas voir les bannis de 1467 persuader à nouveau les Vénitiens d'entrer en guerre contre elle.

Les rapports quasi quotidiens que recevaient les Medici n'étaient guère encourageants : Ferrante enrageait. Ses représentants criaient à la trahison et ne voulaient pas en démordre. L'existence de la Ligue était plus que jamais menacée.

Telle était la situation qui attendait Lorenzo si, comme

tout le laissait penser, les magistrats de Florence lui confiaient la réalité du pouvoir, reconnaissant ainsi implicitement le principe dynastique. Ne viendrait-il pas un jour où les adversaires de sa famille se dresseraient contre lui en posant cette simple question : « D'où les Medici tiennent-ils le pouvoir qu'ils exercent sur nous ? »

Un bruit de pas précipités. Les deux jeunes gens se retournèrent. Tommaso Soderini, bouleversé, surgit de l'escalier.

« Il se meurt. »

Lorenzo et Giuliano montèrent en toute hâte. Lucrezia était agenouillée au pied du lit et priait. Piero ouvrit les yeux quand il les entendit. Un battement de cils.

« Mes enfants... » commença-t-il. Un tressaillement courut sur son visage et ses traits se figèrent. C'était fini.

* *
*

La dépouille de Piero avait été portée à San Lorenzo. La cérémonie funèbre, suivie par de nombreux Florentins, s'était déroulée dans un froid glacial. Lorenzo et Giuliano avaient eu du mal à retenir leurs larmes. Leur mère, Lucrezia Tornabuoni, le visage dissimulé derrière un voile noir, avait fait preuve d'une dignité impressionnante qui lui avait valu le respect de tous.

À l'instant même où le couvercle du sarcophage sculpté par Andrea del Verrochio s'était refermé sur le fils du « Père de la patrie », Lorenzo avait éprouvé la charge qui pesait désormais sur ses épaules. Il lui sembla, dès sa sortie de l'église San Lorenzo, qu'on le regardait autrement, qu'on lui manifestait de la déférence là où, avant la mort de son père, on se contentait de lui reconnaître des qualités. Même sa mère, malgré son chagrin, le considérait avec des yeux nouveaux. L'héritier n'était plus : le maître lui avait succédé.

Tommaso Soderini, escorté d'une délégation de notables parmi lesquels se trouvaient des prieurs, se présenta au *palazzo* le soir même des obsèques. Lorenzo savait que le vieux conseiller avait pris l'initiative de réunir aussitôt après la cérémonie funèbre les citoyens les plus importants ainsi que les membres de la Seigneurie. L'assemblée s'était tenue au couvent Sant'Antonio.

Lorenzo les reçut dans le *studiolo** attenant à sa chambre. Il n'avait pas encore osé prendre possession du cabinet de son père. Giuliano se tenait à ses côtés. Soderini prit la parole au nom de tous :

« Nous tenons d'abord à t'exprimer nos sincères condoléances. Ce deuil nous afflige. Piero de Medici a administré avec sagesse notre ville. Ennemi de la guerre, il a réussi, comme ton grand-père Cosimo, à nous épargner les affres des sièges et des rapines... Propagateur de la paix, il a favorisé nos entreprises, contribué à la prospérité de notre cité et encouragé les arts ! »

Lorenzo acquiesça. Il souhaitait de tout son cœur que son père ne restât pas dans l'Histoire sous ce sobriquet méprisant, « il Gottoso ». Piero méritait bien mieux. Son fils appréciait qu'on lui rendît justice.

Le vieux Soderini poursuivit :

« Nous représentons ici les principaux citoyens de Florence et nous te demandons solennellement, à toi et à ton frère Giuliano, de poursuivre l'œuvre de votre père et de votre grand-père. »

Il se fit un grand silence. Le visage de Lorenzo était grave. Tous les notables étaient pendus à ses lèvres. Lentement, il se tourna vers son frère. Giuliano hocha la tête de haut en bas. Lorenzo, ému, dit enfin d'une voix sourde :

« Je consens ! »

Les deux frères se regardèrent.

---

* Petit bureau.

« Père le voulait ! » dit simplement Giuliano.

Visiblement soulagés, les membres de la délégation prirent congé à l'exception de Soderini qui demanda à s'entretenir avec Lorenzo. Le conseiller de Piero entra tout de suite dans le vif du sujet :

« J'ai parlé avec ton père juste avant qu'il ne trépasse. C'est lui qui m'a suggéré d'organiser cette réunion au couvent de Sant'Antonio.

– Ce fut une sage décision.

– Il m'a aussi demandé de remplir auprès de toi la mission que j'exerçais à son service. »

Lorenzo se garda de tout commentaire. Soderini, désappointé, n'insista pas et partit à son tour.

Avant de retrouver le lit conjugal, Lorenzo ouvrit son mémorial, inscrivit la date, 4 décembre 1469, et relata les événements de la journée. Quand il en vint à la demande qui lui avait été faite, il nota : « À cela je consentis de mauvais gré, car cela ne me paraissait pas conforme à mon âge et comportait beaucoup de soucis et de dangers. Je l'entrepris seulement pour le bien de mes amis et de mes partisans, puisqu'à Florence on ne peut pas vivre sans gouvernement. »

Lorenzo était songeur : si les délégués leur avaient confié les clefs de la cité, à Giuliano et à lui, ce n'était qu'artifice. Soderini, qui avait joué un rôle capital dans cette affaire, avait voulu éviter que Lorenzo ne soit accusé d'exercer un pouvoir personnel. Il devait toutefois se méfier. Le vieux Soderini était roué. En œuvrant pour que les deux frères recueillent naturellement l'héritage politique de leur père, n'espérait-il pas devenir le mentor de ces trop jeunes garçons, et peut-être même détenir le pouvoir à leur place ? Soderini s'était découvert trop vite.

Lorenzo se promit de mettre fin le plus tôt possible à cette tentative de tutelle en remplaçant les vieux conseillers de son père par des hommes nouveaux. Certains membres de la *brigata* étaient plus sérieux que leurs jeux ne le laissaient paraître. S'il les élevait à de hautes fonctions, ils lui seraient fidèles.

Il entra dans sa chambre où ne brillait qu'une seule chandelle. Clarice, couchée sur le côté, ronflait légèrement. Elle avait posé les mains sur son ventre comme pour protéger l'enfant qu'elle attendait.

VII

1470

Ô le bonheur d'aimer ! L'exaltation le jetait dans de longues rêveries fiévreuses où il prenait la plume pour célébrer sa muse.

Soupirs d'Amour, qui sortez
de la blanche poitrine de ma belle dame,
dites-moi quelque nouvelle de mon cœur,
qu'en elle si tendrement vous nourrissez.

Le désespoir succédait vite à cet état de grâce dès qu'elle lui refusait une rencontre, ou pire, lorsqu'elle lui apprenait le retour de son mari. L'homme à la corne de bœuf ! Alors Lorenzo sombrait dans des abattements prolongés qui inquiétaient ses proches. Même les affaires de l'État ne parvenaient pas à le sortir de cette torpeur. Il ne renaissait que lorsque la capricieuse Lucrezia Donati acceptait à nouveau de recevoir ses hommages.

Alors, dès qu'ils le pouvaient, ils couraient à Fiesole abriter leurs amours dans une villa que le Medici avait héritée de son père. Plantée à flanc de colline, cette demeure patricienne nichée parmi les arbres était protégée des regards. De la chambre située à l'étage, on découvrait tout le panorama de Florence. Au milieu du jardin secret où les méandres de bosquets dessinaient un écrin de verdure impénétrable, près des fontaines aux eaux vives, Lorenzo et Lucrezia s'aimaient. Le jeune homme était d'autant plus empressé que ces moments se faisaient rares. Nous volons du temps ! pensait Lorenzo en couvrant de baisers le corps de sa muse, en mordillant son cou, ses seins, en pénétrant en elle comme s'il voulait la briser. Parfois, sa fougue était telle qu'il avait peur de sa propre folie amoureuse.

Ils repartaient séparément : il fallait sauver les apparences. Chacun savait à Florence que Lucrezia était sa muse, la dame de ses pensées, son inspiratrice, mais personne ne devait soupçonner qu'elle était sa maîtresse. Seuls ses intimes savaient.

Lorsqu'il revint ce jour-là, le *palazzo* était sens dessus dessous. Les femmes de la maison, Contessina et Lucrezia, s'affairaient. Des servantes apportaient des bassines d'eau chaude, du linge propre. Clarice était en couches. La matrone venait d'arriver.

Lorenzo fut fermement écarté. Ce n'était pas affaire d'homme. On le ferait chercher lorsque l'enfant serait né. Un fils ! Ce serait un fils ! Le jeune homme, naïvement, s'émerveillait d'avoir donné la vie. Au fond de lui-même, il rêvait que la mère eût les traits de Lucrezia Donati. Un enfant de Lucrezia ! Sa joie aurait été sans pareille.

Pauvre Clarice ! Son commerce était terne, sa conversation banale, sa dévotion excessive. Lorsqu'il parlait de Platon avec ses amis Ficino et Poliziano, elle choisissait avec ostentation de se tenir à l'écart. Lorenzo devinait qu'elle désapprouvait le culte qu'ils rendaient au philosophe grec dont la pensée était en contradiction avec les préceptes de la Sainte Église. Tout comme elle condamnait ce goût nouveau pour les beautés païennes dont la nudité offensait sa pudeur.

Sa mère, les traits creusés, parut.

« C'est une fille ! »

Lorenzo surmonta vite sa déception.

« Nous l'appellerons Lucrezia ! »

Ce fut un cri du cœur.

* *
*

Les événements se précipitèrent. À la tête d'une petite troupe armée, des bannis, les frères Nardi, réussirent à s'emparer de la ville de Prato, un fief de Florence situé à une dizaine de milles de la cité du Lys. Agissant à la faveur de la nuit et disposant à l'évidence de connivences internes, ces amis de Diotisalvi Neroni – sans doute était-il l'inspirateur de cette révolte – avaient conquis la puissante citadelle et le palais du podestat. Ce dernier, le Florentin Cesare Petrucci, avait opposé une vive résistance aux rebelles mais il avait dû se rendre. D'après les premiers rapports qui étaient parvenus à Florence, les édiles municipaux avaient été faits prisonniers et retenus comme otages. Une nouvelle fois, les ennemis des Medici relevaient la tête et exploitaient avec dextérité tous les ressentiments, quels qu'ils fussent. Lorenzo n'ignorait pas que Prato était depuis longtemps traversée par des vents mauvais. Son oncle Carlo, fils naturel de Cosimo, se trouvait en effet sur place. Prévôt de la collégiale San Stefano, il avait plusieurs fois alerté son demi-frère Piero sur les rancœurs suscitées par les rivalités commerciales entre les deux cités. Aujourd'hui, alors que les comploteurs étaient passés à l'action, la contagion menaçait. D'autres villes pouvaient être tentées de se soulever et de s'affranchir de la pesante tutelle de Florence dont le nouveau maître semblait bien jeune pour mener une politique résolue.

Lorenzo réunit en hâte son conseil privé. Cette petite assemblée, qui n'avait aucune existence légale, était en réalité le principal organe du pouvoir, même si, en dernier ressort, c'était le premier des Medici qui tranchait. Il l'avait habilement composée, veillant à respecter un délicat équilibre. Fidèle aux enseignements de son grand-père et de son père, il y avait d'abord invité Jacopo de Pazzi, représentant de la famille la plus puissante après la sienne et sa rivale traditionnelle. Tommaso Soderini figurait encore dans son conseil. Mais Lorenzo grignotait peu à peu son influence au profit de membres de sa *brigata*, Braccio Martelli, Dionigi Pucci et Sigismondi della Stufa. Enfin, deux partisans traditionnels du parti des Médici avaient rejoint ce petit groupe. L'un, Antonio Ridolfi, en tenait pour Naples, l'autre, Luigi Guicciardini, pour Milan.

Les visages étaient graves. Seul Pazzi semblait détendu. Flatté d'appartenir à ce conseil restreint, il n'en demeurait pas moins un adversaire, prompt à rompre des lances dès qu'une occasion favorable se présenterait.

Braccio ouvrit les débats.

« Le ver est dans le fruit. Il faut sévir dans les plus brefs délais !

– Envoyer une armée ? interrogea Soderini. La citadelle de Prato est inexpugnable !

– Il n'est pas de forteresse qu'on ne puisse prendre ! répliqua Braccio.

– Le siège promet d'être interminable et ruinera nos finances ! »

Silencieux, Lorenzo observait la joute. Il se rappelait aussi que son ami Martelli avait parlé de Lucrezia Donati en des termes à peu près semblables. La citadelle Lucrezia ! Lorenzo avait fini par emporter ses défenses et conquérir ses délicates bastides.

Le vieux Soderini reprit :

« Mieux vaut négocier !

– Négocier, c'est céder !

– Encourager d'autres mutins à se lever contre nous ! » ajouta Pucci, en fixant Jacopo de Pazzi.

Celui-ci, ironique, répliqua aussitôt :

« Un mutin ne demeure tel que lorsqu'il n'a pas gagné !

– Est-ce une menace ? demanda vivement Braccio.

– Nullement ! Une simple observation de bon sens. Les vainqueurs d'aujourd'hui sont souvent les rebelles d'hier. Il en va ainsi depuis la nuit des temps. »

Tous les regards se tournèrent vers Lorenzo. C'était à lui de décider. Il prit enfin la parole.

« Nous avons les moyens militaires de mettre fin à cette sécession... L'impôt extraordinaire de trois cent mille florins que nous avons levé à la fin de l'an passé nous a permis de réarmer. Je suggère d'abord que nous encouragions les citoyens de Prato qui nous sont restés fidèles à prendre leur destin en main.

– Que veux-tu dire ? interrogea Guicciardini.

– Ils connaissent leur cité. Ils doivent disposer de complicités à l'intérieur même de la citadelle. Nous pouvons leur envoyer quelques sicaires, des armes et des bourses bien garnies pour mieux les convaincre de se révolter.

– Et s'ils refusent ?

– Alors nous passerons à l'action ! Mais nous aurons fait notre possible pour épargner les finances de Florence. »

* *
*

Le plan de Lorenzo fut rapidement couronné de succès. Le 6 avril, trois jours seulement après le coup des frères Nardi, les habitants de Prato s'introduisirent dans la citadelle, libérèrent leurs magistrats pris en otages et capturèrent la plupart des rebelles.

Le Medici fut informé sans tarder. Le podestat, qui avait recouvré son palais, lui demanda des ordres : quel sort fallait-il réserver aux captifs ? Lorenzo consulta son conseil privé, prit avis des prieurs de la Seigneurie et trancha : il convenait de sévir avec la plus extrême rigueur !

Des procès hâtifs furent organisés. Dès le 9 avril, les premières sentences de mort tombèrent. Bernardo Nardi fut décapité le premier. Quatorze pendaisons suivirent aussitôt, et encore une dizaine à la mi-avril. Pendant que les principaux rebelles étaient occis, des dizaines de complices, terrorisés, attendaient en prison d'être jugés. Lorenzo décida alors de transformer son succès en victoire politique. Il ordonna au podestat de détruire tous les actes des procès. Aucune charge ne pesant plus contre eux, les prisonniers furent instantanément élargis. Non seulement Lorenzo obtint à bon compte leur ralliement mais il y gagna la réputation d'un homme d'État qui savait tout autant punir de façon impitoyable que pardonner avec la plus grande générosité. Il était donc raisonnable d'espérer que ses ennemis seraient tenus à distance pour une longue période et qu'ils lui laisseraient le temps d'asseoir son pouvoir, de réformer le gouvernement de Florence, mais aussi de vaquer à ses amours et de fréquenter à loisir ses amis peintres et philosophes.

Peu à peu, Lorenzo s'installait dans son rôle de prince sans couronne. Il voulut que le *palazzo* de la via Larga fût ouvert à tous les visiteurs, artistes, lettrés, marchands et même modestes artisans. La maison, telle que la lui avaient laissée ses ancêtres, regorgeait d'objets d'art mais il n'y régnait nulle ostentation. Le bon goût suppléait le luxe, la simplicité était la règle ordinaire.

Lorenzo de Medici recevait sans affectation, sobrement vêtu d'une longue robe d'un rouge sombre, commune à tous les citoyens de bonne naissance. À ses hôtes florentins, dignitaires ou hommes du peuple, il n'oubliait jamais de rappeler qu'il n'était qu'un parmi les autres et qu'il ne demandait à jouir d'aucun privilège particulier. Mais lorsqu'un prince étranger se présentait, le Magnifique le traitait d'égal à égal. Son autorité s'imposait de façon naturelle, tant il paraissait évident qu'il était le vrai maître de Florence.

Aux visiteurs les plus prestigieux, Lorenzo ne manquait jamais de faire admirer une vaste fresque qui avait été peinte dans la chapelle par Benozzo Gozzoli. *L'Adorazione dei Magi**, commandée par Piero et exécutée bien avant sa mort, était un hommage aux Medici et à celui qui les commandait aujourd'hui. Dans un paysage enchanteur et bucolique, on découvrait sur une route de montagne en lacets un long cortège sinueux de cavaliers et de piétons vêtus avec opulence. L'agencement habile de tous ces personnages en marche faisait que le regard s'attardait aussitôt sur le sujet central de la fresque : un jeune roi vêtu d'or, caracolant sur un destrier blanc richement harnaché. Sa couronne surmontait une forêt de cheveux blonds et bouclés. Mais c'était l'expression de ce visage juvénile qui retenait l'attention. Seul personnage à fixer le spectateur, il exprimait sérénité et noblesse. Lorenzo, car ce ne pouvait être que lui, même si le peintre avait magnifié ses traits, était à la tête d'une cohorte où l'on reconnaissait les Medici représentés très fidèlement. Morts ou vivants, figuraient Piero et son frère Giovanni, Cosimo, Giuliano. Le symbole était clair : l'héritier adoubé conduisait les siens vers la gloire et l'immortalité. Suivait le peuple de Florence qui montrait ainsi son attachement à son suzerain et à la famille qui avait fait sa prospérité.

Lorenzo était très fier de cette lumineuse fresque où son père, avant même son trépas, avait exprimé sa confiance en lui en commandant au peintre de le placer en tête du cortège. Il s'attardait souvent dans la chapelle, détaillant les visages de ce livre d'images, chérissant le souvenir des disparus. Quand lui venaient des doutes, il retrouvait paix et

* L'Adoration des Mages.

assurance en observant ce qui paraissait être le testament de son père.

* *
*

Un nouveau soleil s'était levé sur Florence.

Elle s'appelait Simonetta Catteano et venait de se marier à un cousin du navigateur Amerigo Vespucci, prénommé Marco, tous deux étant des obligés de la banque Medici. Âgée de seize ans, elle était originaire de Porto Venere, là même où, selon la légende, Vénus était sortie de la mer.

Blonde, le cheveu rasé très haut sur le front, elle brillait d'un éclat incomparable. Son visage était délicat, ses yeux immenses. Sous les voiles qui la couvraient ordinairement, on devinait un corps svelte, des seins menus mais fermes, un petit ventre rond et des cuisses fuselées. Un bijou ! Tous ceux qui avaient eu la chance de l'apercevoir béaient déjà d'admiration et chantaient ses louanges.

Lors d'une fête organisée par les Medici pour célébrer son mariage, Lorenzo avait été subjugué par sa grâce. Il n'avait pu s'empêcher de penser que sa muse risquait d'être détrônée : l'arrivée de cette toute jeune étoile éclipserait rapidement la beauté de Lucrezia Donati. Mais c'était Giuliano qui avait été le plus impressionné : pendant tout le festin, il n'avait cessé de la dévorer des yeux. Intimidé, il n'avait cependant pas osé lui adresser la parole de toute la soirée et encore moins l'inviter à danser.

Le lendemain matin, les yeux rêveurs, Giuliano errait dans le jardin de la via Larga. Il sursauta lorsque Lorenzo l'apostropha.

« Tu n'as qu'elle en tête, n'est-ce pas ? »

L'adolescent haussa les épaules.

« Et toi, n'as-tu pas été charmé ?

– Je n'en ai pas pour autant oublié de boire et de manger ! » répondit Lorenzo en riant.

Giuliano ne répliquant pas, Lorenzo mit sa main sur son épaule.

« Souviens-toi qu'un jour prochain tu seras un homme d'Église !

– La pourpre interdit-elle les amours ? À Rome, tous les cardinaux ont des maîtresses...

– Des courtisanes, veux-tu dire ! Simonetta, elle, est mariée.

– Lucrezia Donati aussi !

– Bien joué, petit frère. »

Giuliano se dégagea. Front têtu, cheveux frisés, il semblait un jeune bélier prêt à foncer. Il dit avec une sorte de rage :

« Son époux ne la mérite pas ! Marco est un chenapan qui ne pense qu'à bambocher et mignonner les garçons !

– Peut-être même est-elle encore fille... Tu n'as donc pas de rival en sa propre maison, remarqua Lorenzo, amusé.

– Dans sa maison, non. Mais tous les Florentins lui feront fête dès qu'ils découvriront sa beauté.

– Allons, Giuliano, tu ne peux être jaloux avant d'avoir conquis ! »

L'adolescent eut un geste d'impatience. Il fixa son frère :

« Et toi-même, qui me dit que tu n'essaieras pas de lui conter fleurette ? »

Lorenzo rit mais se garda bien de répondre.

* *
*

La mèche du fouet claqua sur le museau du chien. L'animal gémit et, l'échine basse, reprit sa place dans la meute.

Les chevaux tremblaient d'impatience. Les cavaliers s'interpellaient gaiement. Une flasque de Montepulciano passait de main en main. Le petit matin était frais, le ciel lumineux. Une légère brume nimbait les montagnes du

Mugello. La rosée argentait la prairie et dessinait des colliers de perles sur les toiles d'araignées accrochées aux arbres et aux buissons.

Le premier piqueur fit son rapport devant le cercle des chasseurs. À la pointe du jour, il avait fait le pied et relevé les traces toutes fraîches d'une compagnie de sangliers qui s'étaient rembuchés dans la forêt et devaient avoir gagné une souille proche de l'orée des bois.

« Alors courons la bête noire ! » dit Lorenzo au maître d'équipage.

Les chiens découplés s'élancèrent au son des trompes de chasse. Les cavaliers suivirent dans un grand tumulte de hennissements et de bruits d'étriers.

Lorenzo aimait les hasards de la chasse, les galopades éperdues dans la forêt, l'excitation quand soudain un animal était forlancé, les aboiements des chiens forçant le gibier, ou leurs récris quand ils le relançaient, et même le danger lorsque, mettant pied à terre, il fallait affronter la bête au ferme, épieu ou dague à la main. Il ressentait le besoin de dépenser sa force, de vider son trop-plein d'énergie et de laisser s'épancher la violence qui était en lui. En éprouvant jusqu'à l'épuisement la jeunesse de ses muscles, il désirait aussi repousser la malédiction qui pesait sur les Medici, cette goutte qui avait fini par emporter son grand-père puis son père. Le soir, moulu par sa longue chevauchée, apaisé, il trouvait sa fatigue bien douce.

Giuliano et la plupart de ses compagnons de la *brigata* – seul, Dionigi Pucci avait préféré rester au lit – l'accompagnaient. Ils appréciaient autant que lui les plaisirs de la chasse et les soirées un peu trop arrosées qui suivaient. Tous avaient passé la nuit précédente dans la villa de Cafaggiolo, un ancien château fort transformé par Michelozzo, l'architecte des Medici, en une résidence confortable qui ne gardait des anciens temps que ses tours, ses ponts-levis et ses douves maçonnées. Giuliano avait reçu cette maison en héritage à la mort de Piero. Les deux frères y venaient souvent car les pentes boisées qui l'enserraient étaient fort giboyeuses.

La meute commença presque aussitôt à donner de la voix. Lorenzo éperonna son cheval. Il les vit : la compagnie de sangliers fuyait devant les chiens à la queue leu leu. Une grosse laie aux soies rousses menait le train, courant droit devant elle, avalant les obstacles, sautant les ruisseaux, escaladant les rochers. Le cœur battant, Lorenzo, pique à la main, poussait sa monture, indifférent aux branches basses qui lui giflaient le visage. Derrière, le maître d'équipage donnait sans cesse de la trompe. Les membres de la *brigata* suivaient dans un joyeux désordre.

La poursuite durait depuis deux bonnes heures. La petite troupe de cavaliers s'était égaillée. Giovan Ventura avait même renoncé après que son cheval eut glissé sur des cailloux, lui faisant vider les étriers. Lorenzo, le visage ruisselant de sueur, s'accrochait à la crinière de sa monture. Les sangliers avaient forlongé dans un massif d'épines noires impénétrables. Les chiens pourraient-ils les en sortir ? Les plus téméraires, sans cesser d'aboyer, essayaient de se frayer un chemin au milieu de la végétation dont les aiguilles étaient aussi tranchantes que des dagues.

Soudain, dans un grand bruit de branches brisées, un ragot* débucha des épines. Massif, court et noir. Il bouscula un chien d'un coup de groin, frôla le cheval de Lorenzo, qui eut le temps d'apercevoir l'éclair ivoire de ses défenses, et commença de gravir la pente plantée de sapins. Le gros de la meute se lança aussitôt derrière lui en redoublant d'aboiements.

Sans qu'un mot fût échangé, la chasse abandonna les épines et le reste de la compagnie qui y avait trouvé refuge pour s'engager dans cette nouvelle poursuite. Traquer un

---

* Sanglier de moins de trois ans.

ragot, c'était la promesse d'une longue et belle quête qui durerait encore plusieurs heures.

Le soleil était haut dans le ciel. Hommes et bêtes étaient épuisés, assoiffés. Mais la meute n'avait jamais perdu la voie du sanglier. « Il est sur ses fins ! » annonça le maître d'équipage.

Le ragot s'était rembuché dans un épais fourré, entouré par les chiens qui, le poil dressé de rage, les babines écumantes, hurlaient. Lorenzo et ses compagnons mirent pied à terre. Déjà, deux ou trois courants avaient réussi à se faufiler à travers l'enchevêtrement de la végétation. Un gémissement de douleur. Un chien avait été touché. « Il est aux abois ! » dit encore le maître d'équipage. À l'aide de sa dague, il commença à tailler un chemin dans le fourré.

Le ragot, l'échine collée contre le tronc d'arbre, faisait face. Deux chiens gisaient devant lui dans une mare de sang, éventrés. Les veneurs, épieux à la main, essayaient de tenir la bête à distance et de retenir les courants qui voulaient se jeter sur le sanglier.

Lorenzo sortit sa dague de son étui. Braccio Martelli tenta de le retenir :

« N'y va pas ! Il a déjà estropié deux chiens... »

Il ne l'écouta pas. C'était à lui, et à lui seul, d'en finir avec le ragot. Il avança, la dague en avant. Il observa le sanglier, ses petits yeux brillants de fureur derrière les soies épaisses de sa hure, ses défenses encore rougies du sang des chiens qu'il avait étripés. Il s'approcha lentement. Le ragot, ramassé sur lui-même, semblait prêt à foncer sur l'homme. Brusquement, Lorenzo fit un pas de côté et bondit, pointant sa dague en direction de la bête. Le sanglier, surpris, eut tout juste le temps de diriger son boutoir vers l'homme qui l'attaquait. Lorenzo sentit le coup sur sa cuisse droite, une brûlure, mais déjà son arme s'enfonçait dans le large poitrail de l'animal. Une sensation de jouissance. Cette chair qu'il pénétrait jusqu'à la garde. Le sanglier qui se tenait encore sur ses quatre pattes, comme hébété, qui s'écroulait enfin sur le côté, touché à mort.

Ruisselant de sueur, haletant, Lorenzo mit un genou à terre. Sa chausse droite avait été déchirée par les défenses, il saignait. Or il ne sentait aucune douleur tant il était soulagé et fier d'avoir vaincu. Ses compagnons, ses veneurs, son frère, se précipitèrent vers lui, inquiets, empressés. Il se releva en grimaçant.

« Laissez-moi, occupez-vous d'abord de recoudre les chiens ! »

* *
*

Un grand feu brûlait dans la cheminée. Lorenzo avait été pansé. La blessure était superficielle : seul le muscle avait été écorché. Le maître d'équipage l'avait recousu et badigeonné avec un onguent gras.

Jambe droite allongée, appuyé sur des coussins, il reposait sur un lit qu'on avait poussé devant le feu. Ses amis faisaient cercle autour de lui. Une jeune paysanne, Benedetta, qui remplissait la charge de servante lorsque la *brigata* chassait à Cafaggiolo, distribuait vin et victuailles. Lorenzo observait sa poitrine plantureuse, sa croupe avantageuse, ses bonnes joues rougies par la chaleur du foyer. Une beauté bucolique et simple dont les charmes s'accordaient à la rusticité du lieu.

Était-ce cette vision qui éveillait ses appétits ? Lorenzo songea à un petit conte gaillard, *Giacoppo,* qu'il avait commencé à composer à la manière de Boccace en s'inspirant d'une histoire vraie qu'on lui avait relatée. Profitant d'un instant de silence, il décida de juger de son effet sur ses compagnons.

« Vous plairait-il d'entendre une historiette qui vous échauffera à coup sûr les sens ? »

Des exclamations de joie lui répondirent, alors que Benedetta s'éclipsait discrètement. Mais Lorenzo ne doutait pas qu'elle demeurerait derrière le vantail de la porte de l'office afin de ne rien perdre de son récit.

« Cassandra est une mignarde Siennoise mariée contre son gré à un vieux et riche marchand prénommé Giacoppo. Or, venu étudier à Sienne, Francesco, un étudiant florentin de belle allure, vient à croiser la belle. Il tombe aussitôt follement amoureux.

– Comment la conquérir sans éveiller les soupçons du barbon ? Voilà la question ! remarqua Luca Pulci.

– D'autant que l'époux doit être jaloux comme le sont tous les vieillards mariés à des jeunettes ! » ajouta son frère Gigi.

Lorenzo, amusé, sourit et reprit :

« Écoutez-moi plutôt et je vous conterai comment ce renard est arrivé à ses fins avec le consentement forcé de l'époux... Francesco sait qu'il ne pourra s'introduire dans ce poulailler bien gardé sans attirer l'attention du marchand. Il lui faut donc imaginer un stratagème. Il retourne dans sa patrie et, ouvrant largement les cordons de sa bourse, passe un accord avec une de nos plus émerveillables courtisanes.

– Qui ? interrogèrent en même temps plusieurs des auditeurs.

– Vous ne le saurez pas car j'ai consenti à garder le plus grand secret. Pour la commodité du récit, appelons-la Bartolomea. »

Un soupir de déception courut dans l'assistance car ils connaissaient tous les catins de Florence. Lorenzo poursuivit :

« Francesco revient à Sienne accompagné de Bartolomea et s'installe avec elle comme mari et femme.

– Quel est ce marché qu'il a passé avec elle ? demanda Braccio avec impatience.

– Attends un peu. Bartolomea, parée de tous ses affiquets, se glisse habilement dans les lieux que fréquente le riche Giacoppo.

– Francesco pourrait profiter des absences de l'époux, remarqua Pucci.

– Non, la maison est trop bien surveillée par la domesticité.

– Bartolomea s'occupe donc de séduire le jaloux, dit Luca.

– C'est en effet la ruse imaginée par notre étudiant. Giacoppo ne résiste pas longtemps aux œillades de la catin. Il succombe et trouve un bien grand plaisir à la besogner. Mais à peine a-t-il repris ses esprits et remis de l'ordre dans sa vêture que Bartolomea fond en larmes.

– Qu'est-ce encore que cet artifice ? » interrogea Gigi.

Lorenzo observait avec satisfaction l'intérêt qu'ils prenaient à son modeste conte.

« Toujours en pleurs, la perfide avoue à Giacoppo qu'elle éprouve un grand remords d'avoir trahi son mari. Il lui faut faire aussitôt pénitence. Giacoppo, qui a lui-même trompé son épouse, se doit de l'accompagner. Ensemble, ils confesseront leur péché de chair. Troublé et encore enivré de luxure, le marchand accepte de suivre Bartolomea jusqu'à l'église la plus proche où il se trouve qu'elle connaît un franciscain.

– Comment pourrait-elle le connaître puisqu'elle vient tout juste d'arriver à Sienne ? s'exclama Braccio.

– Il s'agit naturellement d'une nouvelle ruse de Francesco. Ce moine a été circonvenu par l'étudiant qui lui a remis une poignée de florins. Bartolomea feint donc de se confesser. Puis vient le tour de Giacoppo. Le franciscain, sévère, écoute le marchand avouer sa faute. Ce péché, dit le moine, mérite une réparation équitable. Puisque Giacoppo a besogné la femme de l'étudiant, ce dernier doit pouvoir à son tour profiter des charmes de l'épouse du marchand. »

L'assistance éclata de rire. Lorenzo conclut :

« C'est ainsi que Francesco est entré dans la maison de Cassandra avec la bénédiction du mari. Et tandis que Giacoppo soupait seul dans la salle du bas, les deux jeunes gens coqueliquèrent à leur aise dans la chambre conjugale du premier étage. Comme le moine n'avait pas prescrit combien de temps devait durer la réparation, Francesco put courir plusieurs postes pour le plus grand plaisir de Cassandra ! »

Peu à peu, les joyeux compagnons de la *brigata*, morts de fatigue et lourds de Montepulciano, rejoignirent leur lit. Lorenzo demeurait seul devant les braises rougeoyantes, absorbé par la contemplation du feu. Benedetta vint souffler les bougies, n'en laissant qu'une allumée au chevet du jeune homme. Avant de sortir, elle lui demanda :

« Voulez-vous un peu de vin chaud pour apaiser le feu de votre blessure ? Je connais aussi les plantes qui font dormir. »

Il lui tendit la main.

« Approche-toi, gentille Benedetta... Moi aussi, je sais les remèdes qui apportent la paix du sommeil. »

Elle vint à lui sans crainte. Il la fit asseoir à ses côtés.

« Combien de fois as-tu déjà vu la feuille à l'envers ? »

La jeune paysanne rit pour toute réponse.

« Ne me dis pas que tu es encore innocente... »

En même temps, il glissa une main sous la chemise qui dissimulait son abondante poitrine. Benedetta rit à nouveau :

« Je pense que notre jeune seigneur devrait reposer sa blessure plutôt que de lutiner une modeste paysanne. »

À aucun moment, elle ne tenta de repousser ses caresses. Bien au contraire, elle favorisa ses entreprises, sous le prétexte d'épargner sa jambe blessée.

À la lueur des braises qui rougeoyaient encore, ses seins brillaient de sueur. Elle était assise sur lui à califourchon et remuait doucement son bassin, décrivant des cercles autour de son sexe. La tête haute, les yeux fermés, les lèvres entrouvertes, il semblait qu'elle participait à quelque culte mystique dont il n'était lui-même qu'un adepte involontaire. Parfois un long gémissement lui échappait et c'était comme une mélopée ancienne.

Enfin, elle lui arracha un cri et s'abattit sur lui. Elle demeura ainsi immobile mais parcourue de longs frissons.

« Benedetta... »

Elle glissa sur le côté en se gardant de toucher sa blessure.

« Benedetta ! » dit-il encore.

Elle se leva, enfila sa chemise, ramassa le reste de ses hardes et disparut sans un mot. Lorenzo crut avoir été visité par une nymphe de ces bois dont il affectionnait tant les mystères.

VIII

1472

Il mourrait jeune, il en avait la certitude.

Jouir ! Il lui fallait jouir de l'existence avant qu'il ne fût trop tard. Tout lui était prétexte pour rassasier ses sens et nourrir son appétit de vivre. La beauté et la perfection sous toutes ses formes. La peinture délicate et lumineuse de son ami Botticelli, les vers tantôt bucoliques, tantôt narquois de Gigi Pulci, sa collection d'entailles et de médailles qu'il ne cessait d'enrichir de coûteuses acquisitions, ses enfants qu'il chérissait – Clarice venait de lui donner un fils, Piero – et l'amour des femmes.

Les femmes ! Une Benedetta, l'espace d'une nuit tempétueuse. Lucrezia Donati, toujours. Leurs rencontres s'espaçaient : Lorenzo ne pouvait pas se dissimuler que son désir pour sa maîtresse s'émoussait. À trop connaître, on se lasse. Il n'éprouvait plus cette ardeur qui les laissait tous deux pantelants, brisés. La muse devinait et s'aigrissait. D'autant que dans les fêtes, les banquets, elle devait soutenir la comparaison avec Simonetta Vespucci qui, au fil des mois, gagnait en beauté. Radieuse Simonetta ! Elle enchantait les cœurs, troublait les reins. Florence était à ses pieds. Les peintres se disputaient l'honneur de l'inviter à poser. C'était Sandro Botticelli qui avait ses faveurs. Lui seul savait rendre la lumière qu'elle irradiait et cette expression rêveuse qu'elle affichait, à mi-chemin de la tristesse et du mystère.

Giuliano l'avait choisie pour muse et lui vouait un culte platonique. Était-ce un jeu ? Était-il vraiment amoureux ? Lorenzo s'interrogeait. Son frère cadet aimait tant papillonner. Charmant, affectueux, naturellement élégant, il traversait la vie avec un perpétuel air de légèreté et d'insouciance. Son parfait contraire. Lorenzo, lui, était entier et possessif. Il fallait qu'on lui appartînt. Ainsi n'avait-il eu de cesse de conquérir Lucrezia. La muse devait tôt ou tard devenir son amante et se plier à sa volonté.

Les deux frères, si différents, n'en étaient pas moins fort attachés l'un à l'autre. Jamais Giuliano ne pensait à remettre en cause l'autorité de Lorenzo et il acceptait volontiers que ce dernier se posât en protecteur. Au reste, il était toujours prêt à épauler son aîné et s'était déjà acquitté avec succès de plusieurs missions délicates. Leur entente provoquait l'admiration de leurs partisans et le désespoir de leurs ennemis qui avaient misé sur leur rivalité.

Toutefois, il y avait Simonetta ! En secret, Lorenzo y songeait de plus en plus. Certains gestes, des sourires, des allusions lui avaient donné l'impression que la belle n'était pas inaccessible. Mais se pouvait-il qu'elle préférât sa laideur à la beauté de son frère ? Était-il prêt à affronter le courroux de son cadet s'il parvenait à la séduire ? Lorenzo se reprochait ces pensées. Rien ne devait troubler l'affection qui les unissait alors que de nouvelles tempêtes se présentaient à l'horizon.

* *
*

« C'est le pape qui se trouve derrière cette affaire ! » affirma haut et fort Braccio Martelli.

Antonio Ridolfi s'insurgea :

« L'accusation est parfaitement gratuite ! Nous n'avons aucune preuve...

– Tu dis cela parce que le pape s'est rapproché de ton ami, le roi de Naples ! rétorqua Sigismondi della Stufa.

– Le Vatican ne songe qu'à nous spolier ! » ajouta Braccio.

Lorenzo se garda de trancher. Il avait réuni ce conseil restreint en toute urgence après avoir appris que Volterra, la capitale minière de la Toscane, s'était soulevée. La crise menaçait depuis l'an passé. L'ancienne cité étrusque vivait sous la dépendance de Florence qui nommait son capitaine de la police et exigeait chaque année le paiement d'un important tribut. Le gouvernement de Volterra, une Seigneurie composée de huit prieurs désignés par les citoyens, renâclait depuis longtemps sans remettre réellement en cause sa soumission. Toutefois, la découverte d'une nouvelle mine de pierre d'alun avait mis le feu aux poudres. Dans un premier temps, la concession de l'exploitation avait été confiée à une compagnie où les Florentins, tous affidés des Medici, étaient majoritaires. Mais la Seigneurie de Volterra avait vite jugé que la richesse du gisement n'était pas en rapport avec la faiblesse de la redevance qu'on lui versait. Des négociations s'étaient engagées. Loin d'y trouver son compte, Volterra les avait brutalement rompues : la municipalité occupa les installations et s'appropria purement et simplement les mines.

Florence ne pouvait pas accepter ce qu'elle considérait comme une spoliation. Les Medici étaient concernés au premier chef : leur monopole de l'exploitation de l'alun était remis en cause par cette décision unilatérale.

Au beau milieu de l'été dernier, Lorenzo avait envoyé un ultimatum à Volterra : la Seigneurie devait remettre la mine à ses possesseurs ! Le capitaine de police, forcément acquis aux Medici, entreprit aussitôt d'entamer des poursuites contre ceux qui avaient participé à l'occupation de la mine.

Plusieurs furent condamnés à des peines de bannissement. C'en était trop pour les citoyens de Volterra, jaloux de leur liberté. Au début de l'année, décidés à en découdre avec les Florentins, ils prirent les armes et commencèrent par massacrer les partisans des Medici. La Seigneurie de la cité, loin de condamner ces exactions, s'en déclara solidaire. La provocation des Volterrans était évidente.

Mais le pape ? Quel avait été son rôle ? Sixte IV avait succédé à Paul II mort en 1471. Lorenzo, qui espérait toujours un chapeau de cardinal pour son frère Giuliano, était allé en ambassade le féliciter. Son impression n'avait pas été favorable : né Franceso della Rovere, le nouveau pape était un ambitieux, uniquement préoccupé de nantir de nombreux neveux qui étaient probablement ses fils naturels. Malgré les paroles mielleuses que le souverain pontife lui avait prodiguées, Lorenzo avait tout de suite eu l'intuition qu'un ennemi se dressait contre lui et Florence. La cité du Lys était trop puissante, trop riche, trop attachée à promouvoir la paix et l'unité en Italie. De grandes idées dont Sixte IV n'avait cure : ce qu'il voulait, c'était agrandir les États pontificaux en dépeçant les autres principautés. À commencer par l'orgueilleuse Florence. Quant au chapeau de cardinal de Giuliano, Lorenzo avait compris qu'il n'y fallait plus penser. Pour autant, le pape avait-il manœuvré pour inciter Volterra à la révolte ? Le Vatican possédait des mines d'alun exploitées par les Medici. En encourageant à grignoter le monopole des Florentins, il espérait peut-être s'affranchir lui-même de leur tutelle commerciale.

À l'exception de Lorenzo, chacun des membres du conseil s'était exprimé. La plupart avaient plaidé pour qu'on réduisît par la force la rébellion des Volterrans. Lorenzo se rallia sans difficulté à cette opinion : tant pour des raisons politiques qu'économiques, l'heure était au châtiment ! Il serait aisé de convaincre la Seigneurie florentine. Lorenzo de Medici avait encore accru son pouvoir sur le gouvernement de la cité : à l'occasion d'une nouvelle réforme du Conseil des Cent, il avait imposé la désignation pour cinq ans d'un noyau permanent de ses partisans. La République existait toujours mais seulement de nom.

* *
*

Une nouvelle fois, Federigo de Montefeltro se mit en marche à la demande de Florence. Le roi de Naples avait autorisé le condottiere, qui était maintenant à son service, à prendre le commandement des armées florentines. Quant à son allié Sixte IV, fidèle à sa duplicité, il avait feint d'encourager les Medici à réprimer la révolte des Volterrans.

Après s'être emparés de quelques châteaux forts qui protégeaient les accès de la ville, les trois mille fantassins de Montefeltro butèrent au pied des formidables murailles qui ceinturaient Volterra. Elles étaient faites de blocs de pierre cyclopéens datant de l'époque étrusque. Les édiles de la cité, voyant arriver dans la poussière des chemins cette armée pourvue de canons et de machines de guerre, comprirent vite que leurs fortifications ne suffiraient pas à les sauver. Si le condottiere leur imposait un siège rigoureux, la faim et la soif auraient rapidement raison de leur courage et de leur détermination. Ils décidèrent donc de demander grâce. Une délégation fut autorisée à se rendre à Florence.

Les Volterrans furent d'abord entendus par les prieurs de la Seigneurie. Ils acceptaient de se soumettre, reconnaissaient leurs erreurs passées et proposaient des réparations. Les magistrats florentins, traditionnellement attachés à la paix, furent sensibles à la sincérité de cette repentance. Mais la décision de pardonner ou non appartenait à Lorenzo.

Entouré des membres de son conseil privé, ce dernier reçut la délégation en son *palazzo,* au milieu des statues antiques et des peintures qui magnifiaient la gloire de sa famille. Visage fermé, il laissa les parlementaires exprimer leurs regrets et implorer sa mansuétude. Quand le silence se fit, il marqua un temps avant de répondre.

« Vous avez été déloyaux et vous avez frappé et occis par traîtrise mes amis qui se trouvaient en votre cité. Accepter votre pardon, ce serait justifier à l'avenir tous les errements des autres citoyens toscans. Florence ne peut tolérer le désordre en ses États. La justice impose que vous soyez punis à la mesure de vos crimes ! »

Lorenzo se leva. L'audience était terminée. Les Volterrans, figés, baissèrent la tête. Au moment de sortir, le Medici ajouta :

« Quant à vous, je respecte votre qualité d'ambassadeurs. Vous êtes libres de regagner votre patrie avant que nos troupes n'y portent le fer et le feu ! »

De retour dans son cabinet, il rédigea un message à l'intention de Federigo de Montefeltro, comte d'Urbino. Il lui recommandait d'user de la plus grande rigueur dans cette nouvelle campagne qu'il menait au nom de Florence.

Il avait à peine terminé que Lucrezia Donati se fit annoncer. Lorenzo s'étonna : la muse, pour ne pas donner prise aux commérages, évitait de venir seule via Larga où elle redoutait aussi d'affronter la revêche Clarice.

Précédée par une servante, la jeune femme entra. Elle avait des yeux d'orage.

« Deux longues semaines et aucun signe de toi...

– J'avais à faire. En outre, je croyais que ton cher mari était revenu de voyage, dit calmement Lorenzo.

– Penses-tu qu'un époux, même le plus caressant, saurait me retenir au logis ? »

Elle vint jusqu'à lui. Ses joues légèrement rosées sous la poudre, son sein palpitant trahissaient son émoi. Elle inclina un instant sa tête contre sa poitrine.

« La vérité, c'est que tu ne m'aimes plus... »

Elle s'écarta et le fixa. Malgré lui, il fut troublé. Elle était plus belle que jamais. La colère rehaussait son teint, allumait des feux dans son regard, exaltait les parfums de sa chair. La prendre là, dans cette maison où vivait son épouse, l'aimer une dernière fois. Il posa ses mains sur ses épaules nues, l'attira à lui. Elle ne lui résista pas.

Lorenzo commença à la dépouiller de sa robe. Ses seins aux larges aréoles, comme des fruits qui donnaient envie de croquer. Son ventre de velours, légèrement arrondi, où le nombril faisait saillie. Sa toison délicatement bouclée qu'il baisait. Vénus, aussi pure qu'un Botticelli.

« Tu es enceinte, n'est-ce pas ?... »

Elle ne répondit pas. Il s'agenouilla, ses lèvres coururent sur son corps. Elle ne bougeait pas.

« Lucrezia, pardonne-moi ! »

Son désir était violent, irrépressible. Il enlaça ses cuisses, colla son visage sur le triangle de son sexe.

« Ma muse, ma Diane ! »

Soudain, elle le repoussa et se dégagea vivement.

« Tu mens... Tu penses à l'autre ! Alors que je porte peut-être ton enfant. »

Interdit, Lorenzo se releva. Lucrezia se saisit de sa robe tombée à ses pieds, en recouvrit son corps nu pour se dérober à son regard.

« Ne me touche pas ! Ne me touche plus jamais ! C'est Simonetta Vespucci qui t'a ensorcelé... Prends garde, Lorenzo ! Mon astrologue connaît le secret des poisons ! D'ailleurs cette garcelette me semble déjà fort souffreteuse ! »

* *
*

La ville, située sur une hauteur, dominait un paysage chaotique, bouleversé par une ancienne activité volcanique. Au-dessus des imposantes murailles s'élevaient encore des panaches de fumée. Le soleil de juillet avait roussi la nature, semant la désolation dans la campagne.

Lorenzo, à la tête d'une petite escorte, découvrit au pied du tertre les tentes et les étendards de l'armée du comte d'Urbino. Après un mois de siège, la cité s'était rendue deux jours plus tôt.

Il avança vers Volterra. Les lourdes portes fortifiées étaient ouvertes. Des soldats allaient et venaient. Ceux qui sortaient de la ville étaient chargés d'objets les plus divers, cruches, tonneaux, pièces de vaisselle, saucissons. Un porcelet couinait sous le bras d'un lansquenet ivre. Un autre mercenaire avait attaché dans son dos deux poulets et tenait à la main un jambon.

Le sac ! La récompense des soldats ! On se paie sur l'habitant, on pille, on rapine, on force les filles et on oublie pour un temps les misères de la guerre.

Lorenzo, dès qu'il entra dans la ville, fut assailli par l'odeur. La mort. Puis il les vit : des cadavres qui gisaient dans les ruelles. Femmes aux jupes relevées, hommes ensanglantés. Même des enfants, au crâne fracassé. Des essaims de mouches tournaient autour des corps abandonnés. Des morts, seulement des morts ! Et des soudards ivres. Les habitants qui avaient échappé à la tuerie devaient être serrés à l'abri des maisons qui n'avaient pas brûlé, cachés dans les caves et les greniers.

De la rigueur, avait-il demandé. Mais pas ce massacre ! Comment Montefeltro, qui avait la réputation d'épargner les populations civiles des villes qu'il conquérait, avait-il pu laisser sa soldatesque donner libre cours à ses instincts sanguinaires ?

Il progressa jusqu'au palais de la Seigneurie. Les édiles de Volterra y étaient rassemblés sous bonne garde. Terrorisés, ils n'osèrent pas même lever les yeux sur le Medici quand il entra dans la salle des prieurs.

Lorenzo dénicha Federigo de Montefeltro dans une petite pièce située dans la tour. En tenue de guerre, casque et épée posés sur la table, le condottiere mangeait d'un bel appétit tout en feuilletant un gros livre aux pages enluminées. Il haussa les épaules en croisant le regard furieux de Lorenzo. Il but une gorgée de vin pour vider sa bouche.

« Je sais ce que tu penses...

– Mes ordres étaient clairs ! Tu devais prendre la ville, t'emparer des rebelles mais veiller à la sécurité des habitants. »

Montefeltro hocha la tête.

« Je suis aussi affligé que toi. Ce sont des barbares. J'assume ma faute. La vérité est que j'ai été incapable de les retenir ! »

Le condottiere expliqua : lorsque les Volterrans affamés avaient ouvert les portes de leur cité, les lansquenets étaient entrés en bon ordre. Leurs officiers leur avaient interdit de mettre la ville à sac et de molester la population. Seuls les principaux citoyens devaient être arrêtés. Selon l'usage, les soldats seraient autorisés à piller leurs maisons. Jusqu'au soir, ces consignes avaient été respectées. Mais le vin, la chaleur étouffante, le dépit de ne pas être autorisé à dépouiller les autres citoyens de Volterra, avaient échauffé les esprits. La troupe s'était débandée dans les rues et ruelles de la cité et les exactions avaient aussitôt commencé. Rien ni personne n'avait pu retenir les mercenaires.

« Je me suis lancé à cheval à travers la ville. J'ai moi-même tué de ma main trois lansquenets qui violentaient deux filles et leur mère.

– Il fallait en tuer encore plus pour empêcher ce massacre.

– C'était peine perdue. Ils étaient tous en proie à une folie sanguinaire... On ne pouvait plus les arrêter.

– Tu étais leur chef ! »

Montefeltro, pour la première fois depuis le début de cet entretien, baissa les yeux sous le regard impérieux du Medici. Mais Lorenzo n'en éprouva aucune satisfaction. N'était-il pas le premier responsable de cette horreur ? En refusant d'accorder sa clémence aux Volterrans, il avait pris le risque de déchaîner cette violence inutile.

Le condottiere emplit son gobelet de vin, le tendit au jeune homme. Il y avait maintenant une sorte de tendresse dans son regard.

« Tu es jeune, Lorenzo. Moi, je suis un vieux soldat revenu de toutes les guerres... Je n'ignore plus rien de la férocité naturelle de l'homme dès qu'il a les moyens de persécuter son semblable. Je te promets que je prendrai ma part dans la responsabilité de ce crime. Toi, tu veilleras à te servir politiquement de cette malheureuse affaire. Chacun saura désormais qu'on ne te défie pas en vain !

– J'avais déjà châtié à Prato... Le répit n'a duré que deux ans.

– Sans doute... Mais ce massacre impressionnera durablement tes ennemis ! »

Lorenzo fut soudain traversé par un soupçon : Montefeltro était-il aussi loyal qu'il le prétendait ? N'avait-il pas sciemment lâché la bride à ses mercenaires, afin d'impliquer les Medici dans l'exécution de ce massacre ? Le condottiere n'avait accepté de servir Florence qu'avec l'assentiment du roi Ferrante et du pape Sixte IV. Il avait peut-être été manipulé. Toutefois Lorenzo doutait. L'homme raffiné qui l'avait reçu en son château d'Urbino pouvait-il avoir été l'artisan d'une telle tuerie ?

Lorenzo reposa le gobelet de vin dans lequel il n'avait fait que tremper les lèvres. Montefeltro feignit de ne pas remarquer sa perplexité. Il exhiba le gros livre qui était posé à côté de lui.

« Mon seul butin ! Une merveille de bible écrite en plusieurs langues... »

Lorenzo le coupa sèchement :

« J'exige que tes soldats se retirent de la ville. Tu m'accompagneras ensuite à Florence. Nous y fêterons le succès de tes armes et la fin de ta *condotta* ! »

* *
*

Pollaiolo avait ciselé le casque que Lorenzo remit solennellement au vieux guerrier. Montefeltro apprécia la beauté du cadeau en connaisseur.

Au banquet qui suivit, rassemblant les prieurs, les notables et les conseillers des Medici, Lorenzo s'efforça de faire bonne figure. Mais les cadavres de Volterra le hantaient et il lui semblait être encore imprégné de l'odeur de mort qui flottait partout dans la cité violée.

Après son entrevue avec le condottiere, le Magnifique avait conféré avec les édiles volterrans. Alternant menaces de châtiment pour les meneurs de la rébellion et promesses de secours pour ceux qui avaient été frappés dans leur chair ou leurs biens, il avait déploré les excès de la soldatesque. Puis Lorenzo avait imposé sa volonté. Les principaux responsables du soulèvement, désignés par les Volterrans eux-mêmes, seraient bannis et leurs biens confisqués. En outre, la cité, incorporée à l'État toscan, cesserait de jouir de ses libertés communales. Enfin, la propriété de la mine d'alun serait rétrocédée à une compagnie florentine. Tel était le prix à payer pour recouvrer la paix.

Les édiles n'avaient pu que s'incliner. Certes, les mercenaires du comte d'Urbino avaient reflué hors de l'enceinte fortifiée, mais la menace demeurait et la terreur ne quitterait pas les cœurs de sitôt.

Federigo de Montefeltro se leva, remercia les représentants de Florence qui avaient généreusement payé ses services. Lorenzo observait ce visage rude où le nez cassé faisait une saillie redoutable. Quels noirs desseins cachait cette orbite creuse, ce vide inquiétant ? Il redoutait de voir un jour les troupes du borgne marcher sur Florence, à l'occasion d'un nouveau retournement d'alliance, et infliger à la cité du Lys les violences que venait de connaître Volterra.

* *
*

Lucrezia Donati semblait avoir oublié ses griefs. Elle était certaine que Lorenzo lui était revenu.

Quelques semaines plus tôt, au sortir de ses couches, il lui avait rendu visite. Son épouse l'accompagnait : Clarice Orsini avait accepté d'être la marraine de ce petit Pietro qui était peut-être le fils de Lorenzo. Au premier regard qu'il lui avait lancé, elle avait compris que sa beauté exerçait le même attrait. Il lui appartenait toujours. Il ne dépendait que d'elle de l'attirer à nouveau dans ses rets et de l'obliger à oublier cette Simonetta excessivement gracile qui ne pouvait rivaliser avec ses voluptueuses rondeurs.

Une nouvelle fois, ils étaient partis cacher leurs amours dans le calme enchanteur de Careggi. Là, sous les frondaisons du jardin ou dans l'intimité de la chambre, le Magnifique n'appartenait qu'à elle. Là, elle le dérobait à tous ses admirateurs, tous ses courtisans et aux jeunes gens de sa *brigata* dont elle redoutait l'ironie mordante et les plaisanteries gaillardes.

Seule avec lui et aimée : elle n'en doutait pas tant Lorenzo lui en donnait d'ardentes preuves.

Ils chassaient au faucon, ils se baignaient nus dans le torrent, ils lisaient et composaient des poèmes. L'été finissant resplendissait de couleurs et de parfums. Tout n'était qu'harmonie et volupté.

Pourtant, dès que Lorenzo ne se sentait pas observé, un pli soucieux barrait son front. Les difficultés s'accumulaient.

L'expédition de Volterra avait coûté très cher au trésor florentin. Plus de deux cent mille florins. Combien de temps faudrait-il pour apurer ce passif ? Il devenait inévitable d'augmenter les taxes et les divers droits qui frappaient déjà lourdement les Florentins, au risque de voir péricliter l'artisanat et le commerce, d'appauvrir encore plus le petit peuple et de provoquer des mécontentements supplémentaires. Le système fiscal était très critiqué depuis que le Magnifique en avait fait un instrument politique : l'impôt était progressif – il frappait jusqu'à cinquante pour cent les revenus les plus riches – mais une commission aux ordres avait été chargée d'évaluer la fortune des Florentins. Cette méthode permettait non seulement aux Medici de se constituer une clientèle fidèle en rangeant leurs amis parmi les moins riches, mais elle leur assurait la possibilité de taxer fortement les maisons de banque rivales. Ce qui accroissait le ressentiment de ces familles qui leur avaient toujours été hostiles.

Plus inquiétants encore étaient les déboires que connaissaient les deux principales succursales étrangères des Medici. À Londres, on avait exagérément prêté au roi d'Angleterre : Lorenzo avait dû prononcer la liquidation de la filiale. À Bruges, la situation n'était guère plus brillante et la banque était à la merci d'un mauvais coup : naufrage d'un navire ou banqueroute d'un gros débiteur.

Enfin, les ambitions du pape menaçaient de plus en plus. À peine élu, il avait nommé cardinaux deux de ses neveux, Giuliano della Rovere et Pietro Riario, alors même qu'il refusait toujours la pourpre à Giuliano. Sixte IV négociait aussi des unions princières pour ses autres parents. Girolamo Riario, son favori, frère du nouveau cardinal, devait épouser Catarina Sforza, bâtarde du duc de Milan, Galeazzo Maria. Quant à Leonardo, un autre de ses neveux, il était promis à une fille naturelle du roi de Naples. Ferrante était d'autant plus favorable à ce mariage que le pape envisageait en retour de lui faire grâce du tribut annuel que son royaume devait au Saint-Siège.

Naples, Milan... Ces alliances conjugales inquiétaient Lorenzo qui y voyait une tentative d'isolement de Florence.

Lucrezia était allée cueillir des fleurs. Du premier étage de la villa, Lorenzo contemplait le paysage. Au fond de la vallée qui s'évasait en direction de la mer, l'Arno, argenté, se déployait avec majesté. Immuable, sauf au sortir de l'hiver, quand gonflé par les neiges des Apennins son cours devenait impétueux. Les eaux torrentielles qui charriaient troncs et rochers pouvaient alors envahir les rues de la ville et menacer les ponts qui reliaient les deux rives. Les fleuves avaient-ils un destin ? L'Arno, dès qu'il était rentré dans son lit, semblait si paisible. Quelle nymphe habitait ses eaux, régissait ses colères, tempérait ses ardeurs ?

Il sentit soudain deux mains qui se plaquaient sur ses yeux.

« Méchant, je suis certaine que tu ne penses pas à moi ! »

Il prit doucement les bras de Lucrezia et se dégagea. Elle se serra contre lui, posa son menton sur son épaule. Il sentait la pointe de ses seins, la chaleur de son ventre.

« Peux-tu être jalouse d'une nymphe ?

– Quelle nymphe ? chuchota-t-elle à son oreille.

– La naïade qui se baigne dans les eaux de l'Arno.

– Tu te moques de moi...

– Non, j'ai bien cru la voir tout à l'heure... Nue, elle nageait entre deux eaux, aussi fluide qu'une truite.

– Était-elle aussi belle que moi ? Regarde ! »

Lorenzo se retourna. En un tournemain, Lucrezia fit glisser sa robe sur son corps de céruse. Il la contempla. Tête un peu penchée, les yeux baissés, les bras ballants, elle était délicieusement impudique.

« Ordinairement, chuchota-t-elle, les nymphes sont les proies préférées des satyres. »

Il rit, se précipita sur elle, l'enleva dans ses bras et la jeta sur le grand lit.

IX

1474-1475

La nuit tombait sur Florence lorsque Lorenzo se glissa à l'extérieur du *palazzo*. Le visage à demi dissimulé par un pan de son manteau, il marcha à pas pressés.

Quelques minutes plus tard, il pénétrait dans la *bottega* de son ami Botticelli. L'atelier, habituellement bruyant et animé, était désert. Seul, installé devant un chevalet, le peintre dessinait à la lumière d'un grand chandelier. Il se retourna, sourit en apercevant le Medici.

« Je croyais que tu ne viendrais plus... Tu veux un verre de Vernaccia ?

– Non, elle ne devrait pas tarder.

– Tu es si impatient que cela ? »

Lorenzo ne répondit pas. Nerveux, il demanda :

« Où dois-je me mettre ? »

Sandro lui indiqua un rideau dans un recoin de la vaste pièce.

« J'ai pratiqué un trou dans l'un des motifs de la toile... Elle ne pourra pas te voir. Mais surtout ne bouge pas ! »

Elle arriva peu après. Un long manteau dissimulait son corps longiligne. Une broche d'argent sertie de perles retenait les nattes de ses cheveux ramenés sur sa tête en une subtile architecture qui dégageait son grand et noble front.

Avec galanterie, le peintre la débarrassa de son manteau. Derrière le rideau qui le dissimulait, le cœur de Lorenzo battait à rompre. Cette beauté diaphane était presque irréelle.

Botticelli la fit asseoir sur un tabouret. Simonetta Vespucci n'avait pas encore dit un mot et semblait intimidée. Il l'observa puis...

« Permettez-moi, noble donna... »

Délicatement, il saisit la chemise bouffante sans manches qui recouvrait sa poitrine. Elle eut un sursaut quand il la toucha. Mais elle se laissa faire. Toujours aussi doucement, il déboutonna le vêtement. Ces sont des gestes d'amant, songea Lorenzo qui éprouva une pique de jalousie.

Avec lenteur, Botticelli découvrit les seins de Simonetta. Éburnéens, ils étaient petits, mais pommés à la perfection et la fraise qui était plantée en leur cœur en ravivait encore l'éclat.

Le peintre prit place devant son chevalet où il avait posé une nouvelle feuille de papier. Lorenzo avait de plus en plus de mal à se contenir. Mais il avait promis à Sandro de ne pas trahir sa présence. Ses yeux devenaient douloureux à force de regarder la jeune femme.

La séance de pose dura une bonne heure. Botticelli fit promettre à Simonetta de revenir le lendemain. Toujours aussi silencieuse, elle remit son haut, enfila son manteau et s'en fut.

Aussitôt, Lorenzo sortit de sa cachette.

« J'avais l'impression d'être un lion en cage ! »

Botticelli éclata de rire.

« Et maintenant, je veux bien goûter ton Vernaccia ! »

Le Magnifique revint le jour suivant à la tombée de la nuit. Mais il attendit pour entrer que la jeune femme eût commencé de poser. Simonetta poussa un cri et couvrit bien vite sa poitrine. Pourtant, Lorenzo eut l'impression qu'elle n'était pas vraiment fâchée d'avoir été vue à demi nue. Alors que Botticelli brossait à grands traits l'esquisse de son tableau, il réussit à dérober un baiser à la belle que cette privauté ne parut nullement effaroucher.

* *
*

Lorenzo, de la pointe de sa dague, fit sauter le cachet de cire du billet qu'on venait de lui apporter. Lucrezia Donati ! Elle suppliait, elle implorait. Pourquoi Lorenzo ne répondait-il plus à ses sollicitations ? Qui occupait désormais son cœur ? On lui avait rapporté qu'il avait approché à plusieurs reprises la Simonetta Vespucci. Mais qu'avait-elle donc, cette pécore, qu'elle ne possédât elle-même ?

De méchante humeur, le Magnifique déchira le billet. Simonetta... Il était vrai qu'elle occupait de plus en plus ses pensées. À chaque fois qu'elle paraissait devant lui, dans la plénitude de ses vingt ans, il était ébloui et se remémorait la séance de pose chez Botticelli. Cette image qu'il lui avait volée, la vision de ses jeunes et tendres seins dénudés.

Une muse avait chassé l'autre. Dans le secret de son cabinet, lorsqu'il écrivait de nouveaux poèmes à ranger dans son *Canzoniere*, c'était à Simonetta qu'il songeait :

> *Claires eaux, j'entends votre murmure*
> *qui dit seulement le nom de ma dame :*
> *puisque Amour vous a faites si heureuses,*
> *je crois que vous fûtes le miroir de son beau visage.*

Lorenzo passa une cotte de mailles puis il enfila sa robe par-dessus. Désormais, il ne sortait plus du *palazzo* sans se protéger contre l'éventuel coup de poignard d'un sicaire. De la même façon, il s'était résolu à faire goûter ce qu'il buvait et mangeait ; il avait imposé à son frère de prendre les mêmes précautions. Giuliano avait accepté, non sans exprimer ses doutes : de nature paisible, enclin à l'indulgence, il ne croyait pas à la réalité du danger qui les menaçait.

Lorenzo était lucide. Le pape s'attaquerait tôt ou tard aux intérêts de Florence, dont il jalousait les maîtres et la magnificence. Au sein même de la cité, il ne manquerait pas de recevoir un précieux concours de ces grandes familles aristocratiques, rebelles au pouvoir des Medici.

Sixte IV était déjà sournoisement passé à l'offensive. Par provocation, il avait nommé son neveu, le cardinal Pietro Riario, archevêque de la cité du Lys et légat pontifical pour toute l'Italie. Jouisseur et viveur, le nouveau mitré avait inauguré son avancement en entamant un voyage triomphal dans toute la péninsule. À chaque étape, Riario festoyait et banquetait. Lors de son passage à Florence, Lorenzo avait dû le recevoir avec le faste que sa position impliquait. Toutefois, il avait été soulagé au tout début de 1474 : l'archevêque Riario, qui n'avait que vingt-huit ans, avait été emporté par un mal vénérien contracté chez une putain de Venise.

Affecté par ce revers, Sixte IV avait feint l'apaisement en nommant à l'archevêché de Florence un parent de Clarice, Rinaldo Orsini. Mais il n'en avait pas pour autant renoncé à avancer ses pions. Le printemps avait à peine éclos qu'un autre neveu du pape, le cardinal Giuliano della Rovere, passa à l'offensive. À la tête d'une importante armée, il pénétra en Ombrie, une région limitrophe de la Toscane, traditionnellement placée sous la protection de Florence. Quelques villes tombèrent rapidement. Elles furent mises à sac : le redoutable cardinal ignorait la pitié. Il campa ensuite avec son armée sous les murs de Citta di Castello, une cité où régnait un tyran, Niccolo Vitelli. Lorenzo de Medici n'avait cure du destin de ce seigneur mais à proximité de cette ville se trouvait Borgo San Sepolcro, une place que le pape Eugène IV avait donnée aux Florentins. Le Magnifique ne pouvait supporter cette intrusion sans réagir. Malgré les frais qu'imposerait une nouvelle aventure militaire, il réunit une troupe de six mille hommes en espérant que cette simple mobilisation suffirait à faire reculer le Saint-Siège. Le duc de Milan, Galeazzo Maria Sforza, s'entremit et la guerre fut évitée. Mais ce n'était que partie remise : Sixte IV était désormais un adversaire résolu.

Le pape jeta ensuite son dévolu sur le comté d'Imola, un territoire que les Medici espéraient annexer. Si le Saint-Siège parvenait à acheter à Taddeo Manfredi ce fief que le souverain pontife destinait à son neveu préféré, Girolamo Riario, c'étaient les frontières mêmes de l'État toscan qui seraient menacées. Or, les troupes romaines étaient maintenant commandées par le redoutable Federigo de Montefeltro, récemment fait duc d'Urbino par Sixte IV.

Le Magnifique prit la décision d'envoyer Giuliano en ambassade à Venise. Face à Rome et à son alliée Naples, il fallait constituer une nouvelle coalition : la Sérénissime, si elle rejoignait Florence et Milan, saurait contenir les ambitions papales. Deux blocs de force égale seraient ainsi constitués. Ni l'un ni l'autre ne se lanceraient dans une guerre inutile et coûteuse. La paix pourrait être préservée.

* *
*

Lorenzo, escorté de deux hommes armés, épée au côté et dague à la ceinture, attendit la tombée de la nuit pour quitter la via Larga. La visite qu'il allait rendre devait rester secrète. Il coupa par la place du Duomo, passant entre le baptistère et Santa Maria del Fiore. À grandes enjambées nerveuses, le Magnifique se dirigea vers le Borgo degli Albizzi. Quelques minutes plus tard, il se fit annoncer au *palazzo* Pazzi.

Jacopo, chef d'une famille qui pouvait rivaliser en puissance et richesse avec les Medici, le reçut au premier étage dans un salon dont les murs étaient couverts de chefs-d'œuvre de la peinture florentine. Les Pazzi se targuaient en effet d'être des mécènes aussi prodigues que les maîtres du *palazzo* de la via Larga. Coiffé d'un bonnet et revêtu d'une houppelande au col fourré, Jacopo était un petit homme qui approchait la cinquantaine. Son aspect débonnaire était trompeur : c'était un banquier rusé et âpre au gain. Et, bien qu'il eût marié l'un de ses neveux à Bianca, la propre sœur de Lorenzo, les relations entre les deux clans n'en étaient pas moins empreintes de méfiance réciproque.

Pazzi, mielleux, feignit l'étonnement :

« Ne devions-nous pas nous voir demain à la réunion du conseil ?...

– Ce que j'ai à te dire doit rester entre toi et moi !

– Je t'écoute, Lorenzo.

– J'ai appris que le pape avait pris langue avec ton neveu, Francesco.

– Et alors ? Francesco est le représentant de notre succursale à Rome. Sixte IV qui fait édifier une grande chapelle au Vatican est sans doute en défaut de pécunes...

– Je suis bien placé pour le savoir... Tu sembles oublier que nous sommes les banquiers du pape !

– Je ne voulais pas t'offenser, Lorenzo.

– Mais tu essaies de me tromper ! rétorqua le Magnifique. Car tu sais très bien de quoi je veux t'entretenir. »

La main droite de Lorenzo se posa avec nonchalance sur le pommeau de son épée.

Jacopo resta un instant sans voix.

« Que me veux-tu ?

– Sixte IV a besoin de finances, mais pas seulement pour construire sa chapelle. Il guigne le comté d'Imola pour son neveu, ce mécréant de Girolamo Riario. C'est à cette fin qu'il a mandé ton neveu.

– Francesco n'a pas évoqué cette affaire.

– Tu mens, Jacopo. Tu es le chef des Pazzi. Ton neveu ne saurait te dissimuler une nouvelle aussi importante.

– Admettons qu'il m'en ait informé brièvement... Je n'y ai guère accordé d'attention. Nous ne donnerons pas suite. Le pape exige un prêt qui dépasse nos possibilités...

– Voudrais-tu me faire accroire que la banque Pazzi ne dispose pas de trente mille florins ? »

Le ton menaçant, il poursuivit :

« Imola doit revenir à Florence. S'il n'en était pas ainsi, les conséquences pourraient être très graves pour notre cité !

– L'affaire n'est pas faite, protesta Pazzi.

– Écoute bien, Jacopo : j'ai d'excellentes mouches à Rome. Jusque dans l'entourage du pape. Aussi, je te préviens d'ores et déjà : si ces trente mille florins sont versés au trésor du Vatican, nous considérerons qu'il s'agit d'une trahison. Ton neveu sera jugé et condamné. Toi-même, tu risquerais d'être poursuivi ! »

Pazzi resta muet. À Florence, une condamnation pour trahison signifiait la mort ! Enfin, il se ressaisit :

« Je vais envoyer aussitôt un message à mon neveu, même si je ne suis pas certain de le convaincre. Francesco n'est pas seulement le représentant de notre banque à Rome. C'est aussi un associé... Il peut prendre une initiative sans m'en rendre compte.

– Alors il lui en cuira s'il oublie qu'il est d'abord florentin ! »

* *
*

Giuliano était rayonnant. Son ambassade à Venise avait été couronnée de succès. La Sérénissime acceptait de conclure une alliance avec Florence et Milan.

Lorenzo considérait son frère avec affection. Ils étaient assis sur un banc du jardin de la via Larga, à l'ombre d'un oranger. Les enfants – ils étaient maintenant trois : Clarice, qui était à nouveau grosse, avait donné naissance l'an passé à une petite Maddalena – jouaient un peu plus loin sous la surveillance de leur mère.

« En ton honneur, nous donnerons un tournoi dont tu seras le héros et, je l'espère bien, le triomphateur ! »

Giuliano rosit de plaisir. Lorenzo ajouta :

« Je veux qu'il soit aussi somptueux que la *giostra* de mes vingt ans.

– Sur mon étendard, je ferai peindre le beau visage de Simonetta. Je veux que tout Florence sache qu'elle est la déesse que je vénère. Elle sera la reine du tournoi ! »

L'exaltation de son jeune frère fit sourire le Magnifique. Lui-même n'avait-il pas osé déclarer publiquement sa flamme à Lucrezia Donati ? Au reste, il n'ignorait pas que cet amour platonique s'accommodait fort bien de compensations plus terrestres. Lorsque l'occasion se présentait, Giuliano lutinait volontiers servantes, esclaves et paysannes. Ainsi, quand il séjournait en sa villa de Cafaggiolo, Benedetta lui rendait les mêmes services qu'elle avait autrefois si généreusement prodigués à son frère aîné. Assurément, le jeune homme ne regrettait pas de voir s'éloigner la promesse d'un chapeau de cardinal.

D'une façon assez cynique, Lorenzo se satisfaisait de voir son cadet aussi appliqué à la besogne amoureuse. Ses scrupules à conquérir Simonetta qui, il en était de plus en plus persuadé, ne demandait qu'à succomber en étaient diminués. En outre, s'il arrivait à ses fins, il serait d'autant moins soupçonné d'être son amant que Giuliano, lors de ce tournoi, convaincrait l'opinion florentine qu'il était le chevalier servant de la belle.

Comment son frère réagirait-il s'il venait à l'apprendre ? Le mieux ne serait-il pas de tout lui avouer ? « J'aime Simonetta, je la désire, je veux la posséder ! Rends hommage à sa beauté, célèbre-la à satiété, mais abandonne-moi son corps et ses caresses ! »

Lorenzo était plus troublé qu'il ne l'aurait voulu. Il chérissait son frère et n'admettait pas de le peiner. La vérité ne risquait-elle pas d'être plus cruelle que la dissimulation ? Giuliano mit fin à sa méditation :

« Dis-moi franchement : que penses-tu de Simonetta ? Comment pourrait-on ne pas en être épris ? C'est la plus belle fleur de notre cité, la femme idéale, tant en joliesse qu'en entendement ! »

Il y avait une telle expression de ravissement sur le visage du jeune homme que Lorenzo résolut de se taire. Il ne se sentait pas le courage de briser cet engouement naïf. Le temps n'était pas si éloigné où lui-même rampait aux pieds de Lucrezia, s'étourdissant d'images allégoriques et de déclarations enflammées. Avait-il été aussi sottement enthousiaste ? Ne devait-il pas regretter de ne plus ressentir ces grands élancements du cœur ? Sa passion pour Simonetta avait d'abord pour dessein l'assouvissement de ses sens.

« Penses-tu que je puisse demander à Botticelli de peindre mon étendard ? demanda Giuliano.

– Sandro n'a pas de meilleur modèle que Simonetta. Il sème son image dans toutes ses œuvres ! Peut-être en est-il amoureux, lui aussi ? »

Giuliano rit :

« Il en est ainsi de tous les hommes de Florence. C'est un concert de louanges qui monte vers elle... Seul, son époux semble mésestimer ses incomparables qualités. Mais il est vrai que d'autres amours le réclament ! »

La petite Maddalena trottina vers eux. Elle se blottit entre les genoux de son père. Lorenzo la souleva, la prit dans ses bras et la couvrit de baisers. Il aimait ses enfants à la folie et exigeait, lorsqu'il se trouvait en voyage, d'avoir tous les jours de leurs nouvelles. Il s'inquiétait sans cesse de leur santé, de leur appétit, de leurs progrès et rendait grâces à Clarice de veiller personnellement sur leur éducation sans abandonner ce soin aux nourrices.

Giuliano chatouilla l'enfant. Maddalena se trémoussa et gazouilla.

« Je te la vole ! »

Il l'arracha aux bras de son père, jucha l'enfançon sur ses épaules et commença de galoper joyeusement dans les allées du jardin. Cette image si proche du bonheur émerveillait Lorenzo. Mais son caractère était tel qu'il redoutait aussitôt de le voir brisé. Vivre l'instant. Savourer cette béatitude avant qu'il ne soit trop tard, ainsi que l'enseignaient ses amis philosophes...

Lorsqu'il regagna son cabinet de travail – il s'était résolu à occuper la modeste pièce où son grand-père lui avait tant appris – il trouva sur sa table un message de Rome. Il le décacheta et lut rapidement, visage crispé. Son oncle Tornabuoni lui annonçait deux mauvaises nouvelles. Un de leurs espions au Vatican avait été retrouvé poignardé dans les eaux du Tibre. Surtout, son parent lui apprenait que Franceschino de Pazzi (ainsi prénommé à cause de sa petite taille) venait de prêter au pape la somme qui lui permettrait d'acheter le comté d'Imola pour son neveu Girolamo Riario.

* *
*

Braccio Martelli était le plus véhément. Les Pazzi avaient trahi et devaient être punis à la hauteur de leur crime. Les autres conseillers abondaient dans ce sens, à l'exception notable d'Antonio Ridolfi, qui entretenait toujours de bons rapports avec le roi de Naples.

Jacopo avait cru sage de ne pas participer à la réunion de ce conseil dont il était encore officiellement membre : la guerre avec les Medici était maintenant déclarée. Sixte IV, afin de récompenser Franceschino de Pazzi, venait en effet de le nommer banquier du Vatican au détriment des Medici. Pire encore, le pape menaçait de soustraire à ces derniers le monopole de l'alun. Encore une fois au bénéfice des Pazzi.

« Franceschino doit revenir au plus tôt à Florence et répondre de ses actes ! dit Sigismondi della Stufa.

– Son oncle Jacopo est aussi coupable que lui. Faisons-le arrêter immédiatement ! » réclama Martelli.

Comme à l'accoutumée, Lorenzo écoutait avant de décider. Au-delà de sa famille, c'était Florence qui était menacée et visée. Francesco Pazzi n'avait été que l'instrument du pape. Sixte IV voulait conquérir la cité du Lys pour la confier à l'un de ses nombreux neveux. Peut-être ce Girolamo qui allait désormais camper aux frontières de l'État toscan. Mais il lui fallait d'abord s'attaquer aux Medici en ruinant leur puissance financière ou en les faisant assassiner. Ensuite, avec le même cynisme, il se débarrasserait des Pazzi, après les avoir utilisés à son profit.

Une guerre s'annonçait, qu'il fallait aborder sans faiblesse mais avec la plus grande prudence. S'en prendre à Jacopo lui-même serait inutilement maladroit. Le peuple florentin ne soutiendrait sans doute pas une initiative qui ressemblerait à une vengeance personnelle des Medici contre un heureux concurrent. Quant à Francesco, averti par son oncle des menaces qui pesaient sur lui, il se garderait bien de venir à Florence et demeurerait terré à Rome, sous la protection de Sixte IV.

« Est-il vrai que Borromeo est mort intestat ? » demanda Lorenzo à ses conseillers.

Ce Borromeo était un homme fort riche qui avait marié son unique fille au frère de Francesco de Pazzi, Giovanni. Selon la loi, Bianca devait hériter de tous ses biens.

« La mort l'a pris si vite qu'il n'a pas eu le temps de rédiger son testament, répondit Dionigi Pucci.

– Alors, nous tenons peut-être un moyen de frapper indirectement les Pazzi ! »

Il exposa l'idée qui venait de lui traverser l'esprit : il suffisait de décréter une loi à effet rétroactif, selon laquelle, en cas d'absence de testament, tous les biens du défunt revenaient à son parent mâle le plus proche. Ainsi Bianca et son mari Giovanni de Pazzi seraient dépossédés de l'immense fortune de Borromeo. L'héritage tomberait dans l'escarcelle d'un neveu qui, hasard providentiel, se trouvait être du parti des Medici.

« De cette façon, conclut Lorenzo, les Pazzi connaîtront notre courroux ! Mais ils ne pourront pas nous accuser de les avoir punis personnellement, même si le procédé ne fait pas illusion. »

* *
*

Afin de respecter les convenances, elle voyageait dans un autre carrosse. Lorenzo se rendait à Milan visiter son ami Galeazzo Maria Sforza. Face à l'offensive papale, il convenait de renforcer les liens entre les deux États.

À Florence, personne ne s'était étonné qu'il proposât à Simonetta Vespucci de se joindre à son ambassade. N'était-elle pas le symbole de la beauté toscane ? Marco, son époux, n'avait bien sûr émis aucune objection. L'absence de Simonetta lui permettrait de se livrer à la débauche sans retenue aucune. Quant à Giuliano, tout occupé par la préparation de son tournoi, prévu pour le début de la nouvelle année, il avait approuvé la décision de son aîné et n'y avait pas vu malice. Il était d'avance acquis à une initiative qu'il pensait d'abord être un hommage à la beauté de la dame de son cœur.

La route était boueuse. On apercevait ici et là des plaques de neige qui n'avaient pas fondu. Les sommets des Apennins demeuraient couronnés de blanc.

Lorenzo était songeur. Il appliquait maintenant cette capacité à la dissimulation dont il usait dans les affaires du gouvernement à sa vie amoureuse. Il pouvait sans scrupules tromper les Pazzi. Mais son frère ? Il abusait de son ingénuité, il portait atteinte aux liens sacrés qui les unissaient.

Toutefois, la pensée de Simonetta était la plus forte. Ses grands yeux verts pailletés d'or, sa bouche aux lèvres délicatement ourlées, son long cou de cygne, son corps de déesse qu'il n'avait jamais encore vu entièrement nu, mais dont, plusieurs fois, il avait deviné les formes sous la transparence de ses robes aériennes. Il n'avait pu résister. Il attendait avec impatience la première étape de leur voyage.

D'emblée, Simonetta avait accepté de l'accompagner.

« Au beau milieu des cadeaux que j'apporte à Galeazzo, tu brilleras d'un éclat sans pareil ! »

Elle avait feint de recevoir le compliment avec modestie mais le léger sourire qui s'était dessiné sur ses lèvres ne pouvait pas tromper. Lorenzo y avait aussitôt lu une promesse.

Pourtant, dans le carrosse qui brinquebalait sur cette mauvaise route de montagne, il lui arrivait de douter. Serait-elle une nouvelle Lucrezia qui l'avait si longtemps fait patienter avant de céder enfin ? N'était-elle qu'une coquette dont la pratique consistait à allumer le désir des hommes sans jamais se rendre ?

Malgré lui, il comparait les mérites respectifs de celle qui avait été sa maîtresse et de celle qui le deviendrait peut-être. Lucrezia, calculatrice, dominatrice, même si, pendant les jeux de l'amour, elle lui restait soumise. Simonetta, qui semblait être un modèle de pureté et de douceur. Lucrezia, ardente mais capricieuse. Simonetta, dont la réserve cachait peut-être des trésors de volupté.

Assis en face de lui, Dionigi Pucci se réveilla brusquement. Il s'étira, grimaça.

« J'ai l'impression d'avoir tous les os rompus. »

Il rabattit les pans de son manteau fourré sur ses jambes.

« On gèle dans cette maudite boîte à secouer les honnêtes gens. »

La chaufferette, posée sur le plancher, était éteinte. Lorenzo, tout à ses pensées, n'avait pas songé à entretenir les braises.

Le ciel s'obscurcissait. L'étape était proche. Le cœur de Lorenzo battait plus vite.

« Le feu d'une bonne cheminée, un flacon de vin et un gros morceau de lard ! Je n'attends rien d'autre de la vie », dit encore Pucci.

Lorenzo sourit. Ses espérances à lui étaient d'un autre ordre.

* *
*

Lasse, elle s'était retirée un peu plus tôt dans sa chambre. Sa servante l'avait suivie afin de pouvoir procéder à sa toilette du soir. Lorenzo et ses compagnons étaient demeurés seuls dans la grande salle de l'auberge. La pièce, spacieuse, sentait le feu de bois et la cire. Certains avaient bu plus que de raison. Écroulé sur une table, Pucci ronflait bruyamment.

Le Magnifique s'était bien gardé de s'enivrer. Il brûlait d'impatience : le regard que lui avait adressé Simonetta, lorsqu'elle s'était retournée dans l'escalier, était-il une invite ? Lorenzo se sentait sottement intimidé à l'idée d'aller frapper à la porte de la jeune femme.

Enfin, il se leva. Son air décidé lui valut quelques sourires de connivence. Armé d'une chandelle, il grimpa l'escalier. Un doute l'assaillit : la servante ne partageait-elle pas la chambre de sa maîtresse ainsi qu'il était souvent de coutume en voyage ? En frappant, ne risquait-il pas de compromettre Simonetta ? Mais le regard appuyé qu'elle lui avait lancé eut raison de ses dernières hésitations. Il se décida à toquer.

Un long silence lui répondit. Peut-être était-elle déjà assoupie. Sans bruit, il souleva le loquet, poussa la porte et entra. Il la vit. Sa tête seule dépassait du gros édredon sous lequel elle était enfouie. Elle tendit la main vers lui.

« Je t'attendais... »

Il posa sa chandelle. Elle l'attira à elle. Malgré le froid qui régnait dans la chambre, ses lèvres étaient brûlantes. Il s'écarta un instant pour mieux la voir. Ses longs cheveux défaits, comme une flaque de lumière dorée sur le traversin, ses yeux qui donnaient envie de se perdre, sa bouche qui appelait les soupirs.

« Simonetta...

– Non, ne dis rien, aime-moi ! »

Il passa une main sous l'édredon. Nue, tiède et douce, elle frémit sous la caresse.

« Viens, je t'en prie... »

Il se dévêtit en grande hâte, se glissa à côté d'elle. Elle se serra aussitôt contre lui, leurs ventres épousés, leurs cuisses entremêlées, leurs bouches embrassées. Ils se tinrent ainsi un long moment sans bouger comme pour mieux éprouver tous deux leur désir, apprivoiser leurs corps. Puis elle abandonna ses lèvres et chuchota :

« Sois doux, mon beau seigneur... Aucun homme ne m'a encore touchée. »

* *
*

Rien ne devait être trop beau ! Ainsi en avait décidé le Magnifique. Cette nouvelle *giostra* devait célébrer tout autant les vingt et un ans de Giuliano que le succès diplomatique de Florence alliée désormais à Venise et Milan. Il s'agissait aussi de montrer à Sixte IV que malgré les coups qu'il avait portés aux Medici, ces derniers n'avaient perdu ni leur superbe ni leur puissance financière.

Le seul surcot de Giuliano, brodé de fils d'or et d'argent, enrichi de plusieurs rangs de pierreries, avait coûté la somme faramineuse de huit mille florins. Comme en 1469, toutes les maisons de Florence pavoisaient aux couleurs des jouteurs, les bannières les plus nombreuses, blanc et rouge, étant celles des Medici.

Dès l'aube, malgré la fraîcheur, des spectateurs commencèrent à occuper les gradins installés place Santa Croce. La ville entière était déjà fébrile. « *Palle ! Palle !* » scandaient des groupes qui parcouraient joyeusement les rues en frappant sur des tambourins ou de simples morceaux de bois. Chacun savait que le divertissement était un cadeau des Medici.

En milieu de matinée, les estrades étaient déjà noires de monde. Un pâle soleil d'hiver perçait la brume quand les invités de la tribune principale arrivèrent à leur tour. Prieurs, dignitaires, riches commerçants, représentants des Arts* et tous leurs invités. Reine du tournoi, Simonetta Vespucci se présenta parmi les derniers. Son apparition souleva des exclamations d'admiration. Sa robe de soie écarlate aux manches doublées d'hermine, sa coiffure, délicat entrelacs de tresses piquées de perles couronnant son haut front au teint de lys, le collier de rubis qui ceignait son cou, tout contribuait à mettre en valeur l'eau pure de ses yeux verts. Les membres du jury s'empressèrent autour d'elle et la conduisirent au centre de l'édifice.

Installée au-dessus, quelques places plus loin, Lucrezia Donati pâlit de jalousie. Les Florentins avaient-ils déjà oublié qu'à peine six ans plus tôt, à cette même place, c'était elle qu'on couvrait de fervents hommages ? Elle qui triomphait ! Lucrezia, bien qu'elle le regrettât, observa attentive-

* Les corporations. Il existait à Florence les Arts majeurs (juges et notaires, drapiers, changeurs, lainiers, médecins et pharmaciens, soyeux et merciers, pelletiers et fourreurs) et les Arts mineurs (bouchers, cordonniers, forgerons, hôteliers, serruriers, boulangers, marchands de vin).

ment la reine du tournoi. Il y avait de la haine dans son regard.

Les trompettes annoncèrent l'arrivée des concurrents. Une rivière de couleurs déferla sur la place. Pages, porte-oriflammes, jouteurs, arboraient des tenues plus vives et éclatantes les unes que les autres. La compétition commençait là, dans cette rivalité de luxe et d'apparat destinée à soulever l'enthousiasme des spectateurs et susciter leurs applaudissements.

Giuliano et son imposante suite, salués par une vibrante ovation, fermaient le cortège. Des hommes d'armes en justaucorps et chausses blanc et rouge précédaient des trompettes à cheval puis des pages. Les frères Medici suivaient. Lorenzo se tenait ostensiblement en retrait : c'était Giuliano qu'on fêtait en ce jour. Son cadet, heaume relevé, avait passé son fameux surcot sur son armure. Mais c'était l'étendard qu'il brandissait fièrement qui retenait tous les regards. Minerve-Simonetta, déesse de la guerre, casquée et armée d'une lance, piétinait le carquois d'un Cupidon ligoté au tronc d'un olivier. Les spectateurs s'extasiaient sur la beauté de la scène peinte par Botticelli. L'effigie de Simonetta, flottant au vent, semblait vivante et reflétait à la perfection la délicatesse de ses traits. D'autres s'interrogeaient sur la signification de cette allégorie. Si la chaste Minerve persécutait Cupidon, cela voulait-il dire qu'elle renonçait pour toujours à l'amour ? Giuliano, dont personne n'ignorait qu'il était amoureux de Simonetta, était-il donc condamné à ne jamais jouir de ses charmes ? Ou bien, à travers cette peinture, désirait-il lui déclarer quelle était son impatience et combien sa situation d'amant platonique était cruelle ?

Lorenzo, passant devant la tribune officielle, observa la jeune femme. Les mains posées à plat sur ses cuisses, le dos bien droit, elle baissa les yeux au moment où les Medici s'avancèrent, comme si cet hommage public était une offense à sa modestie.

Dans un grand fracas d'acier entrechoqué, les joutes commencèrent. Chaque victoire était saluée par les trompettes des hérauts d'armes placés aux quatre coins de la place. Des cavaliers désarçonnés roulèrent sur le sable de la lice. On releva deux blessés. Resté sous la tente des Medici au lieu de rejoindre la tribune, Lorenzo encourageait son cadet qui rompait lance après lance.

« Tu dois gagner, Giuliano ! Il le faut ! »

Le jeune homme baissait derechef son heaume et repartait au galop affronter un nouveau concurrent. Le doux Giuliano semblait métamorphosé, pénétré par cette rage de vaincre que lui insufflait son frère et follement désireux de prouver sa vaillance aux yeux de Simonetta.

Une clameur. Les spectateurs se levèrent, hurlèrent leur joie. Giuliano venait de bousculer rudement son dernier adversaire, un Pazzi, neveu du vieux Jacopo et prénommé comme son oncle. L'homme, malgré le coup, était resté en selle. L'affrontement était symbolique. Les Florentins appréciaient au plus haut point cette joute éminemment politique entre les champions des deux clans ennemis. Les cavaliers revinrent dans leur camp respectif et s'élancèrent à nouveau. Le cœur serré, Lorenzo retint son souffle. Les spectateurs aussi étaient soudain silencieux. On n'entendait plus que la galopade des deux chevaux jusqu'à l'affrontement. Le choc fut d'une rare violence. Lorenzo vit l'écu de son frère rouler à terre et la lance de Jacopo Pazzi glisser sur son gorgerin. Giuliano, ébranlé et déséquilibré, menaçait de vider ses étriers. La foule cria de peur ou de dépit. Mais le jeune homme se rétablit juste avant d'atteindre la barrière qui ceinturait la lice. Il revenait déjà, prêt à courir une nouvelle joute, quand les trompettes sonnèrent. Le jury, dans sa grande sagesse, mettait fin à un tournoi qui risquait de dégénérer, tant les deux adversaires étaient acharnés à se battre jusqu'à épuisement de leurs dernières forces.

Ils furent déclarés vainqueurs à égalité. Un Medici et un

Pazzi ! Les deux représentants des familles rivales réunis dans le même triomphe. Lorenzo, déçu, essaya de faire bonne figure en accompagnant son frère jusqu'au pied de la tribune. Simonetta se leva. Elle tenait en main un casque dont le cimier en argent, ciselé par Andrea del Verrochio, brillait sous le soleil et projetait sur le visage de la jeune femme une lumière quasi surnaturelle.

Apercevant Lucrezia Donati dans les gradins, le visage torturé de jalousie, Lorenzo revit ce moment où elle s'était avancée vers lui et l'avait couronné. Il détourna les yeux.

Simonetta s'arrêta devant Giuliano et Jacopo, agenouillés. Elle hésita un instant. Puis elle posa le casque sur la tête du Medici. En même temps, ce fut Lorenzo qu'elle choisit de regarder.

X

1476

Lorenzo était rongé d'inquiétude. Alors que le printemps enchantait à nouveau la campagne environnante et jonchait de fleurs les berges de l'Arno, Simonetta ne quittait son lit que pour de brèves apparitions à la fenêtre de sa chambre où elle essayait de reprendre souffle. Les médecins, et parmi eux le plus célèbre, attaché à la famille Medici, parlaient de consomption. Mais Lorenzo ne pouvait oublier la menace qu'avait proférée Lucrezia Donati. Le poison, l'arme de la jalousie et du dépit amoureux. Se pourrait-il qu'elle ait osé attenter à la vie de Simonetta pour se venger d'avoir été délaissée ? Même si c'était vrai, il était impuissant à saisir la justice car les deux amants avaient fait en sorte que leur liaison demeurât secrète. Quelques compagnons de la *brigata* avaient bien deviné qui était l'objet de la nouvelle aventure amoureuse du Magnifique, mais Lorenzo ne leur avait jamais fait de confidences. Quant à Giuliano, fort heureusement, il semblait ne nourrir aucun soupçon et continuait à adorer platoniquement celle qu'il avait élue dame de ses pensées.

Seule une servante de Simonetta était dans le secret. À la nuit venue, par une porte dérobée, elle introduisait le Medici, visage dissimulé par le col de sa cape, dans la maison de sa maîtresse. Il repartait aussi discrètement avant que le jour ne se lève. Via Larga, personne ne s'étonnait : depuis longtemps, Lorenzo avait habitué ses proches à des escapades nocturnes qui le conduisaient dans des auberges où il retrouvait ses amis artistes et écrivains. Ou, parfois, à des rendez-vous plus galants. Ses conseillers les plus intimes lui reprochaient ses imprudences. La nuit, dans les venelles sombres de Florence, il était à la merci du moindre traquenard tendu par des sicaires. Malgré sa cotte de mailles et ses armes, il était vulnérable. Mais, bien décidé à ne pas dévoiler le secret de ses amours, il refusait obstinément de prendre la précaution de se faire escorter par des hommes armés. Il avait même déjoué à deux reprises une tentative de filature.

Lorenzo la contemplait. Visage amaigri à la peau translucide, elle somnolait. Assis à son chevet, il tenait sa main aux longs doigts effilés. Malade, elle paraissait encore plus belle ; d'une beauté mystérieuse et quasi divine. La simple robe de lin qui la vêtait découvrait ses épaules et la naissance de ses tétons. De combien de baisers n'avait-il pas honoré leur fraise mignonnette ! Que de caresses prodiguées sur son corps admirable.

Il se rappelait les leçons de son maître Cristoforo Landino : « Rendre grâces à la beauté, c'est reconnaître l'œuvre de Dieu. » Alors son amour était d'essence divine. Il aimait comme il priait. Avec la même ferveur.

Elle ouvrit un œil. Son visage s'éclaira quand elle le découvrit.

« Tu es toujours là, mon amour !

– Le jour n'est pas encore venu.

– Reste ! J'ai peur quand tu n'es pas auprès de moi. »

Lorenzo secoua la tête.

« Tu dois demeurer insoupçonnable !

– Que m'importe puisque je vais mourir... »

Il prit sa tête dans ses mains, posa un baiser sur ses lèvres purpurines.

« Suis-je encore désirable ?

– Tu n'as jamais été aussi belle !

– Je voudrais encore avoir la force de me donner à toi.

– Tu es en moi, tu habites mon cœur. Rien ne pourra nous séparer... »

Elle se força à sourire. Un instant, il eut l'impression qu'elle irradiait comme lorsqu'elle s'abandonnait au bonheur de l'amour.

« Tu es le meilleur des hommes, Lorenzo. Comme j'ai eu de la chance de te connaître avant de quitter cette terre ! »

Une larme se forma au coin de l'œil de Simonetta. Il se pencha au-dessus d'elle et la cueillit délicatement de la pointe de sa langue.

« C'est mon âme que tu bois, mon doux Lorenzo. »

* *
*

Un messager courut au *palazzo* Medici : Simonetta était au plus mal. Les deux frères furent aussitôt avertis. Sans même avoir besoin de se concerter, ils coururent ensemble jusqu'à la maison Vespucci.

Ils bousculèrent son époux Marco qui titubait à l'entrée de la chambre. Simonetta reposait au milieu de son lit, les yeux fermés. Un filet de mousse rose fleurissait au coin de ses lèvres.

« Elle a reçu les secours de la religion », dit Marco Vespucci d'une voix avinée.

Les deux frères s'agenouillèrent de part et d'autre du lit. Ils prirent chacun une main de la mourante.

Un sourire fugitif passa sur son visage. Le sourire d'un ange qui s'éteignit comme la flamme d'une bougie. Simonetta n'était plus.

Combien de temps demeurèrent-ils ainsi, unis par la jeune morte ? Giuliano priait. Le regard de Lorenzo allait du visage de Simonetta à celui de son frère. Il pleurait sans même s'en rendre compte.

Les deux frères laissèrent la place aux parents et amis qui se pressaient pour saluer une dernière fois Simonetta. Silencieux, ils marchèrent sans but dans les rues de la ville, indifférents aux hommages qu'on leur adressait. Soudain, Giuliano s'arrêta, prit son frère par les épaules. Il le fixa.

« J'ai toujours su... »

Lorenzo avala sa salive.

« Que veux-tu dire ?

– Simonetta et toi !

– Mais...

– Ne dis rien. »

Les yeux embués de larmes, la voix rauque, il ajouta :

« Je ne t'en veux pas... Elle semblait tellement heureuse. »

* *
*

Florence était frappée de stupeur. Au fil des ans, Simonetta Vespucci était devenue une figure emblématique de la cité du Lys. Sa beauté était unanimement reconnue et admirée. Jeune déesse, elle avait inspiré poètes et artistes et personnifiait le printemps florentin, le retour de ces temps anciens où l'on célébrait sans pudeur la grâce des corps nus. L'ami du Magnifique, Agnolo Poliziano, avait composé ces vers pour immortaliser la reine du tournoi de l'an passé :

Candide elle est. Candide est sa tunique
où cependant des roses et des fleurs sont peintes.
Les tresses des cheveux de sa tête dorée
descendent sur son front humble et fier à la fois.
Tout autour d'elle rient les arbres des grands bois.

Ses yeux brillent de paix et de sérénité
*mais Cupidon y cache un flambeau embrasé**.

Une immense procession suivit son char funèbre jusqu'à l'église Ognissanti. La jeune morte reposait dans un cercueil dont le couvercle était demeuré ouvert, afin que chacun pût contempler une dernière fois son exceptionnelle beauté.

Giuliano pleurait sur l'épaule de son frère quand Simonetta fut descendue dans le caveau de la chapelle Vespucci où elle allait reposer pour l'éternité.

Le soir même, Lorenzo, surmontant un instant son chagrin, trouva la force d'écrire dans son journal :

« Elle fut transportée, le visage découvert, de son domicile à sa sépulture, si bien qu'elle fit répandre beaucoup de larmes à tous ceux qui accoururent pour la voir. Elle inspirait compassion mais aussi admiration car, dans la mort, elle surpassait sa beauté qui, pendant qu'elle vivait, avait semblé insurpassable. En elle, apparaissait la vérité des paroles de Pétrarque : "La Mort paraissait belle dessus son beau visage." »

Puis, incapable de tenir en place, il descendit dans le jardin. Le ciel brillait de milliers d'étoiles. En direction du ponant, un corps céleste scintillait plus que les autres. Simonetta avait rejoint le firmament. Il regarda avec une telle intensité que les larmes lui vinrent aux yeux.

Un léger bruit le fit sursauter. Il porta la main à sa dague. Une silhouette s'approchait de lui, ombre parmi les ombres. Il comprit vite sa méprise : c'était sa mère qui venait silencieusement à lui. Sans un mot, Lucrezia passa sa main sur sa joue humide.

« Tu l'aimais donc tant ! »

La gorge serrée, il ne put répondre.

---

* Poliziano, *Stanze per la giostra di Giuliano di Medici.*

« Pleure, mon fils... Mais ne le montre jamais. Ton cœur doit saigner en secret.

– Toi aussi, tu savais.

– Je suis ta mère. Je n'ignore ni tes joies ni tes peines, même si tu te gardes bien de me les confier. »

Lorenzo serra sa mère contre lui. Il leva le bras en direction de l'étoile qui brillait plus que les autres.

« Tu vois, c'est elle ! »

* *
*

Les affaires de l'État l'appelaient. Il n'avait pourtant aucun appétit pour cela. La mort de Simonetta l'avait anéanti. Inconsolable, il n'osait même plus visiter les *bottege* de ses amis peintres. Pris par une même fièvre, Pollaiolo, Piero di Cosimo, Botticelli prêtaient à leurs figures de femmes les traits de la disparue.

Les membres du conseil restreint s'assirent autour de la grande table.

Ami d'enfance de Lorenzo, un nouveau venu avait pris une place prépondérante au sein de ce collège de fidèles. Niccolo Michelozzo était le fils du grand architecte qui avait tant travaillé pour les Medici. Le Magnifique en avait fait son chancelier privé et se reposait souvent sur lui dès qu'il s'agissait de répondre aux nombreuses lettres qui lui étaient adressées ou de recevoir les solliciteurs qui assaillaient chaque jour le *palazzo* Medici.

Niccolo chuchota à l'oreille de Lorenzo que Sandro Botticelli demandait à le voir de toute urgence.

« Je le recevrai après le conseil ! »

Michelozzo commença à lire un rapport envoyé de Rome. Les menées de Sixte IV continuaient à susciter des inquiétudes. Contre l'avis de Lorenzo, il avait confié l'archevêché de Pise à l'un de ses affidés, Francesco Salviati. Il entendait ainsi affirmer que la distribution des bénéfices ecclésiastiques dépendait de sa seule volonté. Instruit de l'opposition qu'avait formulée le Medici, l'archevêque pisan, dont la famille avait autrefois été bannie par Cosimo, était devenu un ennemi encore plus résolu du maître de Florence. Fort du soutien du pape, il multipliait les intrigues et entretenait l'hostilité contre les Medici.

Autre menace, encore plus inquiétante, Girolamo Riario, neveu du pape et nouveau capitaine des forces pontificales, avait pris possession du comté d'Imola grâce aux trente mille florins avancés par Francesco de Pazzi. Des sources concordantes dressaient le portrait d'un homme avide, obsédé par la richesse de la Toscane et qui désirait s'en rendre maître par n'importe quel moyen : la ruse, la guerre ou l'assassinat !

Quant à Francesco, malgré l'ordre que lui avaient intimé les Huit de garde de revenir au plus vite à Florence afin d'y répondre de ses actes, il avait jugé, comme prévu, plus prudent de demeurer sous la protection de Sixte IV. Bien lui en avait pris : au mois de juin, le Saint-Siège avait mis sa menace à exécution en confiant l'exploitation et la vente de l'alun à la compagnie des Pazzi en lieu et place des Medici. La succursale romaine de la banque, à laquelle le pape avait déjà ôté la charge de gérer le trésor du Saint-Siège, risquait la ruine. Or c'était l'un des principaux piliers de la fortune des Medici.

Enfin, des soulèvements avaient éclaté dans des villes peu éloignées de Florence, Gênes et Ferrare. Lorenzo était prompt à y décerner la main du pape, désireux de déstabiliser cette partie de l'Italie qui échappait encore à sa tutelle ou son influence.

Les visages des conseillers étaient graves.

« Nous ne pouvons pas attaquer le pape de front ! dit Dionigi Pucci.

– Mieux vaut composer ! ajouta Sigismondi della Stufa.

– Ça nous coûtera trop cher ! répliqua Braccio Martelli. Il ne consentira à la paix que si nous contribuons à enrichir son trésor...

–... et son engeance de vrais ou faux neveux ! » railla Lorenzo.

Beaucoup sourirent. On disait à Rome que ces neveux étaient en effet ses fils naturels, quand ils n'étaient pas ses gitons.

« Sans compter qu'il se servira de nos deniers pour doter les armées papales et nous faire la guerre un jour prochain ! continua Luigi Guicciardini.

– Nos alliances nous protègent provisoirement d'une offensive armée. Mais Sixte IV peut essayer d'enfoncer un coin dans cette alliance.

– Que veux-tu dire ? interrogea Niccolo Michelozzo.

– À défaut de pouvoir attaquer directement Florence, je crains que Rome ne suscite des troubles chez l'un ou l'autre de nos alliés.

– Que suggères-tu ? » demanda Pucci.

Lorenzo soupira.

« Florence n'a jamais eu pire ni plus puissant ennemi... Sixte IV a l'intention d'imposer son autorité et de réduire nos libertés. Face à ce défi, les citoyens florentins doivent être solidaires !

– Alors pourquoi supporter la présence parmi nous de ce nid de frelons terrés dans leur *palazzo*, Borgo degli Albizzi ? s'emporta Braccio Martelli. Il faut les détruire !

– Calme-toi, Braccio. Les Pazzi sont surveillés. Pas un de leurs gestes n'échappe à notre vigilance. »

Martelli haussa les épaules.

« Tu es trop magnanime, Lorenzo. Le vieux Jacopo a plus d'un tour dans son sac. Oublie un instant que ta sœur Bianca est mariée à l'un des leurs !

– Mon beau-frère Guglielmo a toujours été loyal.

– Mais c'est un Pazzi ! »

Irrité, le Magnifique se leva, signifiant ainsi que la réunion du conseil était close. Il s'apprêtait à sortir lorsque Braccio vint à lui.

« Pardonne-moi, Lorenzo. Je t'aime trop pour simplement imaginer que l'on puisse attenter à ta vie ! Ils te tueront si tu ne prends pas les devants ! »

Pour seule réponse, Lorenzo lui donna l'accolade. Puis il lui demanda de faire entrer Botticelli.

Le peintre, toujours souriant, semblait grave.

« Que t'arrive-t-il, Sandro ?

– Il faut que tu le sauves !

– De qui parles-tu ?

– De l'un de mes anciens élèves qui appartient aujourd'hui à la *bottega* de Verrochio, Leonardo da Vinci...

– Je me souviens de lui. Un grand et beau jeune homme au visage farouche.

– Il a été dénoncé pour sodomie.

– Qu'en est-il ?

– Je crains que cette dénonciation anonyme ne corresponde à la vérité. Jacopo Saltarelli, le garçon avec lequel il aurait eu ce commerce intime, est un prostitué notoire. »

Lorenzo réfléchit un instant.

« Qu'attends-tu de moi, Sandro ?

– Leonardo est promis à devenir un immense artiste... Si les juges le condamnent, il montera sur le bûcher... »

Au bord des larmes, le peintre se laissa tomber dans un fauteuil.

« Lorenzo, beaucoup de nos amis ont un faible pour les amours socratiques. Alors pourquoi lui plutôt qu'un autre ?

– Je parlerai aux juges. Ils ne pourront pas me refuser sa grâce. »

Le visage de Botticelli s'éclaira.

« Merci, Lorenzo, merci de tout mon cœur !

– Je le fais parce que je t'aime et que j'aime encore plus la liberté ! Mais conseille à Leonardo d'être plus prudent à l'avenir. S'il est à nouveau dénoncé, je ne pourrai rien pour lui ! »

* *
*

Bona de Savoie ne cessait de gémir :

« Il a trépassé sans s'être confessé ! »

Interminablement, elle dressait la liste des péchés du défunt. Selon elle, son époux, Galeazzo Maria Sforza, avait offensé Dieu de toutes les manières possibles. Péchés de guerre, péchés de rapine, péchés de tyran, péchés de chair... Il n'était nul péché qu'il n'eût commis. Cela n'empêchait pas la veuve de sembler sincèrement éplorée.

« J'écrirai au pape. J'implorerai son absolution. Sinon, mon pauvre Galeazzo séjournera des siècles et des siècles au Purgatoire. »

Qu'elle ne songeât point qu'un tel fardeau méritait les flammes de l'Enfer était admirable. Et, *in petto*, Lorenzo se dit que si Sixte IV y consentait, l'absolution causerait un énorme trou dans le trésor des Sforza.

Dans la loge officielle qui avait été dressée devant l'échafaud, Bona geignait toujours. Lorenzo se pencha vers son frère :

« Dieu ! qu'elle est sotte ! Se peut-il que le duché de Milan soit gouverné par une telle caillette ? »

Galeazzo Maria avait été assassiné le lendemain de Noël dans l'église San Stefano où il n'aimait se rendre que pour lorgner les jolies filles. Trois hommes s'étaient précipités sur lui et l'avaient mortellement blessé. Deux d'entre eux, un aventurier de naissance noble ruiné et un professeur sodomite, avaient été immédiatement écharpés par les fidèles. Mais le troisième, un jeune républicain nommé Girolamo Ogliati, en avait réchappé. Bona offrait ce jour au peuple milanais le spectacle de son écartèlement. Les deux Medici, venus présenter leurs condoléances à la famille Sforza, avaient été conviés. De peur d'offenser la duchesse, ils n'avaient pu refuser d'assister à une exhibition d'ordinaire très prisée. Quant au commanditaire présumé, un certain Cola Montano, il avait réussi à quitter la cité.

Le supplicié était déjà attaché sur l'échafaud. Deux cercles de fer le maintenaient sous les aines et les aisselles. C'était un tout jeune homme au visage fier et noble. À côté, le bourreau, armé d'un soufflet, portait au rouge le charbon d'un fourneau ouvert d'où sortait une épaisse fumée jaune.

Une foule dense et bruyante se pressait derrière les barrières installées pour la circonstance et les fenêtres des bâtisses étaient toutes occupées. Quatre forts chevaux de trait furent amenés sur la place par les aides du bourreau sous les acclamations des spectateurs.

Bona avait cessé de gémir. Impavide, elle observait les préparatifs. Le fils de Galeazzo, Gian Galeazzo, un enfant de huit ans, chétif et pâlichon, se tenait à côté d'elle. Plus loin, se tenaient les cinq frères du duc assassiné.

Des cordes, reliées aux harnais des chevaux, furent attachées aux pieds et aux mains du condamné, tandis que le bourreau plongeait dans le feu une énorme paire de tenailles. Le silence gagna la foule. Alors Girolamo Ogliati redressa la tête et cria de toutes ses forces :

« La mort est cruelle mais la gloire immortelle ! On se souviendra longtemps de mon geste. À bas la tyrannie ! Vive la liberté ! »

Lorenzo frissonna. Le bourreau approcha ses tenailles portées au rouge de la poitrine du jeune homme. D'un geste vif, il arracha un morceau de chair. Le supplicié hurla, se tordit de douleur, essayant vainement d'échapper aux cercles de fer qui le plaquaient à l'échafaud. Lorenzo, pour éviter cet insupportable spectacle, se tourna de côté. Il surprit un mince sourire sur les lèvres de Bona qui regardait toujours fixement l'échafaud.

* *
*

Sous les vociférations de la foule, l'exécution avait été interminable. Le bourreau, après qu'il eut mutilé le supplicié à plusieurs endroits du corps, avait donné l'ordre de lâcher les chevaux. Malgré leur robustesse, les animaux peinaient à détacher les membres d'Ogliati. Bras et jambes se distendaient mais ne rompaient pas. Les aides du bourreau fouettaient les chevaux pour les inciter à tirer avec plus d'ardeur. Mais leurs sabots glissaient sur le pavé tandis que le malheureux braillait de plus belle. Enfin, une jambe céda. Un flot de sang s'épancha par la blessure. Ogliati, exsangue, mourut peu après.

Pourquoi tant d'inutile cruauté dans une ville qui regorgeait par ailleurs d'œuvres d'art et rivalisait avec la cité du Lys en raffinement et munificence ?

Avant de regagner Florence, le Magnifique avait voulu rencontrer le nouvel homme fort du gouvernement milanais. Accompagné de son frère, il s'était donc rendu chez Cecco Simonetta qui les reçut avec la plus grande courtoisie. Le personnage était élégant et distingué. Ses yeux brillaient d'intelligence. Cecco Simonetta, chancelier ducal, avait été le fidèle secrétaire de Galeazzo Maria Sforza. Le Milanais, souvent occupé à ses plaisirs, se reposait entièrement sur lui. Le Conseil avait réussi à persuader la régente Bona de Savoie de lui confier la charge du gouvernement puisque le duc héritier était encore trop jeune pour assumer la réalité du pouvoir.

Le chancelier les assura aussitôt qu'en aucun cas l'assassinat de Galeazzo ne remettrait en cause la traditionnelle alliance entre Florence et Milan. Malgré tout, Lorenzo de Medici ne cacha pas son inquiétude.

« Je connais votre dévouement et l'amitié que vous nous portez, mais...

– Mais vous craignez que je ne sois pas à même de tenir assez longtemps les rênes du pouvoir !

– Je ne remets nullement en cause vos qualités personnelles. Permettez-moi seulement de vous parler avec la plus grande franchise. Le duc n'est qu'un enfant et sa mère ne me paraît guère posséder un grand entendement. »

Le chancelier ducal esquissa un sourire.

« Mon défunt maître n'était peut-être pas un parangon de vertu, mais il avait les méninges fort bien pourvues.

– C'était mon ami. Il laisse cinq frères derrière lui.

– Vous craignez que l'un ou l'autre ne veuillent détrôner le neveu !

– Je le pense, oui. L'histoire du duché de Milan nous l'enseigne. »

Cecco Simonetta soupira :

« Bénis sont les Medici qui n'ont jamais connu ces déchirements familiaux !

– Quel est celui d'entre eux qui vous semble le plus menaçant ? »

Le chancelier hésita, puis dit à voix basse :

« Je serai aussi franc que vous l'avez été. Tous sont capables de vouloir écarter Gian Galeazzo. Y compris en usant du poison ou de la dague. Le plus appliqué sera toutefois Ludovico, à mon avis.

– Il n'est pourtant que le cinquième sur la liste dynastique.

– Peut-être, mais Ludovico est le premier enfant légitime né après que son père, Francesco, a été proclamé duc. Il peut nourrir de légitimes ambitions.

– Je vous remercie et vous souhaite longue vie.

– Y croyez-vous vraiment ? » répondit Cecco avec une expression ironique.

Lorenzo se leva, imité par son frère. Giuliano, qui était resté silencieux pendant cet entretien, demanda soudain :

« Pensez-vous que le pape ait une responsabilité dans la disparition de Galeazzo ? »

La chancelier, surpris par la brutalité de la question, tarda à répondre.

« Ogliati a été mis à la question avant d'être exécuté. Il n'a rien avoué qui pût confirmer votre hypothèse. Et les deux autres ont été massacrés avant d'être interrogés... »

Il marqua un temps et ajouta :

« Il n'y a rien de plus aisé que d'armer le bras des fanatiques ! »

XI

1478

L'entrevue fut entourée du plus grand secret. Jacopo de Pazzi, qui avait réussi à tromper la vigilance des sbires des Medici, avait d'abord rejoint sa villa de campagne d'où il s'était éclipsé à la faveur de cette nuit d'hiver.

La rencontre se tint dans une maison qui appartenait à la famille Salviati dont le membre le plus éminent était l'archevêque de Pise. Deux neveux de Sixte IV, Girolamo Riario, comte d'Imola, et son jeune frère, le cardinal Raffaelo, y attendaient le banquier, chef du clan Pazzi.

Girolamo attaqua tout de go :

« Il n'est plus temps de tergiverser ! Tu dois nous dire ce soir si tu t'engages à nos côtés ! »

Jacopo, qui le voyait pour la première fois, prit le temps de l'observer avant de répondre. Grand, corpulent, pommettes accentuées et nez busqué, l'homme respirait la brutalité. Ses petits yeux de jouisseur semblaient sans cesse à l'affût.

« Mon neveu Francesco a depuis longtemps montré dans quel camp nous nous rangions ! Nous sommes des serviteurs dévoués du Saint-Père.

– Les mots ne suffisent plus !

– Mon frère dit vrai. Le temps de l'action approche. Il

nous faut compter nos vrais amis ! » dit le cardinal sur un ton doucereux.

Raffaelo Riario, bien qu'il fût plus fin et délicat que Girolamo, ne paraissait pas moins dangereux que son frère.

« Me parlez-vous ce soir au nom de votre saint oncle ? demanda prudemment le vieux Jacopo.

– Penses-tu que nous aurions convoqué un homme aussi éminent que toi, si nous ne disposions pas de son consentement ? » répondit le cardinal avec un petit sourire.

– Soit ! Qu'attendez-vous de moi ? »

Les deux frères se regardèrent. Une même expression de satisfaction animait leurs traits. Raffaelo reprit la parole.

« Laisse-nous d'abord t'expliquer... Les jours des Medici sont comptés. La mort de Galeazzo Sforza leur a porté un coup très dur. Pas seulement parce qu'ils ont perdu un allié sûr et un grand condottiere ! Les patriotes l'ont assassiné en criant : "Liberté !" Un peu partout en Italie, le peuple désire secouer le joug des tyrans !

– À Florence, les Medici sont encore très aimés.

– La populace change d'avis en un tournemain. Il suffit de préparer les esprits. Les impôts et les taxes sont écrasants, les règlements corsettent à l'excès le commerce et l'artisanat, les citoyens ne besognent que pour remplir la bourse des Medici ! Au contraire, un bon gouvernement accorderait à chacun ce que méritent son travail et son rang. Les Florentins seront d'autant plus favorables à cette démonstration si l'un des plus honorables d'entre eux prend la peine de les en convaincre. »

Jacopo, malgré sa défiance à l'égard des deux frères Riario, était de plus en plus troublé. Mielleux, Girolamo ajouta :

« Les Pazzi ne sont pas moins valeureux que les Medici ! Sont-ils condamnés à toujours subir leur ascendant ?

– Si nous échouons à soulever le peuple, leur vengeance sera impitoyable !

– Avec le soutien de notre Sainte Mère l'Église, nous ne pouvons échouer, répondit le cardinal.

– Écoute-moi bien, poursuivit Girolamo. Nous nous sommes assurés de l'appui de deux armées. Lorenzo Giustini cantonne sa troupe à Imola et Niccolo da Tolentino se tient prêt à Todi. Au moment même où le peuple se dressera contre les tyrans, ces armées se présenteront aux portes de la ville ! »

Jacopo hésitait toujours. Pouvait-il risquer la fortune de sa famille sur un coup si hasardeux ? Après tout, la paix armée qui existait entre les Medici et les Pazzi ne nuisait nullement à ces derniers, qui continuaient à engranger profits sur profits, grâce à la protection du Vatican. Mais, justement, c'était Sixte IV lui-même qui désirait se débarrasser des Medici ! Qu'en serait-il si les Pazzi n'accédaient pas à ses désirs ?

« Qu'adviendra-t-il aux Medici ?

– La mort pour tous les deux ! s'exclama Girolamo.

– Mon frère a raison : nous ne pouvons pas agir autrement... Si nous ne les faisons pas disparaître, ils demeureront un ferment de rébellion. »

Cet homme d'Église qui faisait si peu cas de la vie humaine n'était décidément guère habité par la charité chrétienne. Jacopo de Pazzi ne releva pas. Seule l'efficacité importait. Il ne s'engagerait que si les Riario lui donnaient des assurances.

« Si Giuliano, plus occupé à jouir de l'existence qu'à se garder, est vulnérable, il n'en va pas de même pour Lorenzo. Il se méfie. Il ne sort que protégé par des hommes d'armes. »

Girolamo rit bruyamment.

« Douterais-tu des talents de Gian Battista de Montesecco ? »

Jacopo hocha la tête. Ce célèbre spadassin attaché au service du pape avait la réputation de ne jamais rater sa cible. On lui attribuait la responsabilité de maints assassinats.

« Es-tu convaincu ? » demanda le cardinal.

Jacopo acquiesça. Les dés étaient jetés. Girolamo, jovial, ajouta :

« Il nous faut les faire tuer en une seule fois ! Ainsi il en sera fini des Medici. »

* *
*

Jamais encore, elle ne lui avait tenu tête. La réservée, la timide Clarice était dressée sur ses ergots : elle voulait, elle exigeait qu'Agnolo Poliziano fût déchargé de sa fonction de précepteur des enfants Medici. Pour bien montrer sa détermination, elle avait commencé par confisquer tous ses manuscrits.

« Si je n'obtiens pas raison, je les mettrai au feu ! »

Peu lui importait que Poliziano fût devenu un poète reconnu et admiré ! Elle l'accusait de pervertir sa progéniture en lui contant des sornettes païennes et platoniciennes, alors que vertu et vérité ne devaient procéder que de l'enseignement de la Sainte Église. En outre, même si elle n'osait pas le dire tout haut, elle avait peur que, à l'imitation de son maître Marsilio Ficino, Poliziano ne fût un sodomite.

« Je ne veux plus qu'il s'approche des enfants ! »

Lorenzo soupçonnait que son confesseur ou quelque autre porteur de froc – ils pullulaient à Florence – lui avait mis cette idée en tête. Lui-même rendait à l'Église les devoirs qu'elle réclamait. Cependant, en son for intérieur, il rêvait d'une religion plus humaniste qui élèverait le cœur de l'homme plutôt que de l'enfermer dans un culte où l'observation des rites avait remplacé l'espérance.

Il essaya de discuter. Son ami Poliziano instruisait les enfants de la beauté des langues grecque et latine. Il leur apprenait à versifier et composer de la musique. Lucrezia, Piero, Maddalena, Giovanni et Luisa recevaient une parfaite éducation dont ils se montraient fort satisfaits.

« Je ne veux plus voir cet histrion en ma maison ! fulmina Clarice. Il n'est nul besoin de connaître les auteurs latins pour devenir un bon chrétien. »

Agitée, nerveuse, elle allait et venait autour de lui, ressassant ses arguments. À nouveau enceinte, elle pointait ostensiblement son ventre en avant, vivante allégorie de la maternité. Las, Lorenzo rendit les armes, tout en se promettant de prendre tôt ou tard sa revanche. Enfin, Clarice, victorieuse, le laissa en paix et quitta son cabinet de travail.

Comment pouvait-elle être aussi bornée ? Aveuglée par ses principes ! Confite en dévotion ! Romaine jusqu'au bout des ongles, elle avait toujours refusé de se laisser séduire par Florence. Clarice détestait la liberté de ses mœurs et désapprouvait les prodigalités de Lorenzo qui, selon elle, entretenait inutilement toute une cour de rimailleurs, barbouilleurs et ribauds. À quoi bon professer l'harmonie et s'extasier devant la beauté quand le devoir d'un chrétien était d'abord de sauver son âme !

Lorenzo se posait parfois la question : belle, eût-elle été différente ? Courtisée, admirée, elle aurait peut-être surmonté cette étroitesse d'esprit qu'elle manifestait ordinairement. De loin en loin, le Magnifique fréquentait encore sa couche. Résignée mais docile, elle le recevait sans manifester la moindre effusion et attendait avec impatience d'être à nouveau grosse pour échapper au devoir conjugal et trouver le repos dans l'une des nombreuses villas de campagne des Medici.

Giuliano passa la tête :

« J'ai entendu des éclats de voix... »

Lorenzo soupira :

« Clarice s'est mis en tête de renvoyer mon bon Poliziano.

– Je m'y attendais ! Ils ne cessent de se chamailler à propos de l'éducation des enfants. Hier, c'était à cause des psaumes... Clarice entendait qu'il n'y a pas de lecture plus saine ! »

Lorenzo éclata de rire.

« Pauvre Agnolo ! J'ai consenti à l'éloigner pour avoir la paix. Mais il reviendra bientôt, je te l'assure. Il aura alors une telle situation dans cette maison qu'elle ne pourra plus l'en chasser ! »

Giuliano vint s'asseoir en face de son frère. Il semblait préoccupé. C'était si inhabituel que Lorenzo ne put s'empêcher de s'enquérir de la source de son tracas.

« Antonia Gorini est en mal d'enfant ! »

Il s'agissait d'une jeune paysanne de Cafaggiolo. Accorte, charmante et espiègle, cette cousine de Benedetta était maintenant attachée au service du jeune homme lorsqu'il se rendait dans sa villa du Mugello. Si elle était aussi accommodante que sa parente, elle n'avait pas dû résister longtemps aux assauts du beau Giuliano.

Devant la mine dépitée de son cadet, Lorenzo sourit.

« Te voilà en puissance d'être père !

– Je n'en ai nulle envie... Antonia est une douce caillette à laquelle je ne veux aucun mal.

– Il me semble que ton intention première n'était pas de lui faire du tort ! ironisa Lorenzo. Bien au contraire. »

Giuliano haussa les épaules.

« Je veux que cet enfant, fille ou garçon, porte le nom des Medici.

– Pourquoi m'y opposerais-je ? Les mâles de notre lignée n'ont jamais renié leurs bâtards, que je sache ! »

Le visage de Giuliano s'illumina.

« Elle m'aime tendrement, et je lui suis fort attaché. »

Depuis la disparition de Simonetta, les deux frères avaient pudiquement évité d'évoquer leurs amours respectives. Toutefois, la jeune morte demeurait en eux, comme elle continuait à peupler les œuvres de leurs amis peintres. Inoubliable Simonetta, symbole d'une beauté idéale dont tous les Florentins paraissaient veufs. Lorenzo lui-même cherchait quelque consolation chez sa nouvelle égérie, Bartolomea dei Nasi, une jeune femme piquante dont le mari, Donato, avait l'élégance de s'effacer quand l'amant survenait.

Aimait-il ? Il ne se posait même pas la question. Sa nature exigeante trouvait là un indispensable exutoire. Bartolomea apaisait ses sens tout autant qu'elle entretenait avec lui un commerce agréable où les échanges d'idées avaient leur part, non négligeable.

Giuliano, soulagé, observait son frère aîné.

« Lorenzo... » commença-t-il.

Il marqua un temps et reprit, à nouveau soucieux :

« S'il m'arrivait malheur, je veux que l'enfant d'Antonia trouve protection dans notre maison !

– Pourquoi cette soudaine inquiétude ?

– Je ne sais pas... La mort de Sforza, assassiné dans une église, continue à me hanter.

– Toi, si gai, si nonchalant...

– Oui... Mais c'est peut-être un signe qu'on nous a envoyé... Parfois, je songe qu'il me faudra payer un jour ce trop grand bonheur dont je jouis ! »

* *
*

Lorenzo, assis dans un coin de la *bottega*, regardait travailler Botticelli. Fasciné par le talent de son ami, il pouvait demeurer des heures à l'observer, tout en devisant joyeusement. Enthousiaste, Sandro était sans cesse en activité. Entre deux croquis, il retouchait le tableau d'un de ses élèves, préparait un mélange de son invention et commentait à l'intention de Lorenzo :

« Du jaune d'œuf, un peu de vernis... Je devrais obtenir une peinture légère comme la peau d'une jolie femme. »

Il touillait, retournait à son chevalet sur lequel il avait esquissé un portrait féminin.

« Regarde, Vénus... »

La déesse ressemblait, une fois de plus, à Simonetta. Rêveuse, irréelle. Comme si elle adressait à Lorenzo quelque message de l'au-delà.

« Je l'imagine, sortant de la mer, voguant sur une grande conque... Nue comme au premier jour, dissimulant son sexe sous la masse de ses cheveux. L'ami Poliziano a composé un poème dont je veux m'inspirer. Mais j'ai tant à faire. »

Botticelli venait de terminer une œuvre magistrale, une *Adoration des Mages* qui lui avait été commandée par un riche courtier de la Corporation des Changeurs. Destiné à orner une chapelle de Santa Maria Novella, ce retable était un hommage aux Medici. La Vierge, juchée sur des ruines antiques, présentait l'Enfant Jésus aux rois orientaux parmi lesquels on reconnaissait Cosimo et Piero. Figuraient aussi dans la foule des adorateurs Lorenzo et Giuliano, Poliziano et un nouveau et brillant membre de la *brigata*, Pico della Mirandola. Sur le bord du tableau, Sandro, boucles blondes et sourire mélancolique, revêtu d'une longue houppelande, s'était représenté, regardant le spectateur comme pour le prendre à témoin de la beauté de la scène et de la piété des Medici.

« Tes cousins m'ont aussi commandé une allégorie du Printemps... »

Il ferma les yeux, comme s'il cédait à l'inspiration.

« Je vois un tapis de fleurs dans l'ombre d'un sous-bois, les trois Grâces vêtues de voiles légers et impudiques dansant pour célébrer la renaissance... Vénus présidant cette cérémonie et invitant à l'amour. Et encore la déesse Flore et sa parure de fleurs. Et aussi la nymphe Chloris poursuivie par un satyre... À moins que ce ne soit le génie Zéphyr caressant de son souffle léger les formes capiteuses de la belle. »

Sandro rouvrit les yeux et poursuivit avec la même exaltation :

« Qu'en penses-tu, Lorenzo ? Devant ce tableau chacun comprendra que les temps nouveaux sont vraiment arrivés. Florence n'a jamais été aussi belle. C'est l'âge d'or qui revient. Et tu n'y es pas étranger, toi qu'on appelle le Magnifique... »

Lorenzo rit.

« N'offense pas ma modestie, Sandro. Je ne suis pas un artiste, moi !

– Tu es poète, Lorenzo ! Tu es notre interprète et notre guide ! »

Ils furent interrompus par l'arrivée de Niccolo Michelozzo. Lorenzo leva les yeux au ciel :

« Les affaires me réclament ! On n'est pas très longtemps poète lorsqu'on est un Medici ! »

Le secrétaire de Lorenzo, un jeune homme au visage grave, l'entretint pendant qu'ils regagnaient la via Larga.

« Des rapports signalent des mouvements de troupes autour de Florence. Une armée pontificale campe près de Pérouse, devant Montone. Tolentino réunit des renforts à Imola et Giustini recruterait des mercenaires à Citta di Castello.

– Il n'y a pas lieu de s'inquiéter... Depuis deux ans, Sixte IV semble avoir oublié notre querelle. Ne m'a-t-il pas envoyé son condottiere, Gian Battista de Montesecco, afin de quérir mes conseils au sujet du conflit de Faensa ? Je l'ai reçu avec courtoisie et il m'a semblé un parfait gentilhomme.

– Ce pape n'est que fausseté ! Sous ses caresses se dissimulent des griffes prêtes à jaillir.

– Sans doute. Cependant, il a peut-être admis que Florence était hors de sa portée ! Notre puissance et nos alliances nous protègent. »

Niccolo n'eut pas l'air convaincu. Il insista :

« Jacopo Pazzi agit étrangement ces derniers temps...

– Qu'est-ce à dire ?

– Ce roué se conduit soudain comme un honnête homme, pieux et charitable. Il secourt les pauvres, offre des dons aux œuvres, solde ses dettes et met de l'ordre dans ses affaires.

– As-tu une explication ?

– À vrai dire, non. Il agit comme s'il s'apprêtait à se présenter devant son Créateur !

– Est-il donc malade ?

– Nullement. C'est ce qui m'alarme ! »

Ils marchèrent quelques instants en silence. L'air de ce printemps naissant, doux et parfumé, n'inclinait pas aux sombres pensées. Lorenzo aspirait à devenir aussi insouciant que son frère. Mais pouvait-il se le permettre ?

« Que suggères-tu ? demanda-t-il de façon abrupte à Niccolo.

– Tenons-nous sur nos gardes. Je ne sais pas exactement où et quand surviendra l'attaque mais je suis certain d'en connaître l'origine ! »

* *
*

Il avait été décidé que les conjurés n'auraient plus de contact direct avec Jacopo Pazzi. Reclus dans sa villa de Montughi, le vieux banquier était trop surveillé. Seuls des messages secrets l'entretenaient de l'avancement du complot.

À Pise, l'archevêque Salviati et le cardinal Riario peaufinaient les derniers détails. Girolamo, dont la brutalité était proverbiale, était demeuré à Rome. Sa présence dans les environs de Florence aurait alerté les Medici.

Le plan arrêté était le suivant : le condottiere Montesecco, qui avait déjà noué une relation aimable avec Lorenzo de Medici, reviendrait dans la cité du Lys. Il en profiterait pour introduire discrètement en ville quelques-uns de ses spadassins. La seconde étape prévoyait une visite officielle à Florence du cardinal Raffaelo Riario afin de sceller la réconciliation entre le Vatican et les Medici. Ces derniers ne pourraient faire autrement que de recevoir avec faste cet éminent personnage, neveu du pape de surcroît. Le prélat serait accompagné d'une cour nombreuse parmi laquelle se dissimuleraient plusieurs hommes de main. Le condottiere et l'archevêque avaient veillé personnellement à leur recrutement. Deux prêtres, Antonio Maffei, un Volterran qui vouait une haine profonde aux Medici depuis le sac de sa ville natale, et Stefano de Bagnone, chapelain de Jacopo Pazzi, avaient accepté de se mêler aux sicaires. À la fin du banquet offert par Lorenzo, les dagues sortiraient et les deux frères seraient promptement occis. Leur assassinat donnerait le signal du soulèvement. Si des partisans des Medici résistaient, les armées pontificales viendraient rapidement rétablir l'ordre. Jacopo Pazzi serait ensuite appelé à quitter son refuge campagnard et à prendre le pouvoir. Il ignorait toutefois que son autorité serait factice et toute provisoire : il fallait donner le change aux prieurs de la Seigneurie. Girolamo aspirait trop à devenir duc de Florence pour ne pas se débarrasser de lui et des républicains à la première occasion.

Le regard de Francesco Salviati brillait d'impatience. Non seulement il prendrait enfin sa revanche sur ces Medici qui avaient autrefois banni sa famille, mais Sixte IV lui avait promis l'archevêché de Florence.

Les deux compères trinquèrent au succès de leur entreprise. L'entrée à Florence du cardinal et de sa suite était fixée au samedi 25 avril, veille du dimanche des Rameaux. Il convenait d'en informer au plus vite les Medici.

* *
*

Le cardinal Riario, souriant et onctueux, prit place à la droite de Lorenzo. L'immense table avait été dressée dans le grand salon, au premier étage du *palazzo*. Auparavant, le Magnifique lui avait fait l'honneur de lui présenter ses somptueuses collections.

Les servantes passèrent les aiguières. Un monceau de victuailles les plus diverses était déjà déposé dans des plats. Depuis deux jours, toute la maisonnée s'affairait aux préparatifs de ce festin.

Une chaise restait vide à côté de Raffaelo Riario.

« J'imagine que cette place est destinée à votre charmant frère.

– Oui. Mais Giuliano n'aura pas le plaisir de partager notre repas. Il s'est blessé à la chasse et peine encore à se tenir debout.

– J'espère que son mal n'est point trop grave...

– Notre médecin lui a seulement conseillé de garder le repos ! »

L'archevêque Salviati, assis en face d'eux, avait tout entendu. L'air soucieux, il se pencha vers son voisin, le chapelain Stefano de Bagnone, et lui chuchota quelques mots à l'oreille. Aussitôt, l'ecclésiastique se leva. Au bout de la longue table, il s'adressa à voix basse à plusieurs membres de la suite du cardinal, dont Gian Battista de Montesecco, et revint aussitôt à sa place. Lorenzo, occupé à suivre la conversation du cardinal, ne s'était aperçu de rien.

Le banquet se prolongeait. Raffaelo Riario, tout miel, avait assuré à son hôte que son illustre oncle ne désirait que la concorde. Tout attaché qu'il fût au contrat qu'il avait passé avec les Pazzi, Sixte IV était prêt à accepter des accommodements favorables à la maison Medici. Ce langage était celui que Lorenzo désirait entendre. Sa méfiance instinctive cédait peu à peu le pas à son désir de paix. Lui-même n'avait-il pas accepté que Francesco de Pazzi, malgré les charges qui pesaient sur lui, fît partie de la suite du cardinal ?

Un arrangement avec le Vatican pourrait signifier une

avancée importante dans la voie de l'unité italienne. Le Magnifique rêvait d'être l'artisan de cette grande entreprise pacifique. Pourquoi les différentes principautés de la péninsule devraient-elles être condamnées à guerroyer entre elles alors qu'elles appartenaient à la même communauté spirituelle, culturelle et linguistique ? À force de négociations, il avait déjà bâti l'ébauche d'un système destiné à mettre fin aux convoitises des petits États dont les potentats, des aventuriers uniquement préoccupés d'arrondir leur fortune, méprisaient les véritables intérêts de leurs peuples.

Le festin enfin terminé, Lorenzo et le cardinal firent quelques pas dans le jardin. On convint de se retrouver dès le lendemain matin à l'occasion de la grand-messe que célébrerait le cardinal en la cathédrale Santa Maria del Fiore. Lorenzo invita ensuite Raffaelo Riario à partager de nouveau son repas. Le *palazzo* regorgeait de trésors que, faute de temps, il n'avait pu lui faire admirer.

Le cardinal accepta avec un sourire des plus aimables avant de prendre congé.

« J'espère que votre frère sera rétabli et qu'il me fera la joie d'assister à la grand-messe des Rameaux où nous communierons ensemble dans la foi de Notre-Seigneur. »

* *
*

Riario et Salviati avaient élu domicile au *palazzo* Pazzi. Gian Battista de Montesecco les y rejoignit. L'absence de Giuliano au banquet avait bouleversé leurs plans. L'archevêque ne décolérait pas.

« Je suis sûr qu'ils ont éventé nos desseins ! »

Le condottiere secoua la tête.

« Non, j'ai conversé avec quelques-uns des amis de Giuliano... Sa blessure n'est pas feinte.

– Alors, il nous faut vite trouver la parade.

– Mes spadassins pourraient investir leur *palazzo* par surprise et expédier rapidement les deux frères.

– C'est beaucoup trop risqué, dit Riario. Les Medici disposent d'hommes d'armes qui opposeront une farouche défense. Alertés par le bruit des combats, les deux frères pourront fuir ou se retrancher.

– Nous n'avons plus de temps à perdre ! s'exclama Salviati, de plus en plus nerveux. Nos condottieri sont déjà en marche vers Florence.

– Demain ! dit le cardinal sur un ton posé. Demain, nous devons obtenir que Giuliano se rende à la messe !

– Mais comment ?

– Nous invoquerons son devoir de chrétien ! Même meurtri, en ce jour des Rameaux, il ne pourra pas se dérober.

– Voulez-vous frapper sur le trajet entre le *palazzo* et la cathédrale ? intervint Montesecco.

– Non, ils seront certainement escortés.

– Alors où ?

– À l'intérieur de Santa Maria del Fiore !

– Au moment de l'élévation ! s'écria l'archevêque. Les fidèles baissent la tête et s'agenouillent quand le prêtre présente le corps de Notre-Seigneur. Il n'y a pas de meilleure circonstance !

– Mais ce serait grand péché ! dit Montesecco avec force.

– Je t'absoudrai aussitôt ! répondit Raffaelo Riario. N'oublie pas que nous agissons au nom du pape.

– Non, je n'en serai pas... J'ai déjà occis beaucoup de gens, mais jamais à l'intérieur de la maison de Dieu. Je porterai le poids de ce sacrilège jusqu'à la fin des temps ! »

Les deux ecclésiastiques échangèrent un regard consterné. Montesecco, buté, ne reviendrait pas sur sa décision.

« Va quérir nos deux prêtres ! dit froidement le cardinal au condottiere. Eux n'hésiteront pas ! »

* *
*

Les cloches de Santa Maria del Fiore carillonnaient joyeusement. Les Florentins se pressaient devant l'entrée de la cathédrale. À l'intérieur, un flot de lumière inondait la coupole dressée par Brunelleschi.

Une troupe compacte de trente arbalétriers protégeant le jeune cardinal Riario fendit la foule. Souriant et saluant les fidèles, le prélat se mit en marche vers le chœur où Francesco Salviati et Rinaldo Orsini, archevêques de Pise et de Florence, entourés de nombreux prêtres, avaient déjà pris place. Lorenzo de Medici était assis au premier rang. Raffaelo Riario s'arrêta à sa hauteur, regarda autour de lui et s'étonna :

« Votre frère ne vous a donc pas accompagné.

– Il se sentait encore faible.

– Son manque de ferveur religieuse m'afflige. Quand il s'agit de remercier Dieu pour ses bontés, il faut faire effort sur soi-même. »

Un homme se leva derrière Lorenzo.

« Je vais aller le chercher ! »

Le Magnifique se retourna et, non sans irritation, reconnut le neveu de Jacopo de Pazzi. Il aperçut aussi, assis juste derrière lui, deux prêtres dont un qu'il ne connaissait pas, l'autre étant le chapelain des Pazzi. Franceschino, la bouche en cœur, se justifia aussitôt :

« Nous avons eu des différends, Lorenzo, mais je n'oublie pas que Giuliano a été mon ami d'enfance. »

Un autre jeune homme se mit également debout à ses côtés : Bernado Bandini, un aventurier qui vivait aux crochets des Pazzi et avait été lui aussi un compagnon de jeunesse de son frère.

« J'accompagne Franceschino. Nous aiderons Giuliano à marcher.

– Merci, mes enfants. Dieu soit loué ! » approuva le cardinal.

Il leur adressa un petit signe amical et gagna solennellement le chœur.

Lorenzo, regardant partir les deux jeunes gens, ne put s'empêcher d'éprouver un sentiment d'inquiétude. Pourquoi cet empressement du clan Pazzi ? Que dissimulait cette étrange initiative ? Il songea un instant à dépêcher l'un de ses fidèles auprès de Giuliano. La cérémonie commençait. Il renonça. Un peu plus tard, pendant la lecture de l'Offertoire, il pensa soudain au duc de Milan assassiné dans une église...

* *
*

Le frère cadet du Magnifique, assis devant un miroir, était en train de se friser les cheveux lorsque Francesco et Bernado furent introduits dans sa chambre. Ils l'interpellèrent joyeusement :

« Notre cardinal te réclame, Giuliano ! Il veut te voir à sa grand-messe. »

Surpris par l'intrusion de ces deux personnages qu'il n'avait pas vus depuis longtemps et qu'il rangeait parmi les ennemis des Medici, le jeune homme bredouilla :

« J'ai dit à mon frère que je n'étais pas assez valide...

– Lorenzo lui-même a insisté ! » dit Franceschino.

Giuliano n'en était guère convaincu. Il jeta un œil sur sa dague posée sur une chaise voisine. Aurait-il le temps de la saisir s'ils l'attaquaient ? En même temps, il se reprocha cette pensée. Les deux compères étaient si amicaux et leur sourire si persuasif. La veille, Lorenzo lui avait confié que la visite du cardinal Riario était le signe annonciateur d'une paix prochaine entre les Medici et le Saint-Siège.

« Nous te soutiendrons ! ajouta Bernado. Nous serons tes béquilles.

– Vous êtes tous les deux très aimables. Cependant...

– Allons, ne nous fais pas languir. Tu honoreras l'assistance tout entière en te présentant à la cathédrale. »

Il grimaça en se levant. Francesco de Pazzi se précipita pour lui offrir l'appui de son épaule tandis que de l'autre côté Bernado le prenait par la taille et le palpait discrètement. Derrière le dos de Giuliano, ils échangèrent un regard de connivence : le Medici ne portait pas de cotte de mailles.

Claudiquant, soutenu par ses deux amis d'enfance, il parvint jusqu'à l'entrée de la cathédrale. Ensemble, ils remontèrent l'allée centrale et trouvèrent place quelques rangs derrière Lorenzo. Celui-ci, alerté par le bruit des pas, se retourna. Il adressa un sourire à son frère. Une sourde inquiétude demeurait en lui. Fugacement, il remarqua quelque chose d'inhabituel. Pourquoi les prêtres qui étaient assis derrière lui n'avaient-ils pas rejoint les autres membres du clergé dans le chœur ?

* *
*

« ... Accipite, et manducate ex hoc omnes. »

Une clochette tinta. Les fidèles s'agenouillèrent, tête baissée.

« Hoc est enim corpus meum ».

L'archevêque de Florence fit une génuflexion, se redressa et leva l'hostie qu'il tenait à deux mains au-dessus de sa tête. À ce moment précis, Francesco de Pazzi et Bernado Bandini sortirent leurs dagues et frappèrent Giuliano qui se trouvait entre eux. Touché à la poitrine, le jeune homme roula à terre. Franceschino continuait à le frapper avec tant de rage qu'il se blessa avec son arme.

Au même moment, Lorenzo sentit une main se poser sur son cou. Il se leva d'un bond. Un violent coup l'atteignit à l'épaule. Il se retourna. Les deux prêtres, poignard à la main, essayèrent à nouveau de le toucher. Leurs mains inexpérimentées tremblaient. Le Magnifique dégaina son épée, arracha son manteau et l'enroula autour de son bras pour parer les coups. Il se préparait à occire les deux ecclésiastiques lorsqu'il avisa plusieurs hommes armés de dagues et de poignards qui s'approchaient. Il n'était plus temps de se battre, il lui fallait fuir. Lorenzo courut jusqu'au maître-autel, sauta la balustrade du chœur et se précipita vers la sacristie dans l'espoir d'y trouver refuge. Des amis de la *brigata* vinrent à sa rescousse et tentèrent de ralentir derrière lui la course des assaillants. La cathédrale résonnait des cris d'épouvante des fidèles et des hurlements de rage des sicaires.

La lourde porte de bronze de la sacristie était demeurée ouverte. Lorenzo allait l'atteindre lorsque se dressa devant lui la lame d'un spadassin. Il frappa de toutes ses forces et fit sauter l'épée de son adversaire. Mais il avait perdu un temps précieux.

« Lorenzo, attention ! »

Bernado Bandini, dague à la main, fonçait sur lui. Son ami Francesco Nori qui avait crié s'interposa et offrit sa poitrine au meurtrier. Il tomba aussitôt tandis que ses compagnons de la *brigata* poussaient Lorenzo dans la sacristie et refermaient les vantaux de bronze derrière eux. Ils étaient saufs.

Lorenzo, hébété, le visage couvert d'une sueur glacée, observait son manteau qui dégoulinait de sang. Braccio Martelli entreprit de découvrir la blessure. La lame avait pénétré l'épaule à la naissance du cou. Le prêtre l'aurait sans doute égorgé s'il s'était montré moins maladroit et si Lorenzo n'avait réagi avec autant de promptitude.

« La plaie me paraît peu profonde, constata Braccio.

– Mais la lame était peut-être empoisonnée ! » dit Antonio Ridolfi.

Il s'offrit à sucer le sang de la blessure. Il commençait à

aspirer le sang, recrachant au fur et à mesure, lorsque Lorenzo, comme s'il reprenait conscience, gémit :

« Giuliano ! N'ont-ils pas aussi attenté à sa vie ? »

Aucun de ses compagnons qui avaient vu son frère frappé à mort n'eut la cruauté de lui dire la vérité sur-le-champ.

* *
*

À l'intérieur de la cathédrale, régnait la plus grande confusion. « Liberté ! » criaient les insurgés. « Trahison ! » répliquaient les partisans des Medici. On se battait à l'arme blanche. Les deux prêtres sacrilèges, Maffei et Bagnone, avaient été pris à partie par la foule et aussitôt massacrés. D'autres cadavres jonchaient les allées. Les fidèles, affolés, fuyaient vers la sortie, piétinant femmes et enfants. Le cardinal Riario, pris de panique, avait relevé ses robes pourpres, escaladé le maître-autel et tenait embrassé le crucifix qui le dominait. Abandonnée entre deux travées, la dépouille de Giuliano continuait à se vider de son sang.

Escorté par des spadassins de Montesecco, l'archevêque Salviati s'était éclipsé parmi les premiers dès que les assassins avaient frappé. C'était à lui que les conjurés avaient confié la mission de s'emparer du *palazzo* Vecchio où siégeait la Seigneurie. Jacopo de Pazzi devait l'y rejoindre.

Une petite garnison stationnait au rez-de-chaussée du bâtiment. Salviati, prétendant détenir un important message du pape, demanda à être reçu par les prieurs. Il fut autorisé à monter à l'étage, mais seul : son escorte dut rester dans une salle de garde dont la porte était pourvue d'un ingénieux système de serrure conçu de telle sorte qu'on ne pouvait l'ouvrir que de l'extérieur dès lors qu'elle était fermée.

Les édiles étaient à table. Ils confièrent au gonfalonier de justice le soin de recevoir l'archevêque pisan dans une petite chambre voisine de la salle à manger. Cesare Petrucci, corpulent et solide, était cet ancien podestat de Prato qui, au péril de sa vie, avait courageusement résisté aux émeutiers, huit ans plus tôt. Méfiant et nullement impressionné par la mitre épiscopale, le gonfalonier interrogea le prélat : quelle était donc la teneur de cet urgent message papal ? Et pourquoi Salviati, qui était en ville depuis la veille, venait-il seulement aujourd'hui le délivrer aux prieurs ? L'archevêque ne s'attendait pas à une telle réception. Bredouillant, il se lança dans une explication hasardeuse et peu convaincante qui aviva les soupçons du gonfalonier. D'autant qu'il ne cessait de regarder vers la porte. Espérait-il voir surgir quelque secours ?

À cet instant, un grand tumulte s'éleva de la place de la Seigneurie. Petrucci ouvrit la croisée. Des hommes, poursuivis par des spadassins, couraient en hurlant : « On a assassiné les Medici ! »

Le gonfalonier se retourna. Salviati, livide, tremblant de tous ses membres, demanda à se retirer. Pour seule réponse, Cesare Petrucci dégaina son épée.

« Je suis innocent ! bredouilla l'archevêque. Je n'ai rien en commun avec ces assassins ! »

Le gonfalonier avança sur lui. Affolé, le prélat recula. Collé au mur, il se mit à crier :

« Le premier coupable, c'est Riario, le neveu du pape ! Il a agi selon les ordres de son oncle et a convaincu les Pazzi de faire assassiner les deux Medici. »

Petrucci en avait assez entendu. Après avoir plongé son épée dans la poitrine du prélat, il sortit en toute hâte. Il ameuta tout ce que le *palazzo* comptait d'hommes en âge de se battre, fit barricader les portes et sonner le tocsin du beffroi afin d'en appeler au peuple de Florence. Déjà, des partisans des Pazzi et des sicaires de Montesecco surgissaient sur la place et se lançaient à l'assaut du bâtiment. Les assiégés répliquèrent en leur jetant des pierres et les objets les plus divers. Bientôt, ils durent affronter une autre menace : les spadassins qui avaient accompagné l'archevêque Salviati avaient réussi à se libérer. Des corps à corps s'engagèrent dans les escaliers. Plus nombreux, les hommes de Petrucci, soldats de métier ou serviteurs armés de broches et de couteaux de cuisine, eurent le dessus. Les insurgés pris vivants furent traînés dans les étages et jetés par les fenêtres sur les assaillants. D'autres furent attachés par les pieds aux croisées du *palazzo* Vecchio. Après une longue agonie, ils moururent étouffés. Enfin, sur l'ordre du gonfalonier, la dépouille sanglante de l'archevêque fut également pendue à l'extérieur du bâtiment.

Sous les murs, l'exhibition de ce chapelet de corps fit fléchir l'ardeur des assaillants. Lorsqu'ils entendirent monter des rues voisines des « *Palle !* » retentissants annonçant l'arrivée d'une foule acquise aux Medici, ils se débandèrent rapidement.

* *
*

La rumeur parcourut Florence à la vitesse d'un cheval au galop. Le Magnifique avait survécu et ses agresseurs, stipendiés par les Pazzi, avaient péri ; en revanche, Giuliano était mort sous les coups de deux autres assassins. Les conjurés avaient agi à l'initiative de Rome et escomptaient prendre le pouvoir. Les prélats Salviati et Riario étaient du complot. L'un avait déjà payé et l'autre était sous bonne garde au *palazzo* Medici. Il convenait maintenant d'extirper les derniers germes de la conspiration et d'en couper les moindres surgeons.

Le *palazzo* Pazzi fut pris d'assaut par une foule déchaînée. Jacopo de Pazzi, dès qu'il avait appris la déroute de ses partisans, s'était échappé. Son neveu Franceschino fut trouvé sur un lit, couvert de sang, nu. La blessure qu'il s'était faite au bras en lardant de coups de dague le corps de Giuliano ne lui avait pas permis de suivre son oncle dans sa fuite. Ligoté, il fut immédiatement transporté à bout de bras jusqu'au *palazzo* Vecchio. On le pendit à la fenêtre où se balançait déjà le corps de l'archevêque Salviati.

Des groupes armés se lancèrent spontanément à la chasse aux traîtres. La populace agit avec d'autant plus de sauvagerie que l'on avait signalé des troupes étrangères dans la campagne toscane. Les assassins des Medici étaient aussi des traîtres à leur patrie : ils avaient voulu porter atteinte à l'indépendance et la souveraineté de Florence !

Les spadassins qui n'avaient pas eu le temps de fuir furent massacrés. Le condottiere Montesecco lui-même fut reconnu, arrêté, molesté d'importance et conduit à la Seigneurie. Nul ne sut qu'il avait été le seul à avoir refusé de commettre un sacrilège. D'autres citoyens, simplement soupçonnés d'être en affaires avec les Pazzi, furent arrêtés, ou tués sur place. Des dizaines de cadavres jonchaient les rues de Florence.

* *
*

Via Larga, Lorenzo pleurait la mort de son frère. Il n'ignorait rien des violences qui ensanglantaient la cité, mais il avait renoncé à empêcher le peuple d'exercer sa justice tant sa peine était profonde et sa colère immense. Par-dessus tout, il s'en voulait. Il se reprochait son insouciance, sa crédulité. Comment avait-il pu accorder foi aux paroles mielleuses du cardinal Riario ? Comment avait-il pu croire que Sixte IV voulait la paix ? Comment avait-il pu se laisser abuser ainsi ? En ce sens, il était le premier responsable de la mort de Giuliano. Le sang qui coulait dans les rues pourrait-il jamais apaiser son chagrin et étancher sa soif de vengeance ? Le sang ! Que lui importaient ces exactions et les injustices qui étaient probablement commises puisque Giuliano n'était plus !

Au rez-de-chaussée, Lucrezia, éplorée, veillait la dépouille de son fils. Lorenzo avait trouvé refuge dans son cabinet de travail. Il n'en pouvait plus de contempler le visage massacré de son frère et son corps torturé. Pourquoi lui-même vivait-il encore ?

Sa souffrance était indicible. En frappant le doux Giuliano, les deux tueurs avaient assassiné sa propre jeunesse, peut-être même la meilleure partie de lui-même. Sa face la plus lumineuse, la plus généreuse. Seul, le Magnifique était rejeté du côté des ténèbres. Désormais, la haine ne quitterait plus son cœur.

Combien de temps s'était-il écoulé depuis que, revenant de Santa Maria del Fiore, ses compagnons de la *brigata* avaient enfin osé lui avouer que son frère avait succombé ? Il ne savait plus. Il avait perdu beaucoup de sang et se sentait très affaibli. Ouvrant les rideaux, il vit que la nuit était tombée. Le ciel était semé d'étoiles. Lorenzo songea que Giuliano avait rejoint Simonetta.

On frappa discrètement à la porte de son cabinet. Machinalement, il alla ouvrir. C'était Braccio Martelli, les yeux encore rougis. Les deux hommes s'étreignirent sans un mot. Lorenzo se laissa aller et pleura.

« Je viens de la Seigneurie, dit enfin Braccio. Seuls le vieux Jacopo et Bandini, l'assassin de ton frère et de Francesco Nori, ont pu s'échapper. »

Les mâchoires de Lorenzo se durcirent.

« Ils seront rattrapés ! Où qu'ils soient ! Mais le vrai coupable se trouve à Rome.

– Tu détiens son neveu ! »

Le cardinal Raffaelo Riario avait été capturé dans la cathédrale. La foule voulait l'écharper. Il avait été sauvé *in extremis* par des partisans des Medici qui, jugeant la prise trop importante pour l'abandonner à ces justiciers expéditifs, l'avaient traîné jusqu'au *palazzo* de la via Larga. Depuis, il y était enfermé.

Braccio Martelli reprit :

« Il faut lui faire un procès. Nous détenons assez de preuves pour obtenir sa condamnation à mort ! Montesecco a commencé à parler : il accuse le pape et son neveu d'avoir été les inspirateurs de la conjuration. »

Lorenzo réfléchissait. Grâce à la présence de son ami, il lui semblait recouvrer un peu de sa lucidité. Il n'avait pas le droit de s'abandonner à sa peine. Lui, un Medici. Ici, dans ce lieu encore hanté par le souvenir de Cosimo et Piero, il trouverait la force de se ressaisir. Son devoir lui imposait de réagir en homme d'État.

« Nous ne le jugerons pas tant que nous ne connaîtrons pas la réaction de Sixte IV. Nous le garderons par-devers nous tant qu'il sera nécessaire.

– Otage ?

– Il sera menacé de mort aussi longtemps qu'il demeurera entre nos mains. Son oncle comprendra. »

Reprenant sa respiration, il grimaça de douleur. Les onguents dont on avait badigeonné sa blessure avaient cessé de faire effet. Il poursuivit dans un souffle de voix :

« La justice de Florence doit frapper impitoyablement tous ceux qui ont été mêlés de près ou de loin à ce crime ! »

Une nouvelle crispation altéra ses traits. Prenant sur lui-même, il continua :

« Les Pazzi, tous les Pazzi, sont concernés au premier chef. Leur nom même doit être effacé de la mémoire de cette ville !

– Ta sœur Bianca est mariée à un des leurs !

– J'ai dit : tous les Pazzi ! »

Épuisé, il laissa sa tête retomber en arrière sur le dossier de son fauteuil, et répéta :

« Tous les Pazzi ! »

* *
*

Pourquoi lui ? Contre la somme de quarante florins, le gentil Botticelli avait reçu ordre de la Seigneurie d'immortaliser la guirlande de pendus du *palazzo* Vecchio. Sandro n'avait pu se récuser. Il éprouvait toutefois un réel effroi à observer ces visages boursouflés aux langues pendantes, ces corps pantelants et grotesques dont certains avaient été dénudés par leurs bourreaux. Les Florentins qui, nombreux, venaient contempler les pendus commentaient. Les rires étaient gras, les plaisanteries faciles. C'était surtout le cadavre de l'archevêque qui inspirait les spectateurs. Comme il était attaché par les pieds, sa robe rouge et son surplis en dentelles dissimulaient sa tête mais ne cachaient rien de ses *pudendes*.

Assis à même le pavé, un carton sur les genoux, une mine de plomb à la main, Sandro commença à croquer l'horrible vision. Il devait ensuite, toujours à la demande des prieurs, fixer la scène sur les murs même du *palazzo*, afin que nul n'ignorât la rigueur de la justice. Il espérait seulement qu'entre-temps les pendus auraient été décrochés.

Des cris de joie interrompirent sa besogne. Un étrange cortège venait de déboucher sur la place. Des paysans armés de fourches, de faux et de fléaux escortaient un méchant chariot sur lequel un homme était attaché. Curieux, Botticelli s'approcha et reconnut Jacopo de Pazzi. Le visage couvert de sang, les vêtements déchirés, le vieux banquier était inanimé. Un paysan lui expliqua qu'il vivait encore. Il avait été reconnu alors qu'il rôdait près de sa villa de Montughi. Aussitôt, les *contadini* du village, informés des événements de Florence, l'avaient capturé.

Le chariot s'arrêta devant la grande porte du *palazzo* Vecchio. Des gardes armés surgirent. Ils écartèrent sans ménagement les paysans, détachèrent le corps de Jacopo et, le saisissant par les pieds et les mains, ils le traînèrent à l'intérieur du bâtiment.

Le peintre reprit sans enthousiasme son travail. Bien qu'il eût été un fidèle ami de Giuliano de Medici, et qu'il désirât que ses assassins fussent punis, il éprouvait un sentiment de malaise : fallait-il qu'autant de sang fût répandu pour venger la mémoire du disparu ?

* *
*

Bianca, en larmes, suppliait son frère.

« Guglielmo est innocent. Il ignorait tout de la conspiration montée par les siens !

– Je ne peux y croire. C'est son propre frère qui a tué Giuliano !

– Lorenzo, n'es-tu pas repu de sang et de vengeance ? Jacopo et Renato ont été décapités. Franceschino a été pendu. Ses autres frères, Guglielmo, Galeotto et Giovanni, pourrissent dans l'enfer des *Stinches** en attendant peut-être d'être eux aussi exécutés ! Tous les lieux de Florence qui portaient le nom de Pazzi ont été débaptisés. Leurs armoiries mêmes doivent être effacées ! N'est-ce pas assez ? »

Lorenzo, grinçant, la reprit :

« Tu oublies Montesecco à qui on a coupé la tête après qu'il eut dévoilé dans une lettre tous les ressorts du complot et la part éminente qu'y ont prise les Pazzi !

– Évoque-t-il Guglielmo dans cette confession ?

– À vrai dire, non.

– Alors pourquoi ne pas faire preuve de mansuétude à son égard ?

– Notre frère est à peine enseveli que tu oses intercéder pour un Pazzi !

* La prison de Florence.

– C'est mon époux, Lorenzo ! Ne te montre pas plus impitoyable que tu ne l'es en réalité ! »

Bianca s'agenouilla devant lui, prit ses mains dans les siennes.

« Je t'en prie ! »

Lorenzo, plus ému qu'il ne l'aurait voulu, la releva.

« Regagne tes appartements. Je te donnerai ma décision un peu plus tard ! »

Il sembla à Lorenzo voir briller un peu de soleil derrière les larmes de sa sœur.

Quand elle fut partie, Dionigi Pucci, Braccio Martelli et Antonio Ridolfi, qui attendaient à l'ombre de la loggia et avaient assisté de loin à la scène, le rejoignirent dans le jardin. Le soleil était déjà haut dans le ciel et la chaleur était accablante.

Le Magnifique ne souffrait plus de sa blessure mais il portait toujours un pansement autour du cou. Amaigri, les yeux cernés, il ne pouvait se départir d'une expression de tristesse qui affligeait en permanence son visage depuis la mort de Giuliano.

« As-tu donné satisfaction à Bianca ? » demanda Braccio.

Lorenzo, tête baissée, ne répondit pas. Ces derniers jours s'étaient écoulés dans une sorte de brouillard. Visites ininterrompues via Larga, hommages à Giuliano, torrents de larmes au pied de son cercueil, lamentations des matrones, émotion et componction des édiles et des représentants des corporations. Lucrezia, visage ravagé, qui recevait les condoléances... Le peuple qui se pressait devant le *palazzo* priait inlassablement et criait vengeance. Tout Florence pleurait le beau Giuliano comme elle avait pleuré deux ans plus tôt avec la même ferveur religieuse l'inoubliable Simonetta. On lui avait arraché un héros ! Un jeune homme gai, épris de beauté, qui semblait avoir été choisi par Vénus elle-même pour symboliser la cité du Lys ! Un prince assassiné auquel on allait dorénavant vouer un culte : médailles, effigies, ex-voto. Au-delà de la personne de Giuliano, les citoyens florentins avaient voulu signifier leur attachement aux Medici dont ils reconnaissaient implicitement être les sujets. À l'idée que la mort de Giuliano scellait l'alliance définitive de sa famille avec Florence, Lorenzo éprouva de la honte : grâce au sang de son frère répandu sur le dallage de Santa Maria del Fiore, il serait le premier à porter cette couronne qu'on offrait aux Medici.

Ses amis respectaient son silence.

« Le prix de la mort... » murmura-t-il pour lui-même.

Brusquement, il les apostropha :

« Que dois-je faire ? Puis-je pardonner à un seul Pazzi ? Même si je sais que Guglielmo est innocent. Le peuple ne l'accepterait point. Il voue à tous les Pazzi une même haine.

– Alors tu dois imaginer un subterfuge qui te permette de sauver la face sans navrer ta sœur ! dit Braccio.

– Que suggères-tu ?

– Je crois avoir trouvé, dit Dionigi Pucci. Il suffirait de proposer d'extraire Guglielmo de sa geôle et de le tenir enfermé ici, tout comme le cardinal Riario. Tu serais garant de sa personne jusqu'au moment de son procès.

– Les juges n'accepteront pas qu'il retrouve son épouse et ses enfants, répliqua Ridolfi.

– Et même s'ils accèdent à ma demande, que répondrai-je lorsqu'ils me le réclameront pour le juger ?

– Tu es le maître de cette cité ! Tu leur imposeras ta volonté ! s'exclama Braccio avec force.

– Je ne le peux... C'est moi qui leur ai confié la tâche de punir alors qu'il aurait été plus expéditif de passer tous les Pazzi au fil de l'épée. Personne n'y aurait trouvé à redire tant l'émotion était grande. Mais j'ai voulu une justice solennelle et publique.

– Alors, dit le subtil Pucci, je te propose une autre solution : comme je l'ai déjà suggéré, Guglielmo est extrait de sa prison à ta demande. Mais, au lieu de résider ici, il est conduit sous bonne garde en un endroit ni trop proche ni trop éloigné de Florence. Ainsi, les magistrats auront le sentiment qu'il demeure à la disposition de la justice jusqu'au jour de son procès.

– Et ensuite ?

– Nous lui donnerons secrètement le moyen de fuir. De cette façon les apparences seront sauves et ta sœur t'en saura perpétuellement gré. »

XII

1478

Raffaelo Riario avait peur. Toujours détenu dans une pièce du *palazzo* Medici, il sursautait à chaque fois qu'on ouvrait sa porte. Il ne pouvait oublier la terreur qui l'avait submergé lorsque, seul dans la cathédrale, à quelques pas du cadavre de Giuliano, il avait vu surgir des hommes en armes. Il avait essayé de s'échapper. Mais, empêtré dans ses habits sacerdotaux, il avait été vite rattrapé. Épées, poignards et dagues pointés contre lui, le cardinal avait bien cru sa dernière minute arrivée. L'humiliation de devoir supplier ces hommes de l'épargner. Ses pleurs, sa honte quand il avait senti qu'il souillait ses vêtements. Jamais il ne pardonnerait !

Un bruit de serrure. Paniqué, le jeune homme recula jusqu'au mur. Le vantail s'ouvrit. Lorenzo ! Le Medici le visitait parfois, toujours à l'improviste. Un mince sourire sur les lèvres, le Magnifique s'avança vers lui.

« Quand j'ai besoin de fortifier ma haine, il suffit que je te contemple. Un rat visqueux pris au piège !

– Mon oncle me vengera !

– Nul doute qu'il essaiera. Mais tu seras longtemps avant de respirer à nouveau l'air vicié de Rome ! N'oublie pas que les juges t'attendent. En ce moment, ils sont prompts à envoyer les meurtriers en Enfer.

– En portant la main sur un cardinal, c'est l'Église entière que vous avez offensée ! »

Lorenzo rit. Un rire froid qui glaçait le sang.

« Quelle Église ? Celle qui s'est donné pour chef un pape sodomite et corrompu ! Un pape assassin ! »

Riario ne répliqua pas. Il craignait que dans un accès de fureur le Medici ne portât la main à sa dague. Lorenzo rit encore, sortit et se dirigea vers les appartements des enfants. Une nourrice donnait le sein à un nourrisson âgé de quelques jours. L'enfant de Giuliano était né. Lorenzo, fidèle à la promesse faite à son frère, avait accueilli la mère et le bambin en sa maison. Giulio serait élevé avec ses propres enfants et porterait son nom. La dévote Clarice désapprouva l'arrivée du petit bâtard mais n'osa pas émettre d'objection : depuis la mort de Giuliano, Lorenzo, plus dur, plus renfermé et surtout très préoccupé par les affaires de l'État, ne supportait plus que l'on remît en cause son autorité et ses avis. Ainsi, Poliziano était à nouveau chargé de l'éducation des petits Medici sans que Clarice pût contrarier son enseignement.

Lorenzo observa un instant le bébé qui tétait goulûment en poussant de temps à autre des soupirs de satisfaction. L'enfant de son frère ! Le cœur noué, le Magnifique sortit pour gagner son cabinet de travail. Il multipliait les réunions de son conseil restreint et écrivait de longues lettres à ses ambassadeurs et directeurs de succursales. Lui qui aimait tant chevaucher dans la campagne et visiter ses villas ne sortait plus que rarement du *palazzo*. La Seigneurie avait insisté pour qu'il disposât en permanence d'une garde personnelle armée. Les menaces étaient en effet réelles. La conjuration des Pazzi avait été l'étincelle qui risquait d'embraser l'Italie tout entière. Lorenzo pensait que la guerre avec Rome et son allié napolitain était inéluctable. Exaspéré par l'échec de la conjuration qu'il avait inspirée, Sixte IV fulminait et réclamait avec insistance la libération de son petit-neveu, le cardinal Raffaelo Riario. Il s'était d'abord livré à quelques gesticulations en menaçant Donato Acciaiuoli, l'ambassadeur florentin au Vatican, et en faisant arrêter des marchands originaires de la cité du Lys. Mais le Magnifique n'avait pas cédé et il avait reçu avec hauteur l'évêque de Pérouse venu exiger au nom du pape l'élargissement du cardinal.

L'obstination du Medici fit que le courroux papal redoubla. Le 1er juin, il promulgua une bulle qui excommuniait Lorenzo de Medici, la Seigneurie, les Huit de garde et tous ceux qui avaient organisé la répression au lendemain de la mort de Giuliano. Étaient dénoncés en termes virulents le massacre des deux prêtres et la pendaison de l'archevêque Salviati. Lorenzo et ses complices étaient non seulement condamnés mais leurs biens reviendraient à l'Église et leurs maisons seraient détruites jusqu'aux fondations. Il était aussi défendu à tout bon chrétien d'entretenir quelque commerce avec ces « fils de l'Iniquité ».

Ainsi, l'assassin accusait la victime qui lui avait échappé et, pour se venger, entendait user de sa puissance spirituelle pour le mettre au ban de la Chrétienté.

Mais Florence aussi était menacée de terribles représailles. La ville serait frappée d'interdit si les coupables n'étaient pas livrés aux tribunaux ecclésiastiques dans un délai d'un mois. Cela signifiait que dans les territoires toscans contrôlés par les Florentins, la messe ne pourrait plus être célébrée et qu'il serait impossible d'y être baptisé, marié, confessé ou enterré. Autant dire que, dans une cité aussi croyante, la vie s'arrêterait d'un seul coup. Cierges éteints, églises fermées, cloches muettes, l'interdit pontifical était la pire punition que le Vatican pouvait brandir. De toute évidence, le Saint-Siège voulait faire pression sur les Florentins pour que, enfin, ils rejettent les Medici et se défassent de leur tutelle.

Sixte IV méconnaissait les liens qui existaient entre la ville et son maître, liens qu'il avait contribué lui-même à renforcer en ordonnant l'assassinat de Giuliano. La Seigneurie, exprimant l'opinion de la quasi-totalité des Florentins, afficha aussitôt son entière solidarité avec le Magnifique et dénia au pape le droit d'exercer toute autorité temporelle. Quant au clergé toscan, il ne balança pas longtemps : prêtres, évêques, archevêques, rejetèrent l'interdit et, dénonçant l'injustice de la réaction pontificale, demandèrent la réunion d'un concile qui prononcerait la déchéance de Sixte IV et son excommunication.

Cette exigence fut, bien sûr, repoussée avec indignation par le Saint-Siège. Sixte IV riposta en appelant les monarques européens à s'engager dans une guerre sainte contre Florence. Lorenzo répliqua en adressant à ces mêmes chefs d'État un document dans lequel il démontait les rouages de la conspiration. Il y joignit une copie de la confession du condottiere Montesecco qui compromettait personnellement le pape et concluait : « Mon seul crime est de ne pas m'être laissé assassiner. »

Lorenzo savait aussi pouvoir compter sur le soutien du roi de France. Dès qu'il avait appris l'assassinat de Giuliano, Louis XI avait envoyé un message de condoléances au Magnifique, son parent, ami et allié. Et, peu après, son chambellan et principal conseiller, Philippe de Commynes, était arrivé à Florence à la tête d'une petite troupe. Lorenzo l'avait reçu avec faste. Ensemble, le Toscan et le Français, conformément aux vœux de Louis XI, avaient exprimé leur volonté de punir les véritables commanditaires de l'attentat perpétré contre les Medici.

En même temps, le roi de France avait envoyé une ambassade à Rome. Il se proposait d'arbitrer le conflit entre les deux parties et conseillait fermement à Sixte IV, plutôt que de s'en prendre à Florence, de répondre à la menace que faisaient peser les Turcs en Méditerranée occidentale. Le pape, furieux que l'on osât lui dicter sa politique, avait repoussé l'offre de Louis XI.

La diplomatie ayant échoué, la guerre prendrait rapidement le relais.

* *
*

Pour montrer la considération qu'il portait à la Seigneurie en ces temps difficiles, Lorenzo, escorté par ses hommes armés, décida de se déplacer au *palazzo* Vecchio. Il regrettait le temps où, avec son grand-père Cosimo, il se promenait librement dans les rues de Florence. Nul alors n'aurait songé à les agresser ou à leur chercher noise. Qu'y avait-il de changé ? Pourquoi cristallisait-il ces haines qui ne demandaient qu'à renaître ? Était-il trop ambitieux ? Et devait-il craindre cette foule versatile ? Acquise présentement aux Medici, elle pouvait tout aussi bien se révolter demain. Sa cruauté était sans limite et inspirait la peur. À peine enseveli dans la sépulture familiale de Santa Croce, le corps de Jacopo de Pazzi avait été exhumé et enterré sous les murs de la ville. Le lendemain, des enfants déterrèrent la dépouille et la traînèrent au bout d'une corde avant de la jeter dans l'Arno. Quelques milles plus loin, d'autres gamins l'avaient repêchée, attachée à un arbre et frappée à coups de bâton jusqu'à ce que les os de ce cadavre pourrissant se détachent.

Devant lui, les soldats écartaient les badauds, repoussaient sans ménagement tous ceux qui voulaient l'approcher de trop près. Seul au milieu de ces hommes en armes, Lorenzo reconnaissait que même ses contacts avec les simples citoyens étaient différents. Autrefois on lui manifestait considération et affection, aujourd'hui on le vénérait tout autant qu'on le craignait. Il lui semblait avoir vieilli d'un coup depuis la mort de Giuliano. Avec sa disparition, il avait perdu une partie de sa fougue et de son appétit de vivre. La mort rôdait dorénavant autour de lui. Malgré la force dont il était investi, jamais il ne s'était senti aussi vulnérable.

Marchant entre les membres de son escorte, il était songeur. Il avait voulu le pouvoir et l'exerçait de façon quasi absolue. Mais n'était-il pas la première victime de cette tyrannie qui le tenait en ces temps troublés enfermé et éloigné des plaisirs de la vie ?

Flattés de recevoir sa visite, les prieurs l'accueillirent avec déférence et le conduisirent au deuxième étage dans la salle des Audiences. Ils prirent place sur des cathèdres disposées autour d'une longue table recouverte d'un tapis décoré aux armes de Florence. Au-dessus d'eux, un splendide plafond alternait motifs bleus et dorés.

La parole fut aussitôt donnée à Lorenzo. Le Magnifique ne nia pas que la situation de Florence était très alarmante. Sixte IV cherchait à isoler l'État toscan. Il fallait gagner du temps avant qu'il n'engageât militairement les hostilités car les forces propres de la cité du Lys ne comptaient que quelques centaines d'hommes. Or, déjà, l'armée du Saint-Siège, commandée par le redoutable duc d'Urbino, occupait Pérouse et celle du roi de Naples avait franchi le Tronto et avançait à travers les Marches.

« La guerre sainte que le pape nous a déclarée inquiète nos alliés traditionnels. Ils craignent d'être frappés à leur tour d'interdit s'ils choisissent ouvertement notre camp. »

Lorenzo expliqua qu'il avait envoyé à Milan le vieux Tommaso Soderini négocier une aide tant financière que militaire. Sa mission serait difficile. Ainsi que l'avait pressenti le chancelier Cecco Simonetta, Ludovico, surnommé le More à cause de son teint, était de plus en plus influent à la cour. Il brûlait d'arracher le pouvoir à son neveu, le jeune duc Gian Galeazzo, et à sa belle-sœur Bona de Savoie. Or, Lorenzo savait que le More entendait agir en concertation avec Sixte IV qui souhaitait défaire l'alliance entre Milan et l'État toscan. Quant à Venise, malgré le traité qui la liait à Florence, elle ne serait pas mécontente de voir affaiblir le pouvoir de celle qui avait été si longtemps sa rivale. Enfin, expliqua le Magnifique, il essayait de débaucher trois condottieri de Romagne qui servaient habituellement dans les armées pontificales.

« S'ils acceptent de nous rejoindre, dit le gonfalonier Petrucci, ils seront à coup sûr excommuniés !

– Peu leur chaut ! répliqua un prieur. Avec tous les crimes qu'ils ont déjà commis, ils sont promis à l'Enfer !

– Détrompe-toi ! s'exclama un autre. Il n'y a pas plus superstitieux que ces mercenaires ! »

Lorenzo sourit.

« Ordelaffi reçoit du Vatican une solde annuelle de huit mille florins. Offrons-lui douze mille, il acceptera peut-être de risquer son âme ! »

Plusieurs prieurs grimacèrent : l'état du trésor florentin ne permettait guère de telles prodigalités.

« Et si nous libérions le cardinal Raffaelo Riario ?... » dit brusquement un prieur.

Un silence lourd lui répondit. Tous les regards étaient tournés vers Lorenzo qui était devenu livide.

« Si j'étais certain que Sixte IV renonçait par là même à ses entreprises belliqueuses, je n'hésiterais pas, bien qu'il m'en coûte, à libérer l'un des assassins de mon frère ! Mais je crois le pape trop avancé dans ses menées vengeresses... »

Les prieurs approuvèrent. Mais Cesare Petrucci tapa du poing sur la table.

« Eh bien, faisons-nous violence ! Je suis le premier à vouloir daguer cet enjuponné ! Mais si son élargissement peut nous accorder un répit, n'hésitons pas ! »

Lorenzo se leva. Tous notèrent la dureté de son visage.

« Je m'en remets à la sagesse de votre noble assemblée ! »

Et il sortit à grandes enjambées.

* *
*

Lorenzo relisait avec émotion les lettres de Poliziano. Avant même le début des hostilités, le poète précepteur était parti avec Clarice et les enfants. Cafaggiolo représentait une retraite plus sûre que Florence. Ils y étaient protégés par une importante garnison. Le Magnifique, craignant le poison, avait aussi exigé qu'ils n'acceptent aucun mets qui ne vînt des jardins et des élevages de la propriété.

Poliziano relatait les progrès de ses élèves et décrivait par le menu leur existence de tous les jours. Piero, qui n'avait que six ans, avançait à grands pas dans l'étude de la grammaire grecque. Lucrezia se distinguait par son obéissance. Giovanni, souffrant d'un léger mal à la gorge, avait du mal à téter mais son état n'inspirait nulle inquiétude. Maddalena avait bon appétit...

Lorenzo, si attaché à ses enfants, souffrait de ne pas les voir. Mais la guerre imposait cet éloignement. Comme il l'avait deviné, la libération du cardinal Raffaelo Riario n'avait en rien affaibli la détermination de Sixte IV. À la mi-juillet, l'armée pontificale du duc d'Urbino, Federigo de Montefeltro, avait été rejointe par les troupes napolitaines commandées par le fils du roi de Naples, le duc de Calabre. Ensemble, les deux chefs de guerre avaient pénétré en Toscane par le sud et s'étaient arrêtés à Montepulciano. Ils envoyèrent à Florence un héraut, porteur d'un bref pontifical en forme d'ultimatum : les hostilités cesseraient immédiatement si la Seigneurie chassait Lorenzo de Medici, le tyran de Florence.

Le Magnifique devait réagir promptement. Déjà, la peur gagnait la cité, réveillant les vieilles inimitiés. Il décida de réunir les prieurs et les citoyens les plus éminents dans la grande salle des Cinq Cents, au *palazzo* Vecchio. Il lui fallait convaincre, toucher les cœurs de ces centaines de Florentins massés devant lui, rassembler les énergies et dénoncer l'injustice qui le frappait.

Jamais sans doute Lorenzo ne fut plus inspiré.

« Si je considère l'empressement, le zèle, l'affection, l'unanimité des vœux de toute la ville pour venger mon frère et me défendre, je ne puis m'empêcher de me livrer tout entier à un sentiment d'exaltation. L'expérience m'a prouvé que j'avais plus d'ennemis dans cette ville que je ne le pensais, mais aussi des amis plus ardents et plus dévoués que je n'aurais osé le croire. »

Lorenzo scrutait l'assistance. Il sentait que l'émotion l'emportait sur la peur.

« Notre maison ne s'éleva jamais à aucun degré d'honneur qu'elle n'y ait été portée par cette Seigneurie et par votre consentement unanime. Ce furent vos vœux réunis, non les armes et la violence, qui rappelèrent Cosimo, mon aïeul, de son exil. Mon père, infirme et âgé, ne put se défendre seul contre tant d'ennemis ; mais votre autorité et votre bienveillance lui servirent de bouclier. Après sa mort, j'étais encore trop jeune pour pouvoir soutenir encore le rang de ma maison, mais vos conseils ont secouru mon inexpérience. Ma famille n'aurait pu et ne pourrait diriger cette république si vous ne l'y eussiez aidée et si vous ne l'aidiez encore à tenir les rênes du gouvernement. »

Faussement modeste, Lorenzo baissa un instant les yeux. Son discours se fit plus politique quand il attaqua ses ennemis de toujours :

« Pourquoi se liguent-ils avec le pape et le roi de Naples contre la liberté de cette république ? C'est pour eux que le pape et le roi font avancer leurs troupes sur Florence, en affirmant faussement que cette guerre n'est dirigée que contre ma maison et contre moi. Ah ! plût à Dieu qu'ils disent vrai ! Le remède serait prompt et certain : je ne serais pas assez mauvais citoyen pour préférer ma propre conservation au danger de l'État, et je me sacrifierais volontiers pour détourner l'orage qui nous menace. Vous me voyez tout prêt, si vous le jugez utile, à éteindre de mon sang le feu d'une guerre commencée par l'effusion du même sang, celui de mon frère. »

Un long silence salua ce discours solennel. En proposant

de s'immoler pour sauver la paix, Lorenzo avait joué son va-tout. Il crut un instant qu'on allait réellement accepter sa proposition de se sacrifier. Puis des murmures commencèrent à parcourir l'assistance et, soudain, une ovation assourdissante s'éleva. Le Magnifique avait gagné. Dans la salle, des hommes émus s'essuyaient les yeux. Un prieur, Giacopo de Alexandri, vint le rejoindre. Il parla au nom de tous et exprima la gratitude de Florence pour la maison Medici.

Lorenzo n'entendit pas la suite de son discours. Son cœur battait plus vite. Il savourait son plaisir d'avoir soulevé l'assistance. Il ressentait comme une forme de jouissance le fait d'avoir éprouvé son pouvoir de séduction sur ces hommes qui étaient les plus importants citoyens de la cité. Muré dans une orgueilleuse solitude, il ne remarqua même pas les effusions de ses amis de la *brigata* venus le congratuler et quitta rapidement les lieux.

Peu après, les prieurs se réunirent. L'éloquence de Lorenzo avait été tant appréciée que la Seigneurie répondit par le mépris à l'ultimatum pontifical.

* *
*

Dès la nuit venue, il rejoignait Bartolomea dei Nasi. Lorenzo avait besoin d'elle, qui savait tout autant s'abandonner à ses caresses qu'apaiser ses angoisses. Certes, la beauté de la jeune femme ne pouvait se comparer à celles de Lucrezia Donati ou de Simonetta Vespucci. Son visage était moins délicat, son teint moins clair, et elle n'avait pas cette gracilité qui l'avait enchanté chez cette dernière. Mais son ardeur au jeu amoureux le disputait en félicité à la finesse de son esprit, si bien qu'il n'hésitait pas à s'entretenir avec elle des affaires de Florence.

Venise et Milan avaient respecté les traités d'alliance passés avec la cité du Lys. Mais leur aide était chichement comptée, tant en soldats qu'en écus. Plus enthousiaste était le soutien apporté par Louis XI. Menaçant le pape de réunir un concile contre sa volonté et l'accusant de se fourvoyer dans des luttes entre chrétiens au lieu de tout mettre en œuvre pour combattre les Turcs, il venait d'envoyer une lettre très dure au Saint-Siège.

Toutefois, le Magnifique ne nourrissait guère d'illusions. La France était loin et Louis XI, occupé à se garder des grands féodaux et à parfaire l'unité du royaume, n'enverrait pas son armée au secours de son ami Lorenzo. Florence ne devait compter que sur ses propres forces et trouver au plus vite un condottiere qui prendrait le commandement au prix d'une éventuelle excommunication.

« Pourquoi ne te porterais-tu pas toi-même à la tête de nos troupes ? » demanda Bartolomea.

Les mains croisées derrière sa tête, Lorenzo, nu, était allongé sur la couche de la jeune femme. Ils venaient de faire l'amour. Accoudée, cuisses repliées, tétons découverts, elle le regardait.

« Je suis trop épris de paix pour faire un bon chef de guerre et je n'ai pas vocation à commander des soldats. Au reste, je suis bien plus utile à dicter des missives pour les cours étrangères, à recevoir jour après jour des ambassadeurs et à veiller à ce que le désespoir ne gagne pas nos concitoyens. »

Bartolomea plissa les yeux et rit :

« Je t'imaginais en dieu Mars à l'égal d'un empereur romain... »

Elle passa une main sur son torse.

« Tu es fort, Lorenzo, membru... »

Il rit à son tour, repoussa sa main.

« Ne me tente pas, Vénus... Je dois partir.

– Déjà ?

– Il n’est que temps. À la première heure, Ercole d’Este se présentera chez moi.

– Est-ce à lui que tu veux confier le commandement de l’armée ? »

Lorenzo se leva, commença à enfiler ses chausses.

« S’il ne coûte pas trop cher au trésor de Florence, peut-être.

– Mais il est parent du roi Ferrante !

– Et son propre frère sert dans l’armée napolitaine ! Toutefois Ercole est un condottiere ! C’est-à-dire un homme sans scrupule qui n’est guidé que par l’appât du gain. »

Lorenzo enfila sa chemise aux manches bouffantes, laça sa cotte de mailles puis boutonna son cafetan. Habillé, il se pencha au-dessus de Bartolomea, mordilla l’un de ses tétins. La jeune femme se tortilla en poussant de petits cris. Elle tenta de retenir son amant en le faisant basculer sur le lit. Mais il échappa à son étreinte et s’en fut rejoindre au rez-de-chaussée les gardes armés qui l’attendaient.

* *
*

Il vit au loin les piques. À cette distance, elles semblaient fichées dans les champs et tremblaient dans la chaleur. Les cultures avaient repoussé après l’invasion de sauterelles qui avait dévasté la campagne pendant l’été. Une calamité qui avait ruiné de nombreux paysans mais offert un répit aux Florentins. Les troupes, privées de ravitaillement, avaient de part et d’autre renoncé à combattre.

À la tête d’un détachement de soldats, Lorenzo chevauchait en compagnie des autres membres du Comité des Dix, mis en place par la Seigneurie pour diriger la guerre. Ils se dirigeaient vers Poggio Imperiale où cantonnaient les troupes d’Ercole d’Este, duc de Ferrare. Le condottiere avait accepté de servir Florence contre la somme de soixante mille florins. En cette journée du 27 septembre 1478 – la date avait été fixée par les astrologues florentins – il devait recevoir son bâton de commandement.

La petite troupe s'approcha. Oriflammes, tentes, chevaux au pacage par centaines, soldats qui fourbissaient leurs armes : le rassemblement était impressionnant. Mais Lorenzo n'ignorait pas que ce rassemblement était hétéroclite. Chaque capitaine, qu'il fût milanais, vénitien, issu d'une principauté de Romagne ou encore de Lombardie, tenait à garder son indépendance et répugnait à mêler ses hommes au sein de la coalition. Il risquait de s'ensuivre désordre et indiscipline. D'autant que les soldats grognaient : Florence leur avait interdit de vivre sur la population locale, comme il était de coutume pour toutes les compagnies de mercenaires. Il en résultait que les fournisseurs aux armées en profitaient pour vendre leurs vivres au prix fort.

Ercole d'Este reçut la délégation florentine avec moult révérences et compliments. Le visage fin de ce quadragénaire était gâté par un trop long nez. Mais il ressortait de l'examen de sa physionomie une impression favorable : le duc de Ferrare était un homme brillant et intelligent. Protecteur des arts, épris de littérature latine, il était marié à la belle Léonore, fille du roi de Naples. La munificence de sa cour imposait qu'il trouvât des ressources hors de son duché de Ferrare. C'était ainsi qu'il se trouvait parfois à louer ses services en tant que condottiere. Toutefois, le Magnifique doutait de ses compétences militaires et de son appétence pour le métier de la guerre. L'homme ne semblait guère fait pour la rude vie des camps et la fréquentation quotidienne des soudards. Mais les prieurs avaient emporté sa conviction puisque nul autre n'acceptait de porter les armes contre le Saint-Siège. Cependant il avait été prudemment décidé que le condottiere serait flanqué d'un commissaire de la République florentine, Jacopo Guicciardini, un marchand avisé et matois : les magistrats de la Seigneurie voulaient surveiller l'emploi qu'on ferait de leurs précieux florins.

Après la cérémonie de remise du bâton de commandement, Lorenzo et Ercole s'isolèrent quelques instants sous la tente du condottiere. Les deux hommes s'étaient déjà vus à Florence et s'étaient mutuellement jaugés. Leur goût commun pour les arts les avait rapprochés. Mais Lorenzo ne laissait pas de penser aux alliances familiales du duc de Ferrare et décida de porter le fer dans la plaie.

« N'aurez-vous pas scrupule à affronter votre beau-frère, le duc de Calabre ? »

Le condottiere éclata de rire.

« Alfonso est un grand sot. Et j'aurais plaisir à lui frotter les oreilles.

– Votre épouse risque de vous en garder rancune.

– Elle n'a pas meilleur jugement que moi sur son grand pendard de frère.

– Il n'empêche qu'en prenant notre parti, vous vous opposez à votre beau-père, le roi Ferrante. »

Ercole d'Este tordit son grand nez. Ses yeux brillaient de malice.

« Mais peut-être que dans une prochaine campagne, je me trouverai à combattre sous sa bannière... Vous-même, n'êtes-vous pas un bon ami de Ferrante ?

– Je l'étais, oui... Mais le pape a brouillé notre belle amitié.

– Il n'est pas d'amitié solide qui ne soit raccommodable. Naples est à ce jour acoquinée avec Rome. Mais Ferrante se méfie autant que vous des intrigues des Riario. Si les États pontificaux venaient à grossir de façon démesurée, il serait le premier à s'alarmer ! »

Lorenzo hocha la tête. Ercole d'Este avait sans doute raison. Mais le Magnifique ne pouvait se départir de son sentiment de méfiance. Le commissaire de la République florentine aurait-il assez d'autorité pour circonvenir le condottiere si jamais ce dernier manquait à sa loyauté ?

* *
*

Où était le temps où Lorenzo pouvait, quand il le désirait, visiter les *bottege* de ses amis peintres et sculpteurs ou encore assister aux débats sans fin des membres de l'Académie platonicienne de Marsilio Ficino qu'il avait installés près de sa villa de Carregi ? La guerre et la diplomatie l'occupaient tout entier. Et, ce jour de novembre, les nouvelles que lui apportait Jacopo Guicciardini n'étaient guère satisfaisantes.

Les armées pontificales et napolitaines commandées par Federigo de Montefeltro, duc d'Urbino, avaient d'abord commencé par envahir et ravager la région du Chianti, au sud de Florence. Le condottiere avait successivement investi le val d'Elsa et conquis les villes de Radda, Castellina et Gaiole. Dans cette dernière cité, malgré l'héroïque défense de la famille Ricasoli, ses troupes avaient détruit par le feu le château fort de Brolio qui protégeait la ville et dominait la vallée de l'Arno.

Étrangement, l'armée florentine demeurait passive. Appelé au secours par les habitants de Castellina qui avaient résisté quarante jours avant de se rendre, Ercole d'Este n'avait pas bougé. Sous divers prétextes, nécessité d'organiser ses troupes, impréparation des soldats, et malgré l'insistance de Guicciardini, il avait refusé d'ordonner à ses compagnies de marcher contre Federigo de Montefeltro.

Lorsque le mois d'octobre fut venu, le condottiere ne put tergiverser davantage. Son armée s'ébranla enfin. Les troupes ennemies assiégeaient alors la place forte de Monte San Savino. Située sur la frontière entre Sienne et Florence, cette importante position commandait d'un côté l'entrée des vallées de l'Arno et de l'Ambra, et de l'autre celles des plaines d'Arezzo et de Cortone.

Arrivant sur les arrières de Federigo de Montefeltro, Ercole d'Este pouvait espérer un succès s'il attaquait aussitôt. Mais il s'arrêta à quelque distance de Monte San Savino.

« Il était manifeste qu'il ne voulait pas combattre, dit Guicciardini. Je lui ai fait représentation sur représentation. Mais il ne m'entendait pas... »

Lorenzo, informé jour après jour de l'évolution de la guerre, avait lui-même envoyé plusieurs messages écrits au condottiere. En vain. Le commissaire reprit :

« Il prétendait que son cantonnement était mal établi. Alors nous en changions. Mais pendant ce temps, Federigo de Montefeltro fortifiait les travaux de son siège. Et si quelque compagnie ennemie venait à nous défier, Ercole d'Este commandait à nos troupes de reculer. À la fin, alors que l'armée pontificale allait donner l'assaut à Monte San Savino, il décida que ses propres troupes n'étaient pas de force. Et c'est en toute sérénité d'esprit qu'il observa avant-hier la chute de cette place !

– Sans intervenir !

– C'est la pure vérité !

– Mais c'est traîtrise ! s'exclama Lorenzo, rouge de colère.

– Je le crois, dit Guicciardini. N'a-t-il pas reçu dans notre campement son frère Alberto qui sert dans l'armée napolitaine ? Quels conciliabules ont-ils tenus ? »

Lorenzo, toujours aussi contrarié, réfléchissait. La prise de Monte San Savino menaçait gravement Florence. Mais novembre était arrivé et les armées allaient prendre leurs quartiers d'hiver. Il fallait mettre à profit ce répit pour donner toute sa chance à la diplomatie et chercher promptement le concours d'autres condottieri avant que la campagne ne reprît au début du printemps.

XIII

1479-1480

Pluie et froid. Un vent glacé balayait les forêts et les croupes enneigées du Mugello. L'eau ruisselait sur les toques et les manteaux des cavaliers, imprégnait les étoffes, s'infiltrait dans les cous.

Enfin, Lorenzo aperçut les tours crénelées de Cafaggiolo. Son cœur se serra : la dernière fois qu'il était venu ici, Giuliano chevauchait à côté de lui. C'était par une chaude journée de septembre et les deux frères se réjouissaient à l'idée de chasser dès le lendemain, à la pointe du jour.

La petite troupe se présenta à la brune devant le pont-levis du château. Lorenzo, malgré les soucis qui l'assaillaient, n'avait pu s'empêcher de distraire quelques jours aux affaires de Florence, tant ses enfants lui manquaient.

Ce furent aussitôt des cris et des rires. Même Clarice, agréablement surprise par cette visite impromptue, lui fit plus que bonne figure en le baisant tendrement sur les joues. Un grand feu pétillait dans la cheminée. Le gentil Poliziano observait avec émotion ces retrouvailles. Lorenzo serrait contre lui la petite Contessina tandis que Piero escaladait ses genoux. Giovanni lui disputait la place et Maddalena et Luisa se pressaient de chaque côté de leur père. Au milieu de cette grappe joyeuse et bruyante, le Magnifique semblait transfiguré et riait. Braccio Martelli, qui avait tenu à faire route avec lui, réalisa que Lorenzo n'avait plus ri depuis l'assassinat de Giuliano.

Un peu à l'écart, Lucrezia, bien qu'elle n'eût que neuf ans, paraissait étonnamment sérieuse. Elle dévorait de ses grands yeux étonnés ce père dont elle était séparée depuis plusieurs mois.

Près de la cheminée, Giulio, le fils de Giuliano, reposait dans les bras de sa mère, la jolie Antonia Gorini. Échappant un instant aux cajoleries de ses propres enfants, Lorenzo s'approcha et essaya de retrouver dans les traits de ce gros poupon aux cheveux bouclés le souvenir de son frère. La jeune femme, intimidée, murmura :

« Il sera aussi beau que Giuliano ! »

Lorenzo sourit, au bord des larmes.

Après avoir pris une collation et assisté au coucher des enfants, il réunit ses amis Braccio et Poliziano. Ce dernier était impatient de connaître les dernières nouvelles du conflit qui opposait Florence au Saint-Siège.

« La pression diplomatique sur le pape croît en vigueur. Après Frédéric III et Mathias Corvin, c'est le roi d'Angleterre qui vient de prendre notre parti, dit Lorenzo.

– Et Louis XI ? demanda le poète.

– Il ne cesse d'échanger des piques avec Sixte IV. Je préférerais qu'il m'envoie des lances pour repousser les troupes pontificales ! »

Alors que Braccio et Poliziano riaient, Lorenzo poursuivit :

« Louis XI, dans sa grande sagesse, ne croit pas que les armes mettront fin à notre inimitié. Il se pose donc en arbitre et semonce le pape dont les mœurs lui paraissent douteuses et les desseins coupables.

– Et que répond Sixte IV ?

– Il a fait connaître à un ambassadeur français que le devoir d'un roi chrétien était de soutenir l'Église et le Saint-

Siège et non de conforter les ambitions d'un vulgaire marchand comme Lorenzo de Medici !

– Le mufle !

– Toutefois, je pense que Sixte IV s'inquiète à l'idée que les souverains qui sont dans notre camp puissent provoquer la réunion d'un concile qui prononcerait sa déchéance... Tôt ou tard, il proposera une trêve.

– Une nouvelle ruse ?

– Il faut le craindre. »

Lorenzo bâilla. Il était las. Il poursuivit pourtant tandis que Braccio plaçait une nouvelle bûche dans la cheminée.

« Mais notre plus grand souci viendra peut-être du Milanais... Les menées de Ludovico le More m'inquiètent. »

Le Sforza, qui faisait tant et plus pour s'emparer du pouvoir et chasser son neveu, avait fini par excéder le chancelier Cecco Simonetta et la régente, Bona de Savoie. Tous deux avaient pris la décision de l'exiler. Ludovico, bien décidé à prendre sa revanche, s'était réfugié à Gênes, possession milanaise, où avec la complicité de Sixte IV et de Ferrante, roi de Naples, il avait aussitôt suscité des troubles. Les Génois aspiraient à l'indépendance. Ludovico était prêt à les aider. Il avait recruté un condottiere, Roberto San Severino, et rassemblé une troupe de quatre mille hommes. La garnison milanaise n'avait pas résisté longtemps. Gênes était redevenue autonome mais Ludovico disposait maintenant d'une puissante armée qu'il pouvait lancer dans une nouvelle campagne. Pourquoi, avant de conquérir Milan, ne la mettrait-il pas au service de son allié, Sixte IV ?

« S'il est assuré que le Saint-Siège reconnaîtra ensuite ses droits sur le duché milanais, le More n'hésitera pas ! Il vient déjà de trahir sa patrie en libérant Gênes. Il aura encore moins de scrupules à nous attaquer !

– Ne venons-nous pas de reconnaître la sécession génoise ? s'étonna Poliziano.

– Nous ne l'avons acceptée que contraints et forcés.

Quatre de nos galères chargées de centaines de milliers de florins de marchandises risquaient d'être saisies dans le port de Gênes par les nouveaux maîtres de la cité. Mais cette reconnaissance a mis à mal nos bonnes relations avec Milan.

– Alors pourquoi ne pas conclure une alliance avec Ludovico ? demanda Braccio.

– J'y ai songé et je lui ai envoyé des émissaires. Le More est toutefois trop engagé avec le pape. Il voit plus d'avantages à sceller une alliance avec le Vatican qu'avec Florence qu'il juge en mauvaise posture.

– Il gage donc que nous serons vaincus », conclut Poliziano.

Sur cette sombre perspective, Lorenzo prit congé de ses amis. Escaladant la première volée de l'escalier qui montait aux chambres, il ressentit une soudaine douleur dans le pied gauche. Il se dit qu'il avait sans doute pris froid au cours de sa chevauchée sous la pluie et continua à grimper en grimaçant. Il s'arrêta à l'étage. Lorenzo revoyait son père d'abord boitillant puis peinant de plus en plus à marcher jusqu'à la paralysie finale. La goutte ! La malédiction des Medici. Se pouvait-il qu'à trente ans la maladie l'attaquât déjà ?

Il reprit sa respiration et marcha jusqu'à sa chambre. Clarice dormait. Il se déshabilla, moucha la chandelle et se coula dans le lit, cherchant la chaleur de son épouse. Malgré la fatigue qui l'accablait, il s'endormit très tard.

* *
*

« C'est un tissu de bougreries ! Ce grand malfaisant veut d'abord nous humilier ! »

Avant même que Lorenzo n'ait réagit publiquement, Cesare Petrucci, brandissant un parchemin, criait son indignation. Les veines du cou gonflées, le visage cramoisi, l'ancien gonfalonier semblait sur le point d'exploser. Le Comité des Dix venait de recevoir, transmis par les prieurs, le document par lequel Sixte IV faisait savoir à Florence les conditions de son pardon.

Le Magnifique avait eu connaissance du document le matin même. C'était une véritable soumission que le Saint-Siège exigeait. La cité du Lys devait implorer l'absolution du pape, distribuer de considérables aumônes, construire une chapelle expiatoire et dire de nombreuses messes pour le salut des trois prêtres tués, effacer l'effigie infamante de la pendaison de l'archevêque Salviati sur les murs du *palazzo* Vecchio, payer une lourde indemnité, promettre de ne plus attaquer les États pontificaux, restituer la place de Borgo San Sepolcro et en céder deux autres. En contrepartie, Sixte IV, dans sa grande miséricorde, lèverait les mesures d'interdit qui frappaient Florence, avant même que ces conditions fussent toutes satisfaites.

« Pourquoi Lorenzo ne défilerait-il pas dans les rues de Rome, la corde au cou ? s'écria à nouveau Petrucci.

– La pénitence est trop dure ! affirma plus calmement Jacopo Guicciardini.

– Elle est inacceptable, oui !

– Toutefois, nous ne pouvons la refuser que si nous sommes certains d'avoir la force et la volonté de résister ! dit Lorenzo.

– Quoi ? rugit l'ancien gonfalonier. Tu approuverais une telle vilenie ?

– Je n'ai pas dit cela. Mais sachez tous que notre situation s'est encore aggravée. Comme je le craignais, Ludovico le More et son condottiere marchent contre nous et s'apprêtent à conquérir Pise. Federigo de Montefeltro et le duc de Calabre ont repris leurs opérations au sud. Et malgré l'audacieux coup de main de Roberto Malatesta à Trasimène, rien ne pourra les retenir d'approcher Florence, tant Ercole d'Este se montre peu disposé à les combattre. Il n'est jusqu'à Lucques qui s'agite et menace de se dresser contre nous ! »

La cité, soumise à Florence, avait reçu la visite de Cola Montano, l'homme qui avait armé la main des tueurs de Galeazzo Maria Sforza, sans doute à l'instigation du pape. Depuis son arrivée, ce fanatique essayait de soulever les Lucquois et vociférait contre la tyrannie de Lorenzo de Medici.

« Qu'importe ! dit Petrucci avec force. Florence se battra pour sa liberté. Tous les citoyens prendront les armes, s'il le faut ! »

Le gros homme transpirait d'importance. Dehors, c'était le printemps, chaud et caressant. Pouvait-on croire que tant de menaces pesaient sur la cité du Lys ?

« Cesare Petrucci a raison ! dit Lorenzo. Nous ne laisserons jamais un Riario s'emparer de Florence et imposer sa dictature au nom de son oncle, Sixte IV ! »

En prononçant ces paroles, Lorenzo essayait surtout de se rassurer lui-même. Ses espions l'avaient alerté. La belle unanimité, qui avait rassemblé les Florentins au lendemain de la conjuration des Pazzi, se fissurait. Marchands et artisans craignaient un siège préjudiciable à leur commerce. Ils savaient qu'en cas de défaite leurs habitations, leurs boutiques seraient pillées. Ne valait-il pas mieux négocier avec le Saint-Siège ? Et n'étaient-ce pas d'abord les intérêts de la maison Medici que le Magnifique désirait protéger en les incitant à poursuivre cette guerre jusqu'au bout ?

La vérité était que Lorenzo, même s'il n'en laissait rien paraître, doutait de lui-même. Pour la première fois de sa vie, il perdait ses certitudes. Son intransigeance, bien qu'elle n'eût comme motif que de rendre enfin la justice, risquait de précipiter Florence dans le plus grand désordre.

La réunion terminée, Lorenzo, entouré de sa garde personnelle, revint vers la via Larga. En d'autres temps, il aurait eu plaisir à flâner dans les venelles de la ville, visiter ses amis ou encore régaler ses yeux du spectacle des jolies Florentines dont les vêtures et décolletés étaient toujours plus audacieux. Mais il n'en avait pas l'appétit.

Lorsque la lourde porte du *palazzo* se referma sur lui, il éprouva combien il était seul. Le silence du bâtiment était oppressant. S'il fermait les yeux, il pouvait encore entendre les rires et les galopades des enfants. Mais Clarice et sa progéniture demeuraient toujours à Cafagiollo.

Gagnant son cabinet de travail où son secrétaire, Niccolo Michelozzo, l'attendait, il songea avec satisfaction que la douleur qui l'avait frappé dans le Mugello n'était point revenue. Il avait souffert plusieurs jours jusqu'au moment où Antonia Gorini lui avait proposé une décoction de feuilles de saule, mélangée à des semences et des bulbes de colchiques macérés, médication dont elle tenait le secret d'une aïeule qui était un peu sorcière. « Attention, lui avait-elle dit, si tu abuses de ce remède, tu peux en mourir ! »

Lorenzo, tant son tourment était grand, n'avait pas hésité à ingurgiter la préparation d'Antonia et il s'en était rapidement trouvé mieux. Dès lors, il ne cessait de se demander s'il ne bénéficiait pas d'un simple répit.

* *
*

Sombre septembre. À Poggio Imperiale, à la seule vue de la poussière soulevée par les troupes napolitaines en marche dans le val d'Elsa, l'armée florentine s'était débandée, abandonnant canons, vivres et munitions. Les paysans, paniqués, étaient venus trouver refuge derrière les murailles de Florence, accroissant encore l'inquiétude des habitants. Un peu plus à l'est, dans le val de Chiana, Montefeltro, profitant d'une querelle sur le partage d'un butin entre deux condottieri de Florence dont Ercole d'Este, avait enfoncé un coin dans la défense de la cité du Lys. Seule, la petite place de Colle résistait encore et retenait le duc de Calabre de marcher tout de suite sur la capitale toscane. Il fallait espérer qu'elle demeurât debout jusqu'à l'entrée de l'hiver.

Pour contenir cette débandade, Lorenzo se résolut à chasser le calamiteux Ercole d'Este et ordonna aux compagnies de Malatesta, victorieuses à Trasimène, de regrouper les fuyards de Poggio Imperiale à San Casciano à quelques milles seulement des portes de la cité. Si cette dernière digue était emportée avant l'arrivée du froid, il en serait fini de Florence !

À l'ouest et au nord, la situation s'était heureusement éclaircie. Ludovico le More, au lieu de jeter ses forces contre la Toscane, avait décidé de s'emparer de ce duché de Milan qu'il convoitait depuis si longtemps. Ses quatre demi-frères ayant opportunément péri – d'aucuns y avaient vu la main du More – Ludovico nourrissait de grandes espérances. Son armée entra à Milan, ce même jour de septembre où Poggio Imperiale tomba. Lors d'une entrevue orageuse, Bona de Savoie et son chancelier Cecco Simonetta refusèrent que le More gouverne le duché au nom de son jeune neveu Gian Galeazzo. Il les fit aussitôt emprisonner en attendant de les mettre à mort. Son triomphe assuré, ne risquait-il pas, à la demande du pape, de se retourner contre Florence ? Étrangement, le Magnifique se montrait peu inquiet : il était l'un des seuls à savoir ce que ces événements dissimulaient, c'est-à-dire la diplomatie secrète de Louis XI. Le roi de France, tout autant attaché à la protection du Medici qu'à la préservation des intérêts français en Italie, avait mené un jeu subtil dont il avait régulièrement et confidentiellement informé son ami Lorenzo.

Véhément dès qu'il s'adressait à Sixte IV, Louis XI avait veillé au contraire à ménager son allié le roi de Naples. Mieux, au début de l'été, il avait marié sa nièce, Anne de Savoie, avec le prince Federigo, fils de Ferrante. Ces épousailles avaient suscité des inquiétudes chez les partenaires de la Triple Alliance, Florence, Venise et Milan. Louis XI ne leur retirait-il pas son soutien ? Lorenzo, préoccupé comme les autres, n'avait pourtant pas bronché outre mesure car il connaissait les véritables desseins du roi de France.

Grâce à la présence de Federigo à sa cour, Louis XI insinua peu à peu dans l'esprit de ce dernier que l'alliance conclue avec le Saint-Siège n'était guère profitable aux Napolitains. Sixte IV ne se servait d'eux que pour établir ses neveux et agrandir les États pontificaux. Ferrante n'en tirerait aucun bénéfice pour son royaume. Pire, en tenant éloignées ses troupes qui combattaient avec celles du pape, le roi de Naples risquait de se trouver fort démuni au cas, fort probable, où le Turc l'attaquerait. Enfin, le souverain français ne manqua pas de faire observer au Napolitain qu'il s'était jusque-là bien gardé d'encourager les prétentions de la maison d'Anjou qui avait autrefois régné sur Naples. Il pourrait en être autrement si Ferrante persistait à combattre son ami Medici.

Federigo n'avait pas manqué de faire connaître à son père les réflexions de Louis XI. Le roi de France glissa aussi que, malgré les droits dynastiques qu'il possédait sur Milan – Bona de Savoie était en effet la sœur de sa deuxième épouse –, il ne s'opposerait pas à l'accession au pouvoir de Ludovico le More qui se trouvait être le protégé de Ferrante. Ce que Louis XI se gardait bien d'exprimer, c'était qu'il aspirait fort à voir disparaître le chancelier de sa belle-sœur, ce Cecco Simonetta qui, dans le passé, n'avait guère montré beaucoup d'amitié pour la France.

Ces menées visaient à dénouer l'alliance entre le Saint-Siège et le royaume de Naples. Mais Ferrante n'avait pas encore rompu. Ses armées campaient encore dans les environs de Florence. La ville pouvait être assiégée d'un jour à l'autre.

Niccolo Michelozzo, perplexe, observait son maître. Il nota que les soucis, plus encore que l'âge, avaient marqué les traits de Lorenzo. Le Magnifique sortit soudain de son mutisme.

« Si Ludovico nous attaque, nous serons perdus à coup sûr ! Je vais envoyer une lettre à remettre en toute hâte à Girolamo Morelli, notre ambassadeur à Milan. »

Lorenzo se leva tandis que Niccolo prenait plume et papier. Tout en marchant de long en large, il dicta d'une traite :

« Je ne pense pas que le seigneur Ludovico, devenu tout-puissant et détenant le pouvoir absolu, voudra nous nuire : ce serait contre son intérêt. Il est vrai qu'il a obtenu le pouvoir grâce à la faveur du roi de Naples, mais je pense que l'aide que d'autres lui ont donnée et ses propres qualités lui ont profité davantage. C'est pourquoi, dès que vous le pourrez, il sera bon que vous voyiez Sa Seigneurie afin de lui montrer, en employant toutes les raisons que vous pourrez, que nous n'attendons de lui que du bien, au nom de notre vieille amitié, parce que aucun différend ne nous oppose et parce que c'est son intérêt. Assurez-le que notre ville désire aller la main dans la main avec l'État de Milan et, pour cela, priez-le et encouragez-le à vous informer de ses intentions afin que nous puissions agir en conformité avec ses souhaits. »

Il s'arrêta un instant, réfléchit encore et reprit :

« Montrez-lui les périls dans lesquels nous nous trouvons, de quelle importance ils sont pour son État et soulignez qu'il en détient le remède. »

Lorenzo soupira, se rassit à sa table de travail, saisit lui-même une feuille de papier et ajouta à l'adresse de Niccolo :

« Tu peux aller. Je vais joindre à cette missive une lettre personnelle destinée au More. »

* *
*

Pieds et poings liés, il était enfermé dans une cage portée à bras d'hommes par quatre Turcs enturbannés. Bernado

Bandini, l'assassin de Giuliano ! Il figurait au milieu d'une caravane pittoresque qui soulevait l'enthousiasme et la curiosité des badauds florentins. Une girafe, des ocelots, des faucons, des chevaux, des tapis, des fauteuils damasquinés : autant de présents que le sultan Mehmet II offrait à son ami Medici.

Ce défilé était une heureuse parenthèse dans la vie morose de Florence minée par les inquiétudes. C'était surtout la cage de Bandini qui réjouissait les spectateurs. « À mort ! » criaient-ils sur son passage. L'homme, terrorisé, se recroquevillait le plus loin possible des barreaux pour échapper aux crachats et aux projectiles dont on le bombardait.

Lorenzo, qui avait compris quel parti tirer de l'événement, avait rendu publiques les conditions de la capture de l'assassin : Bandini, se cachant le jour, marchant la nuit, avait réussi à gagner Venise. Toutefois, il lui fallait quitter la ville au plus vite car les hommes de Lorenzo lancés à sa poursuite le rattraperaient où qu'il fût en Italie. Il était enfin parvenu à se glisser dans un bateau qui s'apprêtait à appareiller pour la Turquie. Arrivé à Constantinople, il pouvait légitimement se croire sauvé. Mais la nouvelle de l'assassinat de Giuliano l'avait précédé. Reconnu par des marchands florentins, il avait été dénoncé, arrêté par des janissaires et emprisonné. Le sultan, qui avait conclu une paix avec Venise, trouva habile de se concilier également les bonnes grâces de son allié. Il décida donc de remettre le prisonnier à Lorenzo. Pour donner encore plus d'éclat à son geste, Mehmet II fit accompagner la livraison de l'assassin de somptueux présents.

Ainsi Bandini se retrouva-t-il dans la cale pestilentielle d'une galère au milieu des animaux. Le navire atteignit Ancône. Puis la caravane prit le chemin de Florence.

La foule réclamait une mise à mort immédiate. Vingt mois avaient passé depuis la mort de Giuliano. Lorenzo, avec sagesse, estima préférable que l'assassin bénéficie d'un véritable procès qui se conclurait inévitablement par une sentence de mort. Après l'exécution, pour donner satisfaction au peuple, son cadavre serait pendu à une fenêtre de la prison, comme l'avaient été auparavant les dépouilles de ses complices.

Malgré la satisfaction qu'il éprouvait, la haine de Lorenzo demeurait entière. C'était Bandini qui avait frappé Giuliano. Mais le vrai coupable se trouvait à Rome.

* *
*

L'ambiance était tendue. On attendait Lorenzo. Au seuil de l'hiver, le Medici avait tenu personnellement à inspecter les armées. Il venait rendre compte au Comité des Dix.

À l'intérieur de la cité, l'opposition grondait. Certains citoyens n'hésitaient plus à désigner le Magnifique comme l'artisan principal de leurs malheurs. Tous voulaient la paix. À n'importe quel prix. Que leur importait l'humiliation de la maison Medici si leurs affaires redevenaient prospères ! Ce n'était point tant le tyran qu'ils aspiraient à chasser que le fauteur de guerre. Lorenzo exilé de la ville, les ennemis de Florence ne tarderaient pas à composer.

Au sein même de ce Comité des Dix chargé par la Seigneurie de conduire les affaires militaires, quelques partisans du Medici étaient sur le point de flancher.

Enfin il parut. En cotte de mailles, épée au côté et casque à la main, il avait grande allure. L'air grave, il prit place.

« Mes amis, la partie est perdue ! »

Lorenzo scruta les visages les uns après les autres, non sans noter que certains membres du Comité semblaient soulagés. Le poison de la trahison gagnait ! La décision qu'il avait prise avant même de passer en revue les troupes cantonnées à San Casciano lui apparaissait de plus en plus évidente et nécessaire. Il tenait d'abord à expliquer :

« Les compagnies n'ont plus d'appétit à combattre. Un grand désordre règne. Les capitaines se disputent. Chacun tire à hue et à dia. Dès la fin de la trêve d'hiver, l'armée florentine se délitera face à un ennemi deux fois plus nombreux. Florence sera alors à portée de canon des troupes napolitaines et pontificales. »

Un long silence suivit.

« Alors, que proposes-tu ? » demanda brusquement Cesare Petrucci.

Lorenzo les regarda à nouveau, comme s'il entendait se persuader une dernière fois que sa décision était la bonne. Puis il fut bref :

« Je vais me rendre à Naples ! »

Ce fut la stupeur. Les membres du Comité des Dix restèrent d'abord sans voix. Le Magnifique savoura l'instant. Il avait produit le choc qu'il espérait. Reprenant leurs esprits, ils l'interpellèrent les uns après les autres. À Naples, Lorenzo courait un risque mortel. Oubliait-il que, quelques années plus tôt, Ferrante avait fait exécuter le condottiere Piccino qui, en confiance, s'était rendu à lui ? Au mieux, il serait fait prisonnier, enfermé pour des années. À moins que le roi de Naples ne choisît de le livrer à son pire ennemi, le pape Sixte IV !

D'un geste, Lorenzo leur intima de se taire et reprit la parole :

« C'est à moi, chef de la maison Medici, plus qu'à Florence, qu'on a déclaré la guerre. C'est donc à moi d'aller quérir la paix !

– Lorenzo, tu n'as pas le droit de te sacrifier pour nous, dit Petrucci, très ému.

– Je le dois à Florence ! répondit le Magnifique. Grâce à ce geste, notre cité sera épargnée ! »

Lorenzo se leva, signifiant ainsi qu'il ne reviendrait pas sur sa décision. Il les regarda une dernière fois et, un demi-sourire aux lèvres, il ajouta :

« Si j'y perds la vie, j'y gagnerai la gloire ! »

* *
*

De retour au *palazzo* Medici, Lorenzo écrivit plusieurs lettres. À Louis XI et Ludovico le More, il confirma son intention d'aller à Naples. À Clarice, qui était à nouveau grosse, il recommanda de prendre soin d'elle et de ses enfants qu'il aimait tendrement. À ses amis de la *brigata*, il prescrivit de continuer à célébrer les vertus platoniciennes tout autant que les plaisirs de la vie. À Mehmet II, il exprima sa reconnaissance pour ses bienfaits et la livraison de l'assassin Bandini.

Dans le jeu de dupes qui se préparait, le Grand Turc pouvait jouer un rôle essentiel. S'il se décidait à attaquer le royaume de Naples, comme on lui en prêtait l'intention, toutes les cartes seraient redistribuées. Le Saint-Siège devrait alors renoncer à sa politique belliqueuse et appeler à une coalition contre l'Infidèle.

Il reprit sa plume. Sa dernière lettre fut pour sa maîtresse Bartolomea à qui il confia qu'il regretterait la douceur de sa couche et ses mignardes caresses.

Avait-il trompé le Comité des Dix ? En réalité, son départ avait été préparé avec minutie. Louis XI l'avait d'abord informé que Ferrante était tout disposé à entendre ses bons conseils. Il avait dépêché à Naples son ambassadeur Pierre Palmier afin d'esquisser d'éventuelles conditions de paix. Lorenzo lui-même avait chargé un riche marchand florentin, installé de longue date dans le royaume napolitain, de sonder l'entourage du roi. Filippo Strozzi, c'était son nom, en avait tiré la conclusion que Naples était prête à engager la discussion, à condition qu'un émissaire florentin de haut niveau fît le voyage.

Lorenzo comprit dès cet instant que nul autre que lui ne pouvait remplir cette mission. Il s'en ouvrit à Louis XI qui, par retour du courrier, l'encouragea à tenter l'aventure.

Dans ces conditions, courait-il encore des risques ?

Ferrante, prince cruel et versatile, pouvait avoir dupé le roi de France afin de s'emparer de Lorenzo. Grande serait la tentation de le tenir enfermé ou même de le remettre à Sixte IV en gage d'allégeance. Le Saint-Siège, il en était certain, était prêt à payer une forte somme pour disposer de Lorenzo et l'emprisonner dans une cage du château Saint-Ange.

Le sort en était jeté. Il n'était plus temps de reculer. Le Magnifique avait envoyé secrètement un émissaire auprès du duc de Calabre. Il demandait au fils de Ferrante que lui soit envoyée une galère royale à Pise d'où il embarquerait à destination de Naples. La réponse, positive, lui était aussitôt parvenue : deux galères napolitaines allaient immédiatement appareiller. Elles devraient arriver à Pise le 10 décembre.

On toqua à la porte de son cabinet. Lorenzo se leva pour accueillir Tommaso Soderini qu'il avait convoqué dès son retour du *palazzo* Vecchio. L'ancien conseiller de son père, l'homme qu'il avait lui-même peu à peu écarté du premier cercle de ses fidèles, était désormais un vieillard aux cheveux blancs. Élu cette année même gonfalonier de justice, Soderini avait gardé l'estime et la confiance des Florentins.

« J'ai choisi de partir pour Naples afin de m'entendre directement avec le roi Ferrante.

– Tout Florence ne bruit que de cette nouvelle et de la grandeur de ton geste ! Je pense qu'il est donc trop tard pour te mettre en garde... »

Lorenzo ne répondit pas. Soderini, malgré son âge, saurait-il préserver l'ordre et museler les oppositions ?

« Tommaso, mon père, et avant lui mon grand-père, avaient la plus grande amitié pour toi. Moi-même, je te garde mon affection. Sans doute ai-je eu des torts envers toi... Mais j'étais si jeune lorsque le pouvoir m'est advenu que la tentation était forte d'éprouver tout de suite mes propres qualités et de rompre avec le passé.

– Je ne t'en veux pas.

– Aujourd'hui je vais m'éloigner de Florence pour de longs mois. Et peut-être même à jamais si Ferrante en décide ainsi. Je te confie Florence ! Tu exerceras le pouvoir en mon absence. J'ai déjà envoyé un message à la Seigneurie. »

Tommaso Soderini ne put cacher son émotion. Il vint vers Lorenzo, le prit dans ses bras.

« J'accepte, dit-il, en souvenir de Cosimo et Piero qui furent mes maîtres bienveillants. »

* *
*

Le vent soufflait par rafales. Il pleuvait depuis le matin. Les nuages couraient dans le ciel comme des cavales déchaînées. Le Magnifique ne sentait ni le froid ni l'humidité tant il était pénétré du caractère audacieux de sa mission. Il en exagérait à dessein les risques. Il s'imaginait offrant sa poitrine au bourreau. Il mourait, le nom de Florence aux lèvres. Il devenait un héros dont la légende surpassait même celle de Cosimo, « Père de la patrie » ! L'Italie, l'Europe, rendaient hommage à un être d'exception, digne des caractères les plus illustres de l'Antiquité.

Aveuglé par la pluie rasante, son regard se brouillait. Ses rêves de grandeur se dissolvaient soudain dans cette eau qui ruisselait sur ses vêtements. La gageure perdait en éclat, la mission en dangers.

Il était ainsi traversé de sentiments contradictoires. Malgré l'incontestable courage qu'il manifestait en se rendant chez Ferrante, il ne pouvait se dissimuler qu'il avait d'abord travaillé pour sa propre gloire. Mais sa renommée ne se confondait-elle pas avec celle de Florence ?

Lorenzo et les membres de sa petite escorte étaient trempés jusqu'aux os lorsqu'ils grimpèrent la colline de San

Miniato, première étape sur la route de Pise. Sigismondi della Stufa, habile diplomate, Antonio Ridolfi, qui avait de nombreuses accointances à Naples, et Niccolo Michelozzo, son fidèle secrétaire, accompagnaient le Medici.

Dans la montée, les mules, lourdement chargées, peinaient. Leurs bâts contenaient tous les cadeaux que le Magnifique avait choisi d'offrir au roi Ferrante et à sa famille : bijoux, pièces d'orfèvrerie, sculptures, tissus... Lorenzo entendait ainsi montrer que, malgré la guerre, Florence demeurait la cité des arts et du luxe et que le trésor des Medici était inépuisable.

Quand le soir fut venu, il quitta ses compagnons et se retira dans sa chambre. Parti de Florence dans une relative discrétion, le Magnifique voulait que tous les citoyens comprennent quelle était la nature de son geste et quels sentiments l'animaient. Il commença l'écriture d'une longue lettre destinée à être affichée sur les murs de la cité. En s'adressant directement au cœur des Florentins, Lorenzo parachevait l'orchestration politique de son action. Il préparait aussi son retour au cas où sa mission serait couronnée de succès.

« *Comme j'ai joui au milieu de vous de beaucoup d'ornements et de considération, je me crois plus particulièrement obligé de servir les intérêts de mon pays, même aux dépens de ma propre existence. C'est dans cette volonté que je suis parti. Peut-être le désir de Dieu est-il que cette guerre commencée par le sang de mon frère se termine par mon intervention. Si mes vœux sont exaucés, je me réjouirai d'avoir rendu la paix à mon pays et retrouvé, quant à moi, la sécurité. Si le destin en décide autrement, mon malheur s'adoucira à la pensée qu'il était nécessaire au bien public ; si les ennemis en effet ne veulent que ma ruine, ils m'auront entre leurs mains et pourront l'achever. Si leur ambition menace la liberté publique, je ne doute point que mes compatriotes s'unissent pour la défendre jusqu'à la dernière extrémité et avec autant de succès, je veux l'espérer, que nos ancêtres autrefois. »*

* *
*

Après huit jours de mer, Lorenzo avait l'impression que l'hiver était oublié. Caressé par une brise tiède venue d'Afrique, le golfe bleu de Naples s'offrait à lui.

Le Castel Nuovo, résidence des rois de Naples, édifié au XIIIe siècle par les Angevins, dominait de sa masse imposante le port et la ville. Ses murs énormes plongeaient dans la mer. Forteresse médiévale pourvue de tours crénelées, elle avait peu à peu été aménagée selon les goûts du jour dès la conquête de Naples par les Aragon. Des fenêtres nouvelles avaient été creusées dans les épaisses murailles et l'intérieur avait été décoré avec munificence. Mais il restait que ce vaisseau de pierre avançant dans la mer, symbole du pouvoir royal, suscitait un sentiment de malaise, tant sa puissance même paraissait menaçante.

Debout sur le pont de la galère que lui avait envoyée Ferrante, le Magnifique découvrit qu'une véritable foule l'attendait sur le quai. Au milieu brillaient les cuirasses d'un fort détachement de cavaliers et de fantassins qui arboraient des drapeaux frappés de la croix d'Aragon. Ces soldats étaient-ils là pour lui rendre les honneurs ou pour l'arrêter ? Lorenzo, le ventre noué, savait que dès qu'il mettrait pied à terre, le sort de sa mission serait jeté. Certes, l'attitude du capitaine lui avait déjà donné une indication : l'officier napolitain, durant tout le voyage, avait fait preuve d'une grande courtoisie.

La lourde galère se rapprochait du quai. Les rames avaient été rentrées, le bâtiment glissait sur son erre. Les marins, cordages à la main, se préparaient à l'accostage.

Lorenzo distingua parmi les soldats quelques personnages richement vêtus.

« Il y a là le fils cadet de Ferrante. Et l'enfant qui se trouve à ses côtés est le petit-fils du roi », murmura Ridolfi.

On avait donc décidé de le recevoir avec le faste qui revenait à un souverain. Mais Lorenzo savait Ferrante suffisamment fourbe pour cacher son jeu. Demain, malgré ces égards et ces marques de respect, Lorenzo pouvait être enfermé dans une de ces cages situées dans les souterrains du château où le roi de Naples affectionnait de loger les meilleurs de ses ennemis.

Les Florentins débarquèrent. Sourires, effusions et ovations se multiplièrent. Lorenzo était traité à l'égal d'un prince. Dès le lendemain, lui dit-on, le roi Ferrante lui ferait les honneurs de son palais. Mais encore une fois, tournant son regard vers les hauts murs du Castel Nuovo, il sentit l'inquiétude monter en lui.

* *
*

Ferrante d'Aragon, quinquagénaire bedonnant et jovial, l'accueillit avec mille gracieusetés et s'émerveilla des cadeaux que lui apportait Lorenzo. Son goût pour l'art et la protection qu'il dispensait à de nombreux lettrés, peintres et sculpteurs étaient célèbres. Mais ce roi était surtout un jouisseur : amateur de jolies filles – il venait de se remarier avec la jeune et charmante Isabelle d'Aragon – il était aussi réputé pour manger exagérément à chacun de ses repas.

Après avoir disputé pendant plus d'une heure de la beauté des objets que Lorenzo lui offrait, Ferrante lança soudain :

« Votre geste est bien chevaleresque... Il touche le cœur de l'Espagnol que je suis.

– Je ne voyais pas d'autre moyen de parvenir à la paix

que de m'en remettre à l'homme d'honneur que vous êtes ! »

Le gros Ferrante rit.

« C'est prendre un grand risque ! Nous sommes en guerre et vous êtes mon ennemi !

– Faites selon vos désirs. Je suis entre vos mains. Je suis bien obligé de vous obéir en toutes choses dès lors que je suis à Naples.

– Le pape vous réclame à Rome. Dès qu'il a su que vous vous prépariez à partir, il m'a écrit pour me demander de vous livrer à lui. Je ne lui ai pas encore répondu.

– Le ferez-vous ?

– Certes, je ne laisserai pas son courrier sans réponse. Toutefois, je ne suis pas pressé et je ne suis même pas certain du contenu de la lettre que je lui enverrai. »

Il marqua un temps, regarda Lorenzo dans les yeux.

« Nous avons tant à nous dire, tous les deux. Je me réjouis déjà de nos futures joutes oratoires. La visite d'un prince aussi cultivé que vous est une aubaine pour ma maison...

– Je ne suis pas prince...

– Mais vous régnez ! »

Lorenzo soutint le regard rusé de Ferrante. Celui-ci poursuivit :

« Je souhaite que vous vous installiez dans ce palais qui est désormais le vôtre. Je vous en montrerai les richesses. Ce soir même, je donnerai une grande fête en votre honneur.

– Votre allié le pape ne prendra-t-il pas ombrage lorsqu'il saura que vous me traitez ainsi ? »

Ferrante rit à nouveau.

« Pour Sixte IV, seul compte le fait que vous êtes ici à ma disposition ! En vous recevant selon votre rang, je ne porte nulle atteinte à mon alliance avec le Saint-Siège. Mais foin de subtilités diplomatiques ! Il sera toujours temps d'aborder ces délicates questions. Mes gens vont vous conduire à vos appartements, et nous nous reverrons pour souper. »

Lorenzo prit possession des lieux vastes et aisés qu'on lui avait réservés au deuxième étage du château royal. Était-il hôte ou prisonnier ? En le retenant près de lui, Ferrante avait-il voulu l'honorer ou mieux le surveiller ? Le Magnifique l'ignorait. Avec ce diable d'homme, tout était possible. Le roi de Naples entendait jouer avec lui comme le chat avec la souris. Lorenzo, qui n'avait guère d'autres solutions, se promit de tout mettre en œuvre pour paraître à son avantage et séduire cette société napolitaine qui semblait tant le priser.

Il avait à peine commencé son installation qu'une jeune fille brune aux yeux de braise fut introduite chez lui. Elle lui fit une révérence du meilleur effet.

« Je m'appelle Niña, zézaya-t-elle, en se relevant. Je suis ici pour complaire à tous vos désirs. »

Décidément, Ferrante ne reculait devant rien pour lui être agréable !

* *
*

Les négociations traînaient en longueur. Sigismondi della Stufa et Niccolo Michelozzo traitaient pied à pied avec leurs homologues napolitains, Antonello Petrucci et Antonio Cicinello, tandis que Lorenzo et Ferrante, entre deux considérations sur l'art ou la littérature, faisaient assaut de courtoisie.

Le roi de Naples n'était guère pressé de conclure. Lorenzo en prenait son parti. Les bals succédaient aux bals. Le Magnifique méritait plus que jamais son surnom. Les femmes se disputaient sa compagnie et les hommes sa conversation. Il dota des jeunes filles pauvres, paya la libération d'une centaine de galériens, offrit des fêtes somptueuses. Au milieu de cette cour corsetée à l'espagnole où régnait une stricte étiquette, Lorenzo introduisait un ferment de fantaisie et de poésie.

Seule contrariété pour Lorenzo : la présence à Naples de Diotisalvi Neroni. Cet éternel conspirateur, membre du complot qui avait tenté d'assassiner Piero, instigateur de la révolte de Prato, travaillait maintenant à aiguiser la méfiance des Napolitains envers les Florentins.

Lorenzo, absent physiquement de Florence, ne s'en tenait pas moins informé des affaires de l'État. Le Comité des Dix lui envoyait régulièrement des nouvelles. La publication de la lettre qu'il avait écrite à San Casciano avait produit un bel effet. Les Florentins n'en recommençaient pas moins à gronder : la trêve n'était pas la fin de la guerre, l'ennemi campait toujours en Toscane et les affaires continuaient à péricliter. Le Magnifique avait intérêt à revenir au plus tôt avec un bon traité de paix dans sa besace. Malheureusement, Ferrante était maître du jeu.

Chaque matin, Lorenzo réunissait ses conseillers. Il faisait le point sur l'évolution des négociations et constatait, dépité, qu'elles ne progressaient guère. Tant que Ferrante n'accepterait pas de discuter avec lui, la paix ne serait pas conclue.

Jour après jour, les diplomates florentins rappelaient l'injustice qu'ils avaient subie. Ils réclamaient qu'on leur remît les places qu'on leur avait prises. Ils mettaient en avant les bienfaits d'une nouvelle alliance entre Naples et leur propre État. Ils soulignaient combien les ambitions du pape étaient dangereuses pour toute la péninsule. Pour le royaume de Ferrante aussi, tôt ou tard.

Les Napolitains, eux, tergiversaient. Ils se cachaient derrière le Saint-Siège qui exigeait comme préambule à tout accord avec Florence que Lorenzo, et avec lui les condottieri de Romagne qui avaient combattu contre les troupes pontificales, se présentent devant Sixte IV afin de faire pénitence et implorent sa clémence. Une prétention inacceptable pour le Magnifique qui redoutait, dès son arrivée à Rome, d'être enfermé au château Saint-Ange.

Ferrante était d'ailleurs le premier à déconseiller à Lorenzo de se rendre dans la Ville éternelle. Le roi de Naples ne cessait de manifester son affection à son nouvel ami. Le Medici répondait à cette ferveur, tout en continuant à se défier. Certes, il semblait de moins en moins probable que Ferrante choisît de le mettre à mort tant il paraissait goûter sa compagnie. Toutefois, les semaines passant, Lorenzo se rendait compte que, malgré toutes les douceurs dont on l'abreuvait, il était bel et bien prisonnier, fût-ce dans une cage dorée !

XIV

1480

Presque trois mois s'étaient écoulés.

Le Magnifique avait épuisé les charmes de la cité et de la bonne société napolitaines. Il avait maintenant hâte de regagner Florence.

D'après Michelozzo et Ridolfi, Ferrante semblait enfin désireux de conclure une paix véritable et sincère. Coup sur coup, deux nouvelles précipitèrent les événements. Lorenzo informa Ferrante que René de Lorraine, héritier des prétentions angevines sur Naples, envisageait de prendre la mer avec une forte armée pour reconquérir le royaume de ses ancêtres. En réalité, mais le Magnifique se garda bien de le préciser, il s'agissait d'une nouvelle ruse de Louis XI qui voulait faire pression sur le roi de Naples.

D'autre part, on apprit que la flotte du Grand Turc rassemblée à Rhodes était prête à appareiller en direction du sud de l'Italie.

Doublement menacé, Ferrante accepta enfin de négocier en tête à tête avec Lorenzo.

Bien que le duel se déroulât à fleurets mouchetés, le Magnifique savait que pour l'essentiel il avait gagné :

« Mon alliance avec le pape, commença Ferrante, ne peut se défaire en un instant.

– Que n'y avez-vous pensé dès que je suis arrivé en vos États !

– Sixte IV ne cesse de recuire sa haine. Il lui est impossible de vous pardonner !

– Pas plus que je ne lui pardonne l'assassinat de mon si cher frère ! »

Le roi haussa les épaules.

« Ce sont querelles anciennes...

– Le fait est que Florence est toujours frappée d'interdit et que Montefeltro et votre fils, le duc de Calabre, menacent toujours ma ville.

– Que proposez-vous ? demanda Ferrante, tout à trac.

– Nos ambassadeurs en ont déjà discuté. La sagesse voudrait que l'on en revînt au *statu quo ante*. Vous me remettez les villes que vous m'avez prises...

– Et en contrepartie ?

– Nous construisons tous les deux une forte et bonne alliance à laquelle se joindra Ludovico le More.

– Quant à Venise ?

– Les Vénitiens n'entreront jamais dans une combinaison où vous serez engagé. N'oubliez pas qu'ils sont au mieux avec les Turcs. Peut-être même les ont-ils sollicités afin qu'ils viennent razzier vos côtes ! »

Une lueur de haine passa dans le regard de Ferrante, révélant sa vraie nature. Lorenzo frémit : lui-même n'avait rien fait pour dissuader Mehmet II d'attaquer le royaume de Naples, bien au contraire. Il reprit vite :

« Peu importe Venise ! Naples, Milan et Florence ensemble constitueront une telle force que l'Italie tout entière y gagnera en paix et prospérité. En outre, notre bonne alliance obligera le neveu du pape, Girolamo Riario, à limiter ses ambitions et l'empêchera de vous chercher noise un jour ou l'autre. »

Ferrante se frotta le front, cherchant à deviner quel piège on était en train de lui tendre. Lorenzo reprit la parole.

« Si le Turc venait à vous attaquer, nous serions à vos côtés. Quant à moi, je vous promets de demander à Louis XI de retenir le duc de Lorraine qui brûle de venir s'emparer de votre trône. »

Le roi de Naples était perplexe. Que valait cet accord que lui proposait le Medici ? Son fils, le duc de Calabre, tenait solidement Sienne. Il lui faudrait tôt ou tard abandonner la place, remettre aussi les forteresses que son armée avait conquises. Le prix de cette paix était décidément par trop favorable aux Toscans.

Conscient de tous les orages qui traversaient la tête de Ferrante, Lorenzo doutait que le roi se rendît sans obtenir des avantages plus substantiels.

« Je veux que vous fassiez du duc de Calabre votre condottiere. Il ne vous en coûtera qu'un tribut annuel de soixante mille florins !

– C'est une somme énorme ! dit Lorenzo, feignant d'être effaré.

– Elle vaut le sacrifice que mon fils est prêt à accomplir en renonçant un jour à Sienne si les citoyens de cette cité l'exigent. »

Ferrante sourit. Au milieu de son visage rond et coloré, ses yeux brillaient telles deux escarboucles. Il ajouta :

« Il est entendu que ce tribut sera versé tant que le duc de Calabre disposera de Sienne ! »

Lorenzo ne répondit pas. L'argent ne devait point se compter s'il contribuait à apporter la paix. Telle avait toujours été sa politique et, avant lui, celle des Medici qui l'avaient précédé.

« Ainsi, dit-il, nous pouvons donc apposer nos signatures au bas d'un traité...

– C'est mon vœu le plus sincère tant votre visite m'a été chère. Toutefois, pour prévenir l'inévitable colère de Sixte IV, je vous suggère un stratagème : cette nuit même, vous embarquerez clandestinement sur une de mes galères...

Le pape, croyant que vous avez échappé à ma vigilance, ne pourra me tenir rigueur de votre fuite...

– Et le traité ?

– Donnez procuration à vos ambassadeurs ! Ils signeront en votre nom dès que le document sera établi. »

Lorenzo acquiesça. Enfin le départ. Florence. Ses enfants. Et la promesse de retrouver les caresses de Bartolomea, même si la troublante Niña avait su distraire agréablement la fougue de son tempérament. Toutefois, avant de prendre congé du roi, il ne résista pas au désir d'assouvir sa curiosité :

« Avez-vous songé à me faire assassiner ? »

Ferrante sourit à belles dents.

« C'eût été un grand malheur d'occire un aussi bon seigneur. Aussi vous ai-je gardé en vie et même protégé des sicaires du pape qui sont si prompts à expédier *ad patres* les honnêtes gens ! »

* *
*

Les pavés étaient jonchés de fleurs. Ce 25 mars, jour de l'Annonciation, Lorenzo de Medici entra dans Florence en triomphateur. La ville en liesse célébrait son maître et la paix retrouvée. Des processions d'actions de grâces parcoururent la cité. Même les grincheux s'inclinèrent : le Magnifique, en risquant sa vie, avait sauvé la cité du Lys.

Lorenzo goûta sans partage cette joie qui montait vers lui. Entouré par ses amis de la *brigata*, fêté par les prieurs et le Comité des Dix, embrassé par le vieux Soderini, il s'appliqua pourtant à ne pas se laisser enivrer et à recevoir ces hommages avec la modestie qui seyait à un grand souverain. Il pensait déjà qu'il lui faudrait exploiter sans tarder ce succès et assurer définitivement son pouvoir. Florence subjuguée ne saurait rien lui refuser.

Le soir même, le Magnifique réunit ses amis via Larga afin de leur exposer ses projets.

« Nous avons gagné la paix, commença-t-il, même si les menaces demeurent. Sixte IV, abandonné par son allié napolitain, a dû signer le traité et ne tardera pas à lever son interdit. Toutefois, il exige toujours que je fasse pénitence. Enfin le duc de Calabre tient Sienne. Bien que nous le payions grassement, il peut à tout moment avoir la tentation de marcher sur Florence.

– Contre la volonté de son père qui est devenu notre allié ? interrogea Braccio Martelli.

– Ferrante est aussi fourbe que versatile. J'espère cependant que le Turc lui causera assez d'ennuis pour le dissuader de s'intéresser à nos affaires. »

Lorenzo sourit, but une gorgée de vin. Il éprouvait une vive satisfaction de retrouver son *palazzo* et la compagnie de ses amis après cette longue absence. Demain, Clarice et les enfants reviendraient à Florence. Cette nuit, il rejoindrait Bartolomea. La vie recommençait. Il voulait oublier au plus vite les deux terribles années qui venaient de s'écouler.

Ses amis respectèrent son silence. Enfin, il reprit après avoir à nouveau bu un peu de vin :

« La guerre a avivé les ambitions... L'Italie est malade. De nouveaux conflits vont éclater. Sixte IV, bien qu'il soit vieux et souffrant, n'a pas cessé de nuire et son neveu Girolamo est toujours dangereux. Il faut qu'au milieu de ces troubles Florence demeure un îlot de paix. J'y travaillerai. Mais cela requiert la totale confiance des citoyens.

– La ville est à tes pieds ! dit le gros Dionigi Pucci.

– Pour combien de temps ? Les démons de la division se réveilleront plus vite que vous ne l'imaginez. Aussi, je me propose de convoquer une balie de réforme*.

---

* Dictature temporaire et élective pour rétablir l'ordre et mettre un terme aux luttes des factions.

– Qu'as-tu en tête ? demanda Luigi Guicciardini.

– Nos institutions sont trop instables.

– Elles sont à ta dévotion ! remarqua Martelli.

– Je le sais. Seulement, à l'occasion d'un nouveau scrutin, tout peut changer. Les ennemis des Medici, actuellement à terre, n'y resteront pas. Une clause secrète du traité de paix prévoit la libération des Pazzi qui sont enfermés à Volterra.

– Pourquoi as-tu consenti ? s'exclama Guicciardini.

– Ferrante, sans doute aiguillonné par Sixte IV, a insisté au dernier moment, alors que j'allais embarquer. J'ai cédé pour sauver la paix. Je ne le regrette pas : les assassins ont été punis.

– À l'exception du pape et de son détestable neveu ! souligna Pucci.

– Tu as raison. Ne crois pas que j'oublie. Sixte IV mourra sans doute dans son lit. Mais un jour, je vous le promets, ma vengeance frappera Girolamo. Je sais attendre.

– Revenons à tes projets, dit Braccio.

– J'imagine une assemblée composée de membres élus à vie qui se remplaceront par cooptation. Ce nouveau conseil se substituera à tous les organismes existants. Il désignera le gonfalonier, les prieurs et les principaux comités.

– Et, bien sûr, les partisans des Medici seront majoritaires dans cette nouvelle assemblée, observa ironiquement Pucci.

– Cela va de soi !

– Ne risques-tu pas d'être accusé de tyrannie ?

– Je n'agis que pour le bien de Florence », répondit-il sèchement.

Quand ils furent partis, Lorenzo réfléchit quelques instants avant de se rendre chez Bartolomea. Pucci avait raison : l'adoption de cette nouvelle institution mettrait à mort la république, même si, en apparence, elle demeurerait le système politique de Florence. Jamais les Medici n'auraient eu autant de pouvoirs que ceux qu'ils détiendraient à l'avenir. Aurait-il dû aller encore plus loin en se faisant proclamer seigneur de Florence et en instituant un principe dynastique en faveur des Medici ? Il ne le pensait pas. Sa prudence naturelle l'incitait à avancer pas à pas. Cela ne l'empêchait pas d'espérer secrètement que son fils aîné, Piero, porte un jour le titre de duc de Florence.

* *
*

L'été culminait. Lorenzo était revenu à ses premières amours. Installé à Careggi, loin de la chaleur étouffante de Florence, il écrivait à nouveau des poèmes, festoyait avec ses amis de la *brigata*, discutait de philosophie avec Marsilio Ficino et Agnolo Poliziano, faisait de longues promenades dans la campagne, contait fleurette aux jeunes paysannes des environs et jouait avec ses enfants.

Il s'était pris de passion pour cette existence bucolique. Veillant de près sur les cultures et élevages de son domaine, il préconisait l'acclimatation de plantes nouvelles, créait une fromagerie, dérobait aux paysans les secrets de leur pratique, achetait tous les terrains qui étaient à vendre. Il aimait à respirer la terre, la sentir couler entre ses doigts. Il guettait la maturation des blés, le mûrissement des raisins. Il se sentait de plain-pied avec cette nature généreuse qui, telle une femme, se donnait à lui sans retenue.

Face aux difficultés pécuniaires que rencontrait la maison Medici depuis la guerre et surtout depuis que Sixte IV lui avait retiré le monopole de l'extraction et de la commercialisation de l'alun, Lorenzo pensait sérieusement à investir une partie de sa fortune dans les biens fonciers. Il agissait ainsi en parfait accord avec sa sensibilité. Virgile rejoignait les intérêts bien compris des Medici.

Non pas que Lorenzo dédaignât les affaires tant politiques que commerciales – son chancelier et secrétaire, Niccolo Michelozzo, demeuré à Florence, expédiait les affaires courantes et lui adressait un rapport quotidien – mais cette paix recouvrée après de si nombreuses tempêtes faisait qu'il considérait avec plus de distance les intrigues italiennes et se laissait aller au bonheur de vivre.

Le vindicatif Sixte IV, malgré le traité qui avait été signé, exerçait toujours son pouvoir de nuisance et refusait d'accorder son pardon à Florence tandis qu'il incitait son neveu Girolamo Riario à agrandir son fief d'Imola au détriment des principautés voisines.

Toutefois, dans les derniers jours du mois de juillet, parvint enfin la nouvelle que Lorenzo attendait : la flotte turque, forte de cent vaisseaux, assiégeait le port d'Otrante, une possession napolitaine située à l'extrémité méridionale de la péninsule. Il en devinait déjà les heureuses conséquences pour Florence. Le roi Ferrante en appellerait au pape. Il exigerait du Saint-Siège qu'il oublie ses différends et proclame la guerre sainte contre l'Infidèle. Pour peu que le Turc réussît à poser le pied sur la terre italienne, le roi de Naples demanderait à son fils, le duc de Calabre, d'abandonner Sienne et de conduire au plus vite son armée vers son royaume menacé.

Lui-même, comment réagirait-il si Ferrante l'appelait à l'aide ? Il ne pouvait pas ne pas donner satisfaction à son nouvel allié. Toutefois, le Magnifique ne désirait pas non plus contrarier Mehmet II qui lui avait toujours manifesté son amitié et qui, par cette intervention providentielle, rendait un fieffé service à la cité toscane. Lorenzo arguerait du fait que Florence était pratiquement dépourvue d'armée permanente. Une fois de plus, il ouvrirait sa bourse. Que valaient quelques milliers de florins en regard de la sécurité recouvrée ?

Le soleil se couchait au-dessus des collines. Les chandelles des cyprès se détachaient fièrement sur le ciel rougeoyant.

Lorenzo aimait ce moment où la nature, avant de basculer dans la nuit, semblait se donner une pause. On y éprouvait avec plus d'acuité les bruits de la campagne. Sonnailles d'un troupeau, aboiements d'un chien de ferme, glapissements d'un renard en chasse. Il quitta à regrets la terrasse. Soudain, il ressentit la douleur. Une brûlure qui le transperçait dès qu'il posait le pied gauche à terre.

Il revint vers la villa en boitillant. Vivre. Il fallait vivre avant que la maladie ne le gagnât tout entier.

* *
*

De belle taille, bien cambré, l'œil vif, le nez droit, le cheveu bouclé, Leonardo avait belle allure. L'adolescent que Lorenzo avait autrefois croisé dans la *bottega* de Sandro Botticelli était devenu un homme vigoureux au visage fier.

Leonardo da Vinci n'était pas un familier du *palazzo* Medici. Secret, ombrageux, réservé, le peintre tenait farouchement à son indépendance et haïssait toute forme de courtisanerie. Toutefois, il n'ignorait pas que Lorenzo était intervenu en sa faveur quelques années plus tôt et l'avait sauvé du bûcher. Pour l'en remercier, il lui avait malicieusement envoyé une sanguine qui représentait le portrait d'un jeune garçon aux lèvres gourmandes, peut-être l'image même de ce prostitué qu'il avait eu l'imprudence de fréquenter.

Le Magnifique, à son retour de Naples, avait été frappé par un croquis que Leonardo avait réalisé à la demande de la Seigneurie : l'effigie du pendu Bandini, l'assassin de son frère Giuliano. Il n'avait pas oublié le visage émacié du supplicié et ses orbites creuses qui lui faisaient déjà une tête de mort.

L'artiste terminait une *Annonciation* destinée à l'église San Bartolomeo d'Oliveto. Botticelli, qui avait vu l'œuvre finie, avait recommandé à son ami Lorenzo de contempler cette grande peinture sur bois avant qu'elle ne quittât Florence.

Leonardo le reçut dans sa *bottega* où il avait l'habitude de travailler seul. L'endroit était étrange et presque terrifiant. Des maquettes de volatiles étaient accrochées au plafond, un squelette reposait dans un coin de la pièce, des pots remplis de diverses mixtures jonchaient le plancher. Aux murs étaient épinglées, réalisées à l'encre, à la mine de plomb ou à la sanguine, des études d'écorchés, des croquis de personnages grotesques et difformes, des portraits de vieillards édentés aux joues creusées, des esquisses d'ailes d'oiseaux, des dessins anatomiques où l'intérieur du corps humain était représenté avec un souci extrême du détail. Au milieu se trouvaient quelques nus masculins aux muscles noueux, aux fesses nerveuses, qui indiquaient clairement que les goûts de Leonardo n'avaient guère changé. Il y avait aussi des plans de machines, de bâtiments ou de villes. Plus mystérieuses encore, des annotations illisibles figuraient au bas de ces croquis. Elles semblaient avoir été écrites de droite à gauche. Était-ce de l'arabe ou de l'hébreu ? En s'approchant, Lorenzo comprit qu'il s'agissait d'une écriture renversée, qu'on ne pouvait donc lire qu'à l'aide d'un miroir. Leonardo craignait-il à ce point les indiscrets ?

Le peintre devina le cours des pensées du Medici.

« C'est une manie inoffensive qui intrigue mes rares visiteurs...

– Est-ce manière de dissimuler ? »

Leonardo rit. Un rire sec, un peu méprisant.

« Dans cette société inquisitrice, on n'est jamais trop précautionneux. »

Il tourna le dos à Lorenzo, se dirigea vers un grand chevalet recouvert d'un drap. Tel un magicien, il dévoila d'un geste brusque le tableau que le tissu protégeait. Une bouffée de couleurs illumina soudain la pièce. Au milieu des croquis inquiétants qui étaient accrochés aux murs, une beauté surnaturelle surgissait de l'œuvre. Subjugué, le Magnifique fit quelques pas en direction du tableau. Dans un décor de paysage toscan, la Vierge était assise devant un lutrin portant un livre sur lequel elle posait sa main droite. La gauche, levée à la hauteur de sa poitrine, paume ouverte, exprimait la surprise. Son visage blanc et juvénile était d'une incomparable douceur. Elle regardait Gabriel agenouillé devant elle sur un tapis de fleurs qui la bénissait de sa main droite, deux doigts dressés vers elle. Longue chevelure bouclée, drapé subtil de la robe, doté de deux puissantes ailes attachées sous ses aisselles et autour de sa poitrine, l'ange avait un caractère androgyne. Son visage, en particulier, était incontestablement féminin. Leonardo avait-il pris comme modèle un éphèbe de sa connaissance ?

Lorenzo se pencha pour examiner le tableau de plus près : dans le lointain du décor, entre les deux personnages, on devinait, comme un rêve antique, le fouillis d'une cité lacustre dominée par une aiguille rocheuse. Qu'avait voulu signifier Leonardo en peignant ceci ? Au-delà du sujet imposé de l'Annonciation, avait-il désiré représenter sa propre pensée, lui qui semblait si épris d'architecture ? Que cachait l'expression énigmatique de la Vierge ? Si son geste de la main pouvait évoquer la surprise, ses traits étaient marqués par l'abandon, une acceptation presque sensuelle de ce destin divin qu'on lui annonçait.

Le Magnifique se retourna. Leonardo, un mince sourire aux lèvres, ne le quittait pas des yeux.

« Elle a tellement envie d'être mère... murmura Lorenzo.

– Mais peut-être l'est-elle déjà ? Dans ce geste de Gabriel, ces deux doigts levés en direction de Marie, il y a peut-être un flux conceptuel et invisible. »

Il rit et continua.

« Observez son giron et ses cuisses écartées sous le drapé de la robe. Dès cet instant, Marie est en attente de conception !

– Je serais étonné que l'enseignement de la Sainte Église te suive sur ce point...

– Qu'importe ! Je suis un inventeur et un poète... J'aime à me délier des lois communes.

– C'est parfois très dangereux.

– Je le sais mieux que quiconque. Il se trouve parfois de bonnes âmes pour vous venir en aide. »

Lorenzo sourit. Curieux homme, décidément. Il demanda avec malice :

« Ton ange me paraît avoir des ailes attachées par un système de liens... Ne penses-tu pas que les anges sont naturellement pourvus d'ailes et aptes à voler ?

– Il en est des anges comme des hommes... Mais je connais mieux ces derniers. Si nous voulons des ailes, nous devons prolonger notre corps par une machinerie.

– Les hommes voleront-ils un jour ?

– Pourquoi pas ? Je m'applique à étudier le mécanisme du vol des oiseaux pour le reproduire... C'est aussi compliqué que passionnant. Ce goût m'est venu à la suite d'un rêve que j'ai fait au berceau. Un milan vint au-dessus de moi, m'ouvrit la bouche de sa queue, et me frappa à plusieurs reprises l'intérieur des lèvres.

– C'était peut-être l'Esprit Saint..., ironisa Lorenzo.

– Qui sait ? Mais cet oiseau, en agissant ainsi, ne m'invitait-il pas à tenter de comprendre les mystères de son vol ? »

Lorenzo hocha la tête.

« Pourquoi ne viendrais-tu pas enrichir nos réunions de l'académie platonicienne ?

– Non, fit Leonardo. Je suis un solitaire et j'ai tant à faire...

– Je le regretterai.

– Même si Platon était un génie, sa pensée n'est pas

insurpassable. D'autres apporteront leur pierre. Moi, c'est en déchiffrant la nature que je veux comprendre le monde. »

Lorenzo fut longtemps troublé par cette visite, tant se manifestaient de science et de mystère derrière l'orgueil hautain de Leonardo da Vinci.

* *
*

Le petit œil méchant de Sixte IV se posa sur les douze hommes qui s'agenouillèrent devant lui. Piètre consolation que cette cérémonie d'expiation !

Le souverain pontife enrageait. Otrante n'avait pas résisté longtemps aux canons turcs. Les infidèles, solidement installés dans cette place forte, menaçaient d'en faire une tête de pont pour se lancer à la conquête de l'Italie méridionale et peut-être même remonter jusqu'à Rome. En attendant, ils avaient ravagé la côte.

Sixte IV avait appelé les chrétiens à s'unir pour repousser le Turc et, malgré lui, avait remisé provisoirement ses griefs contre Florence. Toutefois, il n'accepta de lever son interdit qu'à la condition qu'un pardon symbolique lui fût demandé.

Comme Lorenzo de Medici refusait toujours obstinément de se rendre à Rome, Sixte IV exigea que des ambassadeurs florentins vinssent faire pénitence à sa place. Certes, ce serait un simulacre puisque c'était le Magnifique qu'il poursuivait de sa haine et qu'il voulait abaisser. Mais la dignité pontificale serait sauve.

Le 3 décembre, jour de l'Avent, les douze pénitents s'étaient présentés devant le grand portail de la basilique Saint-Pierre. Les lourds vantaux étaient fermés. Les ambassadeurs, ecclésiastiques et représentants des meilleurs familles florentines, à l'exception des Medici, avaient longuement patienté avant que les gardes pontificaux n'ouvrent.

Tête baissée, ils avaient marché jusqu'au trône où Sixte IV, entouré de cardinaux, accorderait enfin son pardon.

Prosternés, ils attendaient. Un notaire apostolique lut les formules de confession. Le chef de la délégation florentine, l'évêque de Volterra, Francesco Soderini, implora au nom de tous la compassion du souverain pontife. Sixte IV lui répondit :

« Vous avez péché, mes fils. Contre le Seigneur Dieu, notre Sauveur, en tuant cruellement et criminellement l'archevêque de Pise ainsi que les prêtres de Dieu car il est écrit : "Vous ne toucherez pas à mes oints !" Vous avez péché contre le pontife romain car vous l'avez diffamé dans le monde entier. Vous avez été la cause de rapines, d'incendies, de pillages et de maux infinis, en n'obéissant pas à nos ordres apostoliques. C'est à regret que nous avons sévi contre vous. Mais maintenant que vous revenez avec humilité, nous vous donnons l'absolution des erreurs et des excès que vous avez commis. »

Un cardinal remit au pape le pénitencier, une longue baguette de bois.

« Ne retournez pas à vos erreurs comme le chien retourne à ses vomissements ! »

En même temps, le souverain pontife frappa les épaules de chacun des Florentins tandis qu'ils entonnèrent le *Miserere*.

Il leur fallut encore baiser les pieds de Sixte IV et recevoir sa bénédiction. La cité du Lys était enfin admise à réintégrer la Sainte Église. Florence n'était cependant pas encore quitte.

« Mon pardon ne vous sera définitivement acquis que lorsque votre cité aura armé quinze galères pour combattre les infidèles ! »

Sixte IV se leva avec solennité. Et, retournant à ses appartements, il songea que, malgré l'humiliation qu'il venait d'infliger aux ambassadeurs florentins, c'était Lorenzo de Medici qui sortait vainqueur de la confrontation qui les avait opposés. Une pensée insupportable pour ce pontife orgueilleux et querelleur.

XV

1488

Lorenzo devait prendre sur lui pour continuer à diriger ses affaires. La maladie l'affligeait de plus en plus. La goutte, mais aussi de terribles douleurs d'estomac qui le laissaient rompu. Il se retirait souvent aux thermes où il cultivait le souvenir de la douce Lucrezia. Sa mère était partie six ans plus tôt. La faucheuse rôdait. Elle emporterait bientôt la pâle Clarice qui se mourait de consomption.

Était-ce à cause de la mort prochaine de Clarice ou de la maladie de Lorenzo ? Les deux époux se pressèrent d'établir leurs enfants. Pour affermir la position des Medici à Rome, Piero le fils aîné, héritier présomptif, fut marié à Alfonsina Orsini. Ce fut le début d'une intense politique matrimoniale. L'aînée, Lucrezia, épousa un Salviati. Luisa, dont la santé était chancelante, fut malgré tout fiancée à l'un de ses cousins, Giovanni de Medici. Restaient Contessina et Giuliano qui étaient encore trop jeunes.

Au milieu des guerres, des signatures de traités et des renversements d'alliance qui n'avaient cessé de bouleverser la péninsule italienne, Lorenzo, naviguant entre les uns et les autres, s'était efforcé d'assurer la sécurité de Florence et de se poser en médiateur lorsqu'un conflit éclatait.

Sixte IV, à son tour, avait succombé. Un Génois, Giambattista Cibo, lui avait succédé sous le nom d'Innocent VIII. D'une jeunesse dissipée et mondaine – il avait eu sept enfants nés de plusieurs femmes – le nouveau pape avait gardé tolérance et bienveillance. Après des débuts difficiles, les relations entre Florence et le Saint-Siège étaient devenues paisibles et confiantes. L'an passé, il avait même été décidé le principe d'un mariage entre l'un des fils du pape, Franceschetto Cibo, et la fille aînée de Lorenzo, Maddalena. Le contrat avait été signé au début de l'année.

Le Magnifique n'entendait toutefois pas en rester là : il voulait aussi un chapeau de cardinal pour son fils Giovanni. Innocent VIII hésitait, en raison du jeune âge du futur prélat. Lorenzo, bien décidé à obtenir gain de cause, avait dépensé jusqu'à deux cent mille florins pour gagner la faveur du souverain pontife et des cardinaux. Le pape avait fini par céder : à treize ans, Giovanni avait donc reçu la pourpre. C'était pour Lorenzo une revanche éclatante sur Sixte IV qui, non seulement avait refusé de donner un chapeau de cardinal à son frère Giuliano, mais l'avait fait lâchement assassiner ! Malgré les ans, la blessure saignait encore. Le Magnifique y pensait souvent. Sa haine était concentrée sur l'âme du complot, Girolamo Riario. C'était lui qui, à l'instigation de son oncle, avait voulu éliminer les deux frères Medici dans le but de s'emparer de Florence.

Réfugié dans sa principauté d'Imola, le neveu de Sixte IV, qui ne bénéficiait plus de la protection du Saint-Siège, s'entourait d'un luxe de précautions. Mais Lorenzo ne désespérait pas de l'atteindre un jour. À l'occasion des épousailles de Maddalena de Medici avec le fils d'Innocent VIII, il passa un accord secret avec ce dernier : si Riario disparaissait, Franceschetto Cibo, qui rêvait de se tailler un fief, mettrait la main sur Imola. Pour le Magnifique, l'opération était doublement satisfaisante : s'il parvenait à se venger de Girolamo, son propre gendre régnerait sur cette ville qui, en raison de sa proximité, représentait une menace permanente pour Florence.

Dès que l'accord fut conclu avec Innocent VIII, Lorenzo se mit à l'œuvre.

* *
*

La rivière fuyait au fond de la vallée entre les saules et les peupliers. Lorenzo aimait contempler son miroitement sous ce doux soleil de printemps. L'Ombrone caressait les flancs d'une petite île, Ambra, un écrin de verdure au milieu de ces eaux claires et murmurantes. Il appréciait tant ce spectacle qu'il avait donné le nom de cet îlot à la maison qu'il faisait construire.

Quelques années plus tôt, il avait acheté une vaste propriété agricole située à une dizaine de milles de Florence, à Poggio a Caiano. Conservant et aménageant les fermes existantes, il avait décidé d'y édifier une villa modèle sur la hauteur, là où se trouvait autrefois un château fort. Les travaux avaient été confiés à un jeune architecte, Giuliano da San Gallo, un disciple du grand Alberti. Les murs d'enceinte, surmontés par quatre tourelles, avaient déjà été construits et la vaste villa commençait de sortir de terre. Lorenzo venait souvent visiter le chantier. Il était impatient de prendre possession des lieux et il imaginait les audacieux jardins suspendus que San Gallo avait dessinés. Verrait-il l'achèvement de Poggio a Caiano où il voulait rassembler tous les songes de sa vie ?

En attendant, il surveillait les travaux des champs, ses viviers et ses élevages : faisans dorés, étalons, vaches qui fournissaient un des meilleurs laits d'Italie, vers à soie pour lesquels il avait fait planter des mûriers, abeilles. D'autres animaux exotiques, lions et girafes offerts par le sultan de Constantinople, peuplaient également le domaine.

Des dizaines d'ouvriers s'activaient : tailleurs de pierre, maçons, charpentiers. Lorenzo s'approcha. Grincement des poulies, fracas des bouchardes, crissement des scies, il ressentait une profonde jubilation à voir monter les murs, construire la colonnade ionique de la loggia en forme de petit temple qui donnerait accès au bâtiment. La villa s'élevait sur une grande terrasse qui reposait sur des arcades de pierre. Pour les voyageurs engagés dans la vallée, elle donnerait ainsi l'impression d'être suspendue dans le ciel. Une œuvre d'art ! La sienne. Lorenzo voulait que Poggio a Caiano témoignât plus tard du raffinement de la civilisation florentine tout autant que de l'excellence d'une société agricole harmonieuse.

À un angle de la bâtisse en construction, San Gallo, jeune et élégant, un rouleau de papiers sous le bras, discutait avec un homme plus âgé, le chef de chantier. Lorenzo les laissa terminer leur conversation puis il rejoignit l'architecte. Avisant le Medici, San Gallo dit, ironique :

« Ne me répète pas que l'ouvrage n'avance pas assez vite ! Les ouvriers travaillent de l'aube jusqu'au crépuscule. »

Lorenzo se força à sourire. Il était vrai qu'il se montrait exigeant. Mais pouvait-il lui dire la vérité ? Il n'avait pas encore quarante ans, et se sentait pourtant si vieux... Oublier, dépasser la maladie : c'était une lutte de tous les instants. L'orgueil le menait. La volonté de laisser une trace, d'apporter sa pierre à l'édifice Medici ! Ses ancêtres avaient d'abord été des marchands et des banquiers. Lui était possédé par le désir d'inscrire définitivement sa dynastie dans la vie florentine. Les centaines de livres précieux dont il enrichissait la bibliothèque publique créée par son grand-père, la construction de nouveaux édifices qui embellissaient la ville, les innombrables commandes passées aux peintres et aux sculpteurs, cet argent qu'il dépensait sans compter au risque de faire péricliter ses affaires, tout œuvrait pour sa gloire et celle de sa maison.

San Gallo, intrigué, l'observait mais respectait son silence. Lorenzo se reprit. S'il laissait le talentueux architecte décider des grandes lignes du bâtiment, il portait une attention pointilleuse à tout ce qui touchait à la décoration. Ainsi, il voyait au-dessus de la colonnade ionique une frise en majolique, représentant les travaux des hommes et les plaisirs des dieux. Encore plus haut, juste sous le fronton, figurerait le blason des Medici.

Les deux hommes discutèrent de l'ornementation de la loggia. Lorenzo pensait commander une fresque à Filippino Lippi. Pour l'intérieur de la villa et le grand salon voûté qui serait la pièce d'honneur de la bâtisse, il ferait appel aux meilleurs artistes de Florence...

Alerté par un bruit de galop, il s'interrompit. Un cavalier montait à bride abattue vers le chantier. L'homme passa sous la poterne gardée par plusieurs soldats. Quelques instants encore et il s'arrêta devant les deux hommes. Il tendit un pli à Lorenzo qui le décacheta aussitôt. Le visage du Magnifique s'éclaira. Girolamo Riario était mort ! Dix ans presque jour pour jour après l'assassinat de Giuliano... En visite à Forli, une place qu'il contrôlait, le neveu de Sixte IV avait été tué dans son château par des habitants désireux d'échapper à sa tyrannie et secrètement organisés par des espions du Medici. Son corps avait été ensuite jeté par la fenêtre et traîné dans les rues de la cité. Le doux Giuliano était vengé !

* *
*

Lorenzo revint au plus vite à Florence. Il lui fallait maintenant respecter le marché qu'il avait passé avec Innocent VIII et s'assurer que les possessions de Riario reviendraient à Franceschetto Cibo, son gendre.

Via Larga, une grande agitation régnait. Aux mines atterrées, il comprit qu'un malheur venait de survenir. Il pensa aussitôt à son épouse.

« Est-ce Clarice ? » demanda-t-il à une domestique.

La femme baissa la tête. Des larmes mouillaient son visage. Elle fit non de la tête et murmura :

« La petite Luisa... s'est éteinte cette nuit. »

Un gémissement lui échappa. La gentille Luisa. La petite fiancée de Giovanni de Medici. Il y avait longtemps que la santé de sa fille lui inspirait les plus vives inquiétudes. Mais sa mort, soudain...

Un instant, Lorenzo pensa au châtiment de Dieu. Payait-il la joie qui l'avait envahi quand il avait appris la disparition de Girolamo Riario ? Était-il puni pour avoir commandité l'assassinat du neveu de Sixte IV ? Non, il n'avait fait qu'exercer sa justice. Rien ni personne n'aurait pu l'en empêcher.

Il se recueillit devant le corps de l'enfant. Luisa n'avait que onze ans. Elle paraissait si frêle, si innocente. Un ange ! Se pouvait-il qu'elle fût châtiée pour les péchés de son père ?

Lorenzo visita ensuite Clarice. Alitée, elle sanglotait. Sa peau était diaphane, son visage si amaigri qu'il semblait qu'on voyait ses os. Il éprouva une brusque bouffée de tendresse pour cette femme qui avait vécu si longtemps avec lui sans qu'il la regarde vraiment. Elle lui avait donné sept enfants, s'était toujours soumise à sa volonté ; elle n'avait jamais élevé la voix sauf quand, au motif de la religion, il s'était agi de contester l'enseignement de Poliziano.

Il prit sa main. Dans ses yeux humides, il lut une expression d'étonnement et il eut honte.

Malgré son chagrin, il réunit son conseil privé. Braccio Martelli, envoyé par Lorenzo, revenait de Forli. Il avait aidé secrètement au soulèvement de la population contre la dictature de Riario et assisté aux événements étonnants qui avaient suivi. Encore sous le coup de l'émotion, il raconta :

« Tandis que la dépouille ensanglantée de Girolamo était

traînée dans les rues, la populace s'empara de son épouse, Catarina. C'est une jeune femme belle et farouche...

– Une Sforza ! dit Lorenzo.

– Oui. Et la suite va le prouver ! Elle aurait subi les pires outrages si des gardes de la municipalité ne s'étaient interposés pour la protéger. Retenue prisonnière hors de son château où des hommes d'armes fidèles à son défunt mari s'étaient réfugiés et enfermés, elle a eu une idée diabolique. Elle a proposé aux habitants rebelles d'aller parlementer avec les soldats de Girolamo. Elle seule, leur dit-elle, pouvait les décider à se rendre.

– Et ils ont accepté ? demanda Sigismondi della Stufa.

– Ils se sont méfiés, bien sûr. Une fois à l'abri derrière les murs de la forteresse, l'épouse de Riario leur échappait. Mais Catarina leur a suggéré de garder ses deux enfants en otages.

– Une mère ne pouvait donner de meilleure garantie ! s'exclama Ridolfi.

– C'est juste. On a donc permis à Catarina de pénétrer dans la citadelle. Et, à peine entrée, elle commande au capitaine qui tient la place de tirer au canon sur la populace qui assiège le château !

– Et ses enfants ?

– Les habitants de Forli, fous de rage, hurlent qu'ils vont les mettre à mort ! Catarina paraît alors sur les remparts et s'adresse à la population. "Tuez-les, si vous voulez ! Mais sachez qu'il m'en reste un à Imola et un autre dans le ventre !" Puis elle retrousse ses jupes, plaque une main entre ses cuisses et annonce fièrement : "Et j'ai ici de quoi en faire d'autres !" »

Des exclamations admiratives saluèrent la fin du récit de Braccio.

« Qu'est-il advenu ? interrogea Lorenzo.

– Devant la détermination de Catarina, la population de Forli s'est soumise. »

Déjà, le Magnifique échafaudait un plan. Luisa décédée, son fiancé, Giovanni de Medici, était libre. Pourquoi ne pas lui proposer en mariage cette Catarina Sforza qui avait fait montre d'un si grand courage ? Imola et Forli seraient ainsi dans des mains amies. En outre, plus cyniquement, Lorenzo ne pouvait se dissimuler qu'il aurait grand plaisir à savoir la veuve de son ennemi Riario mariée à un Medici ! Sa vengeance serait ainsi totale.

Toutefois, il garda pour lui son dessein. Il engagerait les négociations avec Catarina dans le plus grand secret. Le pape, qui pensait Imola promise à son fils, pourrait prendre ombrage de ce projet matrimonial.

* *
*

L'été accablait à nouveau Florence. Cloué par la goutte, écrasé de soucis financiers, Lorenzo avait décidé de se faire transporter aux thermes. Giovanni Pico della Mirandola, un jeune homme qui venait de rejoindre la *brigata* à l'initiative de Poliziano, l'accompagna. Le Medici était fasciné par ce personnage qu'un généreux destin avait comblé des plus grandes qualités. Beau garçon, né comte, et familier des cabalistes hébreux tout autant que des auteurs grecs et latins, il connaissait la plupart des langues parlées et même celles qui étaient oubliées comme l'araméen. Malgré son jeune âge, cet érudit avait déjà mené une vie aventureuse. Accusé à Pérouse d'avoir séduit et enlevé une femme mariée, il avait dû fuir le courroux de l'époux et les foudres de la justice. Il s'était ensuite rendu à Rome où il ambitionnait de soutenir publiquement son grand œuvre : neuf cents propositions philosophiques. Toutefois, Innocent VIII avait préalablement soumis ces thèses aux docteurs de l'Église qui avaient jugé que certaines d'entre elles exhalaient un fort parfum d'hérésie. Nullement dissuadé, Pico della Mirandola avait décidé de défendre ses propositions. Le pape, indigné par cette outrecuidance, avait non seulement condamné l'ouvrage dans sa totalité, mais s'était résolu à emprisonner le philosophe. Une nouvelle fois, le jeune homme avait pris la fuite. Cependant, les envoyés du Saint-Siège l'avaient rattrapé en France où il s'était réfugié. Emprisonné à Vincennes, il n'avait dû son salut qu'à l'intervention de quelques princes italiens qui admiraient son immense culture et la subtilité exceptionnelle de ses méninges. Innocent VIII avait consenti à ce qu'il s'installât à Florence où Lorenzo le prit aussitôt sous sa protection.

Allongé sur une table de pierre, le Magnifique, nu, le corps maculé de terre, se faisait frictionner par une servante. Depuis longtemps déjà, la médecine d'Antonia Gorini ne produisait plus d'effets. Seules l'eau chaude sulfureuse et la boue balsamique des thermes semblaient encore capables d'apaiser ses douleurs. Assis à proximité sur un banc de pierre, Giovanni Pico della Mirandola lisait. Soudain, il leva la tête.

« Les astres nous commandent, c'est entendu. Mais ils ne gouvernent que notre corps. Notre âme demeure libre. Ficino a raison. »

Lorenzo, grimaçant, ricana.

« Sais-tu laquelle de ces planètes m'a affligé ?

– Sans doute subis-tu l'influence néfaste de Saturne... Ce triste vieillard est toujours maléfique.

– Puis-je un jour échapper à son joug ? »

Pico della Mirandola secoua la tête.

« Impossible. Les puissances cosmiques sont intraitables. Mais nous devons leur opposer la force de l'esprit ! »

Lorenzo écarta la servante et se leva. Il gagna en boitillant un bassin empli d'une eau jaunâtre et s'y plongea avec un soupir d'aise. Le jeune philosophe reprit :

« Moi-même, je sais que ma vie sera courte... Lorsque je suis né, une boule de feu est apparue au-dessus du lit de ma mère. Elle s'est balancée quelques secondes dans les airs puis elle a disparu par la fenêtre. Un astrologue a affirmé que l'émergence d'un tel météore au moment d'une naissance était à coup sûr le signe d'une vie brève mais glorieuse.

– Tu ne sembles pas craindre la mort.

– Il y a longtemps que je me suis habitué à quitter cette terre au plus tôt ! répondit le jeune homme en riant.

– Auras-tu toutefois le temps d'atteindre la gloire ?

– Ma dispute avec Innocent VIII a déjà assuré la postérité de mon nom ! »

Il ajouta, ironique :

« D'ailleurs, il ne fait nul doute qu'en vivant dans la circonférence de ta propre gloire, un peu de celle-ci redescendra sur moi !

– Tu n'es qu'un vil flatteur ! »

Pico della Mirandola s'esclaffa.

« Puisque courtisan je suis, puis-je te demander une faveur ?

– Je ne suis pas certain de te l'accorder...

– Obtiens le rappel à Florence du frère Girolamo Savonarola ! »

Lorenzo fit la moue.

« Quoi ! Ce dominicain est triste à mourir ! Je l'ai entendu prêcher à San Lorenzo. Il implore le feu du Ciel à tous moments et ne parle que d'Apocalypse...

– C'est un homme inspiré !

– Frère Mariano da Genazzano ne l'est pas moins. Mais sa religion est plus aimable. Dans ses prêches, il n'hésite jamais à citer les auteurs antiques.

– C'est un mondain. Savonarola est d'une autre trempe. Sa foi est flamboyante. Elle transporte les âmes.

– Mais il hait la vie et ses plaisirs. On m'a dit qu'il s'est fait moine à la suite d'une désillusion amoureuse. C'est pourquoi ce frustré ne cesse de dénoncer les vices de ses contemporains. Ses supérieurs ont vu clair en l'éloignant de Florence et en le condamnant au silence ! »

Pico della Mirandola hésita avant de dire simplement :

« C'est mon ami ! »

Lorenzo, pensif, ne répondit pas. Il sortit du bain. La servante lui tendit un grand drap dans lequel il s'enveloppa.

Peu après, un messager couvert de poussière se présenta devant lui. Avec grand ménagement, il lui annonça que Clarice s'était éteinte deux jours plus tôt.

* *
*

Ambra avait disparu. Emportée par les flots furieux de l'Ombrone qui charriait rochers et troncs d'arbres, la petite île avait succombé. Le désastre était général. Les cultures proches de la rivière avaient été dévastées, les maisons inondées.

Lorenzo venait d'arriver à Poggio a Caiano. Il avait aussitôt donné des ordres pour qu'on vînt au secours des paysans en détresse. De la terrasse de sa villa, le cœur serré, il contemplait maintenant la vallée, spectacle de désolation. Où se trouvait désormais Ambra ?

Il l'imaginait, nymphe ondoyante, fuyant le torrentueux Ombrone, essayant d'échapper à son étreinte, refusant ses mortels baisers et plongeant au plus profond des flots.

Une pluie glaciale, mêlée de neige, commença à tomber. Vaincu par cette nature hostile, il revint vers la villa. San Gallo avait travaillé vite. La demeure était d'ores et déjà habitable. Une immense coupole recouvrait le salon. Un instant, Lorenzo se reprocha cette munificence. Ne voyait-il pas toujours trop grand, trop beau ? Avait-il oublié les conseils de Cosimo, son souci de la simplicité, son sens de l'économie ? Lui avait choisi une autre voie. Son grand-père gouvernait Florence sans qu'il y parût. Lorenzo, au contraire, affichait les signes de son pouvoir puisque ducs, princes et rois traitaient désormais avec lui d'égal à égal. Ses maisons devaient être des palais, son entourage une véritable cour, ses collections les plus belles d'Italie. Même Cosimo, songea-t-il, avait cédé au moins une fois à ce penchant : en édifiant le *palazzo* de la via Larga, le « Père de la patrie » avait voulu se hisser au-dessus des grandes familles patriciennes de Florence et étaler sa richesse. Lui, le banquier, le roturier...

Lorenzo frissonna. À l'exception de la domesticité, il était seul à Poggio a Caiano. Il avait souhaité cette solitude exceptionnelle, comme si, réfléchissant sur lui-même, il espérait retenir le mouvement des années. Quel répit la maladie lui laisserait-elle ? Il avait parfois l'impression que son corps se pétrifiait lentement. Dans ses veines, son sang semblait s'opacifier. Ses muscles s'engourdissaient, ses mouvements étaient plus lents. Même son apparence changeait peu à peu. Certes, il n'avait jamais été beau, mais ses traits avaient pris une lourdeur nouvelle. La métamorphose s'accomplissait, inéluctable. Nul élixir de jeunesse ne pourrait lui venir en aide. Il était trop tard.

Quand le mal semblait l'oublier un moment, il était pris d'une sorte de fureur érotique. Servante, esclave, paysanne, peu importait ! Il lui fallait au plus tôt assouvir son désir. En se frottant à ces chairs fraîches et capiteuses, Lorenzo voulait s'approprier un peu de leur jeunesse... Un ogre ! Qu'il était loin le temps de Lucrezia ou de Simonetta ! L'amour ne se rêvait plus. Il était brutal, exigeant. Lorenzo fouaillait le corps de ces simples beautés pour se prouver qu'il vivait encore. À moins que ce ne fût pour oublier.

La pluie était devenue neige, comme lui-même devenait pierre. Le crépuscule noyait progressivement le paysage. Benedetta était venue silencieusement derrière lui. La petite paysanne de Cafaggiolo s'était transformée en matrone au corps lourd, aux formes rebondies. Lorenzo se retourna.

Malgré tout, au milieu de ces chairs épanouies, demeurait en elle le souvenir de la nymphe qui l'avait visité une nuit après cette chasse où il avait été blessé.

« Votre souper est prêt. »

Il la remercia d'un signe de tête. Il avait déjà décidé de lui demander de le rejoindre lorsqu'il aurait pris sa pitance.

* *
*

C'était encore un enfant. Lorenzo l'avait rencontré pour la première fois dans une allée du jardin du couvent San Marco. Assis à croupetons, devant une statue de faune dont le bas du visage avait été détruit, il dessinait. Lorenzo s'était approché sans bruit. Jetant un coup d'œil par-dessus l'épaule de l'enfant, il fut frappé par la vigueur de son travail. La tête cornue et blessée était esquissée avec un trait si nerveux qu'elle semblait se détacher du papier.

Fasciné, le Magnifique observa l'enfant dont la maîtrise était surprenante. Soudain, le jeune garçon sentit qu'on le regardait. Il se retourna. Blond, frisé, il était d'une rare beauté. Confus d'avoir été surpris, il tenta de dissimuler son esquisse. Mais Lorenzo tendit la main.

« Non, laisse-moi voir... »

Intimidé – il avait certainement reconnu le Medici – l'enfant remit son dessin. Lorenzo l'examina avec attention.

« Tu devrais sculpter tant tu as le sens du relief...

– Signore, mon maître Ghirlandaio veut d'abord que j'apprenne le dessin. Il ne me confiera pas de marbre avant longtemps.

– Je lui parlerai ! »

Lorenzo l'avait revu quelques semaines plus tard, toujours à San Marco. L'enfant avait repris sa place devant la statue du faune. Armé d'un ciseau et d'une massette, il s'attaquait à un petit bloc de marbre blanc. Comme la première fois, le Medici s'attarda à l'observer et admira la sûreté et la souplesse de ses mouvements. Le fer semblait caresser la pierre. Puis le geste devenait plus ferme et arrachait au marbre un éclat qui volait au loin, tel un papillon blanc. Déjà, la tête était largement esquissée : un visage de vieillard à la grimace lubrique. L'enfant avait imaginé la partie qui manquait à son modèle, une bouche ricanante grande ouverte sur des dents pointues qui laissaient passer un bout de langue.

Lorenzo lui dit en riant :

« N'as-tu pas remarqué que les vieillards perdent généralement leurs dents ? Celles de ton faune me semblent saines ! »

Le garçonnet répondit par un hochement de tête.

Le Magnifique revint dans les jardins de San Marco huit jours après. L'enfant travaillait encore à sa statue. Le marbre blanc brillait d'un vif éclat sous un ciel d'hiver si pur qu'il semblait transparent. Lorenzo s'approcha. Plusieurs dents du faune étaient tombées de leurs gencives. La bouche s'était resserrée, les joues creusées. Le garçonnet leva les yeux vers le Medici, comme pour quêter son approbation.

« C'est maintenant un vrai vieillard ! »

Le jeune sculpteur rosit d'émotion. Comme il était beau ! se dit encore Lorenzo. Comme il était jeune ! Il sentit en lui comme un pincement de jalousie. Afin d'effacer cette bouffée d'envie, il demanda :

« Comment te nommes-tu ?

– Michele Angelo, signore. Michele Angelo Buonarotti ! »

XVI

1491-1492

Ses meilleurs amis n'avaient cessé de le lui répéter : « Tu as introduit un loup dans la cité ! » Un loup, ce moine efflanqué, laid comme les sept péchés ? Un roquet plutôt ! Un de ces chiens pelés qui traînaient dans les venelles et qu'on ne traitait qu'à coups de pied.

Devant l'insistance de Giovanni Pico della Mirandola, Lorenzo avait cédé. Il avait écrit au général des dominicains pour demander que le frère Girolamo Savonarola revînt au couvent San Marco dont il avait été éloigné quelques années plus tôt.

Le moine était donc de retour. Toujours aussi intransigeant, toujours aussi exalté. Et pas le moins du monde reconnaissant, bien qu'il sût qu'il devait son pardon au Medici : dès son arrivée, lors d'un prêche prononcé sous les arcades du cloître, il avait, dénonçant le stupre, l'impiété et la vanité des Florentins, implicitement désigné le Magnifique.

Dimanche après dimanche, le dominicain avait renouvelé ses attaques. Alerté par son entourage, Lorenzo avait fini par s'émouvoir. Toutefois, il n'avait pas voulu intervenir lui-même et il avait chargé de ce soin quelques notables florentins. En délégation, ils s'étaient rendus au couvent San

Marco. Ils avaient menacé Savonarola de le chasser de la cité s'il continuait à vitupérer les mœurs des habitants et du plus considérable d'entre eux, Lorenzo de Medici. Le dominicain avait répondu par le mépris. Nul ne pouvait censurer la parole de Dieu ! Il avait solennellement averti : le premier des Florentins quitterait Florence avant lui. Chacun avait compris qu'il prédisait ainsi la mort prochaine du Medici !

« Débarrassons-nous de ce chien galeux ! tempêta Braccio Martelli. Sa laideur est à l'aune de sa folie ! »

Lorenzo, couché, le visage couvert d'une fine sueur, avait réuni autour de son lit ses amis les plus proches. Giovanni Pico della Mirandola protesta véhémentement :

« Fra Savonarola nous ouvre les yeux sur la réalité de nos péchés !

– Mais il ne manque jamais une occasion pour critiquer Lorenzo !

– Lorenzo n'est pas moins pécheur que nous ! »

Le Medici esquissa un sourire. Pico della Mirandola poursuivit avec éloquence :

« Dieu s'exprime par la bouche de cet homme ! C'est un prophète, un envoyé divin. Il ne désire que notre salut et marcher devant nous sur le chemin de la repentance ! Il a renoncé à tous les plaisirs pour nous venir en aide. Il secourt les pauvres, donne à manger à ceux qui ont faim, soulage la conscience des pécheurs qui pullulent en notre cité... Il veut ressusciter l'Église primitive, celle qui n'avait pas encore succombé aux poisons de la simonie et de la corruption ! Sa foi est ardente, admirable. Elle soulève les foules.

– Aurais-tu oublié le temps où tu te sauvais, une femme mariée en croupe sur ton cheval ? ironisa Sigismondi della Stufa.

– J'ignorais alors où se trouvait la vérité !

– Et la vérité, selon toi, consiste-t-elle à jeter aux orties tout ce que nous aimons ? répliqua Braccio. Le grand Platon lui-même ne trouverait pas grâce auprès de ton illuminé !

– Platon n'était qu'un homme ! Savonarola, lui, répand la parole de Dieu.

– Est-ce Dieu qui l'inspire lorsqu'il s'en prend à Lorenzo ?

– Les desseins divins sont impénétrables ! »

Martelli, rouge de colère, poings fermés, s'avança vers Pico della Mirandola.

« N'as-tu pas entendu ce frocard pouilleux mêler sa voix à tous ceux qui accusent Lorenzo d'accabler d'impôts les citoyens, de puiser dans le trésor public et même de dilapider la caisse des dots* ? »

Les deux hommes se mesuraient du regard. Allaient-ils se battre ? Pico della Mirandola était livide. Braccio, toujours aussi tempétueux, reprit :

« C'est toi, Giovanni, qui nous amené ce braillard ! À toi de nous en délivrer !

– Je lui parlerai..., dit Pico della Mirandola d'une voix mal assurée. Je lui recommanderai la charité et la mansuétude !

– Non, il faut qu'il parte ! »

Sigismondi della Stufa se glissa entre les deux hommes et les écarta l'un de l'autre.

« Calme-toi, Braccio... »

Pico della Mirandola profita de ce répit pour s'éloigner et quitter la chambre. Sigismondi haussa les épaules.

« Comment peut-on être à la fois aussi intelligent et aussi naïf ? Maintenant que Savonarola a été élu prieur de San Marco, il sera malaisé de l'exiler.

* Il existait à Florence une institution destinée à préserver la dot des jeunes filles. Les familles versaient chaque année une prime qui constituait un capital remis au jour du mariage. Mais, en 1485, les finances de la ville étant au plus bas, la Seigneurie avait décidé de ne verser qu'un cinquième de la dot, le reste étant converti en obligations sur l'État. Il en était résulté une grande polémique : si l'on ne versait plus l'intégralité des dots, c'est que cet argent avait été gaspillé.

– C'est pourtant la seule solution. Depuis qu'il prêche à Santa Maria del Fiore, il emplit dimanche après dimanche la cathédrale. Son influence grandit... Les femmes, les pauvres boivent littéralement ses invectives ! »

Lorenzo, qui était resté silencieux, soupira :

« Je n'aurais pas dû écouter Giovanni... Mais si Savonarola est tant apprécié, c'est que nous avons commis des erreurs !

– Des erreurs ! explosa Braccio Martelli. Toi, Lorenzo, tu ne vas quand même pas accorder la moindre attention aux sornettes de ce moine exalté !

– Je ne sais... Quand la mort est proche, le passé vous assaille. Le passé et toutes les fautes que vous avez commises. J'irai moi-même voir Girolamo Savonarola. Je ferai un don pour ses œuvres...

– Il prendra ton argent mais il ne t'écoutera pas... À moins que tu ne lui demandes de t'entendre en confession ! » ricana Braccio.

Lorenzo n'osa pas dire à ses deux amis que le dimanche précédent, il s'était rendu à Santa Maria del Fiore. Adossé à un pilier de la cathédrale, dissimulé sous un capuchon de moine, il avait suivi le prêche de Savonarola. Il avait encore dans les oreilles ses paroles de feu : « Quand nous disons que nous sommes sages, nous sommes en fait des sots ! Sots en effet, ceux qui s'attachent aux choses de la terre, alors qu'ils devraient les fuir ! Caduc est le monde, et l'on voit bien que ceux qui n'ont vécu que pour lui sont semblables à des porcs ! » La voix véhémente montait dans les aigus. Un cri qui venait du Ciel et pénétrait la foule des pénitents. « Comment ne pas ouvrir les yeux sur les actions sordides et impies et sur les injustices de ce bas monde ? Les villes et les châteaux ne sont-ils pas pleins de brigands ? Ah ! fuyons les Sodome et les Gomorrhe où l'homme chaste et modeste passe pour un insensé, le pieux pour un stupide, le voleur pour un homme prudent, l'avare pour un sage, où l'on n'entend que blasphèmes, où l'on ne voit que stupre et adultères, sodomites, assassins, ambitieux, hypocrites, menteurs et scélérats ! » Des femmes en transes sanglotaient. Des hommes à genoux, extatiques, levaient les bras vers le moine comme pour mieux accueillir sa parole. Savonarola, les veines du cou gonflées à éclater, les yeux fous, promettait le châtiment final. Sa couronne de cheveux roux flamboyait sous la coupole de Brunelleschi. « Bientôt viendra l'Apocalypse et son cortège de terreurs. La terre, submergée par ses péchés et soumise aux princes des ténèbres infernales, connaîtra le feu du Ciel et le courroux divin... »

Lorenzo comprit ce jour-là, sans doute trop tard, que Girolamo Savonarola tenait au peuple florentin le discours qu'il voulait entendre. Après tant d'années de prospérité, de plaisirs et de paix, les Toscans les mieux pourvus aspiraient à vivre une existence plus vertueuse et moins dispendieuse. Comme si leur bonheur terrestre leur paraissait soudain scandaleux au regard de leur avenir céleste ! Quant aux plus pauvres, ils ne pouvaient qu'approuver cette dénonciation du luxe et de la richesse. Le prédicateur flattait à dessein leurs instincts, attisait leur appétit de justice.

Au-delà, le Magnifique se rendait compte que c'était l'œuvre de toute sa vie qui était menacée. Il avait élevé en dogme le culte de la beauté. Il avait exalté l'art et la connaissance, appelé ses concitoyens à renouer avec l'harmonie des temps anciens. Pour Savonarola, ce n'étaient que vanités humaines. Bientôt viendrait le temps où l'on brûlerait les livres et les tableaux, où les femmes devraient se couvrir entièrement le corps, renoncer à leurs bijoux et se débarrasser de leurs parures, où fêtes et carnavals seraient prohibés. Le temps du fanatisme et des flagellations !

Qu'y pouvait-il ? Braccio Martelli avait sans doute raison : Girolamo Savonarola dédaignerait son or. Pourtant il irait le voir, quitte à subir une humiliation. Lorenzo le devait à sa ville et à sa propre conscience. Ce serait son dernier combat.

* *
*

Il se fit conduire en litière à bras au couvent de San Marco. Il en descendit toutefois au moment de pénétrer dans le bâtiment. Il voulait paraître sur ses deux jambes devant l'implacable moine.

Il déclara au frère portier qu'il désirait s'entretenir avec le prieur. Maussade, l'homme lui dit que Fra Girolamo Savonarola était en prières et qu'il ne pouvait le distraire.

« J'attendrai qu'il ait fini ses dévotions », dit le Magnifique.

Se dirigeant vers le cloître et les jardins, il croisa plusieurs moines qui lisaient leur bréviaire. Les rares qui levèrent les yeux sur lui affichèrent une expression indifférente sinon hostile. Lorenzo songea à son grand-père Cosimo qui avait fait édifier ce couvent et peuplé d'œuvres d'art cellules et jardin. Les Medici y étaient alors comme chez eux. Aujourd'hui, ils n'y étaient plus les bienvenus.

Nostalgique, Lorenzo fit quelques pas dans les allées malgré la douleur qui le taraudait. Il observa que nombre de statues antiques avaient disparu. Les nus et les divinités païennes avaient été victimes du courroux de Savonarola.

Il s'assit sous les arcades du cloître. Le prieur de San Marco était-il en train de subjuguer Florence ? De bons esprits, des artistes renommés et sensibles comme Sandro Botticelli, commençaient à succomber. Une forme de possession s'emparait des habitants de la cité. Chacun aspirait à faire amende honorable, expier ses péchés, s'abîmer en pénitence, renoncer aux joies de l'existence. Un voile de deuil s'était abattu sur Florence.

Pourquoi maintenant, alors que la vie l'abandonnait peu

à peu tel du sable coulant entre ses doigts ? Son fils Piero avait à peine vingt ans. Saurait-il lui succéder, lui qu'on avait déjà affublé du sobriquet de *il Sfortunato** tant il semblait maladroit en toutes choses malgré une belle prestance et un goût prononcé pour l'exercice physique ? À son âge, il y avait longtemps que Lorenzo secondait son père. Or Piero ne manifestait aucun appétit pour les affaires publiques. Son cadet, Giovanni, aurait été plus apte à gouverner. Toutefois, le jeune cardinal en était empêché par une carrière ecclésiastique qui promettait d'être brillante. Quant à son dernier fils, Giuliano, ce n'était encore qu'un enfant.

Il réfléchissait toujours en attendant la venue de Girolamo Savonarola. Ne devait-il pas lui-même, à l'instar des autres Florentins, songer d'abord à son propre salut ? Aussitôt, il se disait que la peur de la mort inclinait aux plus grandes lâchetés : les flammes de l'Enfer dont le dominicain menaçait tout un chacun prenaient soudain une fâcheuse réalité.

Lorenzo était pieux sans être dévot. Sa religion, frottée de platonisme, était tolérante et cultivée, sa foi prudente et raisonnée. Au fond de lui-même, il avait du mal à croire que Dieu fût cet être vengeur dont menaçaient sans cesse Savonarola et ses semblables. Sa divinité à lui était amour et bienveillance, à l'image des fresques gaies et paradisiaques que Fra Angelico avaient peintes ici même, sur la demande de Cosimo.

Perdu dans ses pensées, il n'entendit pas le frère portier venir à lui et sursauta quand celui-ci l'interpella :

« Fra Girolamo médite et ne peut vous recevoir. »

L'affront était patent. Lorenzo s'efforça de faire bonne figure. Il se leva et, luttant contre la douleur, il s'éloigna aussi dignement qu'il le put.

---

* Le Malchanceux.

* *
*

Florence sombrait dans la nuit et l'hiver. Lorenzo, qui ne quittait plus guère son lit, s'était réfugié à Careggi. On lui rapportait des faits extravagants. Des cortèges de pénitents parcouraient la ville. Ce n'étaient que pleurs, gémissements et flagellations. Les habitants réticents étaient traînés de force hors de leur demeure et obligés de confesser à voix haute leurs péchés. Les jeux, les rires étaient désormais prohibés. Pis, des enfants avaient été enrôlés. Ces bandes de jeunes enragés couraient les rues, conspuant les bourgeois, crachant sur les élégantes qui osaient encore sortir, envahissant les tavernes d'où ils chassaient les consommateurs, battant ivrognes et putains.

Lorenzo se reprochait de ne pas avoir agi plus tôt. Il avait laissé ce venin corrompre Florence. Fra Girolamo Savonarola était devenu le maître de la ville. Dans ces prêches enflammés, il n'hésitait plus à dénoncer la tyrannie du Medici. C'était maintenant au nom de la liberté qu'il appelait les citoyens à se révolter contre celui qu'il désignait comme étant un nouvel avatar de l'Antéchrist.

Une dernière fois, le Magnifique avait essayé de circonvenir le dominicain. Il avait envoyé l'un des caissiers de sa maison remettre une grosse bourse d'or au couvent de San Marco. La réponse de Savonarola avait été cinglante :

« Tu diras à celui qui t'a envoyé que les chiens de Dieu ne cessent pas d'aboyer ni de mordre quand on leur lance un os ! »

Il avait ensuite donné la bourse à un moine, avec ordre de distribuer immédiatement cet or aux pauvres de la cité.

* *
*

Tenait-il sa revanche ? Il avait demandé à son fils, le cardinal Giovanni, qui poursuivait ses études de droit canon à Rome, de rendre une visite solennelle à sa patrie. Le Magnifique comptait bien, à cette occasion, ressusciter la ferveur que le peuple florentin vouait à sa maison. Des fêtes, des réceptions officielles seraient organisées. Hommage serait rendu par la Seigneurie et tout le clergé toscan à ce nouveau prince de l'Église. Fra Girolamo Savonarola ne pourrait que s'incliner et mettre un terme, au moins provisoirement, à sa fureur. Les Florentins n'aimaient rien tant que ces réjouissances populaires où les Medici dépensaient sans compter.

Lorenzo revint en litière à Florence. De violents maux d'entrailles le poignardaient. Il se coucha dès qu'il arriva via Larga. Dans l'impossibilité d'accueillir son fils aux portes de la cité, il avait abandonné ce soin à Piero. Toutefois, il avait lui-même prévu jusque dans les moindres détails l'ordonnancement de cette entrée solennelle.

Monté sur un cheval caparaçonné d'or, le fils aîné de Lorenzo, entouré de jeunes patriciens somptueusement habillés, vint au-devant de son frère. Giovanni de Medici avait fière allure. Revêtu de la pourpre cardinalice, monté sur une mule richement parée, à l'abri d'un dais rouge porté par quatre hommes à pied, il était suivi d'une longue cohorte de prélats et de prêtres. Bien qu'il n'eût que dix-sept ans, il était tout empreint d'onction et inspirait aussitôt le respect.

Les deux frères chevauchèrent ensuite dans les rues de la ville. Malgré une pluie de mars, fine et glaciale, les Florentins massés sur le parcours du cortège réservèrent un accueil enthousiaste aux Medici. Ils se rendirent d'abord à l'église de l'Annunziata où Giovanni célébra une messe d'actions de grâces. Puis le cortège se dirigea sous les applaudissements vers le *palazzo* Vecchio. Le gonfalonier, entouré des prieurs, reçut le jeune cardinal avec beaucoup d'égards. Enfin, Giovanni put gagner la via Larga où Lorenzo, informé du succès de l'entrée en ville de son fils cadet, l'attendait avec impatience.

Le Magnifique avait invité les principaux notables et les ambassadeurs des cours étrangères à se présenter devant Giovanni. Embarrassés des cadeaux qu'ils destinaient au nouveau prélat, ils se pressaient déjà dans les salons du *palazzo* où les domestiques s'affairaient à les restaurer. Mais Lorenzo se ménagea un entretien seul à seul avec son fils avant qu'il ne reçoive les hommages de ces illustres personnages.

L'expression bouleversée de Giovanni quand il porta son premier regard sur lui ne lui échappa pas. Suis-je donc si effrayant ? pensa-t-il. La mort se lit-elle sur mon visage ? Le jeune homme se ressaisit. Il se défit de son chapeau et s'agenouilla au chevet du lit de son père. Lorenzo posa sa main sur son front.

« Je te bénis, mon fils ! »

Giovanni, très ému, se releva. Lorenzo ajouta :

« Je suis fier de toi... Mais reste humble et n'oublie jamais que ni ton mérite ni tes efforts ne t'ont valu la position que tu occupes !

– Je sais ce que je te dois, père.

– Non, c'est à Dieu, et à lui seul, qu'il faut rendre grâces. Prends cependant garde à toi ! Rome est la capitale des vices et des intrigues. Tu devras faire face à de nombreuses tentations. Mène une vie saine, permets à ton corps de se développer et fortifier. Ne cède pas à la corruption qui règne dans le Saint Collège... Ta promotion au cardinalat te vaudra des jalousies. À cause de ton jeune âge et du nom que tu portes, on essaiera de te dénigrer ou t'humilier. Déjoue ces pièges, triomphe du mal ! Sois prudent, sois pieux, mon fils ! »

Lorenzo, épuisé, ferma les yeux un instant. Au prix d'un terrible effort sur lui-même, il poursuivit :

« Tu vas retourner à Rome… C'est donc la dernière fois que je te vois.

– Père ! cria Giovanni.

– Il ne faut pas se dissimuler la vérité. Mes forces m'abandonnent peu à peu… Je dois me préparer à mourir. C'est désormais ce qui me commande.

– Permets-moi de demeurer à tes côtés.

– Non. Ton avenir se trouve à Rome. Tu dois t'y rendre au plus vite… Deux de mes diplomates les plus avisés t'y accompagneront. Ils t'aideront à voir plus clair dans les cabales du Saint-Siège. »

D'un geste brusque, il saisit le poignet de son fils.

« Tu seras pape, Giovanni ! Je le veux ! Le premier pape Medici ! »

* *
*

Fra Girolamo Savonarola avait vécu la visite solennelle du jeune prélat comme une humiliation personnelle. Les feux de joie allumés dans tous les quartiers, les chants d'allégresse, les libations auxquelles s'étaient livrés les Florentins étaient autant d'offenses… Le dominicain ne tarda guère cependant à reprendre l'avantage. Plus véhément que jamais, il prédit que la cité du Lys connaîtrait le sort de Sodome et Gomorrhe si ses habitants ne se repentaient pas. À nouveau Florence vivait sous sa terrible férule.

Lorenzo était revenu à Careggi. Il avait choisi de mourir dans cette villa où il avait connu quelques-unes de ses plus grandes joies. Il lui semblait qu'il flottait encore dans l'air de la chambre le délicieux sourire de Lucrezia Donati. Sa muse. Elle hantait toujours les pages de son *Canzoniere*.

L'adorable Simonetta le visitait aussi dès qu'il s'abandonnait à ses rêves. Il imaginait qu'il la retrouvait dans ce monde inconnu où il basculerait bientôt. Telle Vénus abordant le rivage, vêtue de sa seule pureté, elle s'offrait à lui. Ils vivraient un éternel printemps. Un sourire extatique envahit son visage déformé par la maladie.

À son chevet, le fidèle Poliziano ne put retenir ses larmes. Marsilio Ficino l'avait rejoint. Lorenzo ouvrit les yeux, fixa les deux hommes.

« La mort est douce quand des amis l'accompagnent. »

Sa fille Contessina lui présenta un gobelet d'argent.

« À quoi bon ? »

Son médecin Piero Leoni l'obligeait jour après jour à boire une curieuse mixture faite de diamants pilés. Si Lorenzo avait senti une légère amélioration de ses maux d'estomac après avoir ingurgité pour la première fois cette médecine, il sentait maintenant que ses entrailles étaient en feu.

La veille, il avait fait chercher Giovanni Pico della Mirandola qui évitait de le visiter depuis qu'il avait pris le parti de Savonarola. C'était le seul de ses amis qui ne s'était pas présenté à son chevet. L'érudit était aussitôt venu, accompagné de son idole.

« Accepte qu'il t'absolve de tes péchés ! » avait imploré Pico della Mirandola.

Lorenzo avait consenti à ce que le dominicain pénétrât dans sa chambre. Pour son fils Piero qui devrait composer avec le nouveau maître de Florence, pour la dynastie des Medici, il subirait cette dernière épreuve.

Il entra, grande silhouette tragique qui flottait dans son froc noir et blanc. Il était enfin là devant lui. Les deux adversaires s'affrontèrent du regard. Savonarola affichait un sourire mauvais. Si tu crois triompher, tu te trompes ! pensa le Magnifique. Je ne suis pas vaincu. C'est Dieu qui m'emporte ! J'ai remis ma vie entre ses mains. Je ne t'ai pas appelé, c'est toi qui as fait l'effort de venir jusqu'à moi.

« Repentez-vous des tourments que vous avez infligés à

vos semblables, Lorenzo, avant de rejoindre Votre Seigneur ! »

En même temps que la Voix grondait, égrenant ses péchés réels ou imaginaires, le Medici revivait son passé. Une étrange sérénité le gagnait. Plaisirs et chagrins, sa vie défilait. Elle n'appartenait qu'à lui... Savonarola ne pouvait la lui voler !

Le dominicain avait brandi son crucifix au-dessus de sa tête comme une épée destinée à repousser le diable. C'était fini. Mais à aucun moment, Lorenzo ne s'était renié.

Les croisées étaient restées ouvertes sur le jardin. La nuit tombait doucement. Au rez-de-chaussée, les siens étaient réunis. Ils parlaient à voix basse, comme dans la maison d'un défunt. Parfois l'un de ses enfants ou Giulio, le fils de Giuliano, passaient la tête. Il leur adressait un petit signe de la main. Je vis encore, semblait-il leur dire.

Soudain, il entendit dehors un froissement soyeux. Les ailes de la mort, songea-t-il. Enfin. Mais le bruit augmenta en intensité. La pluie. Une pluie de plus en plus violente accompagnée de bourrasques de vent et d'éclairs qui fracassaient la nuit. Dieu se donne beaucoup d'efforts pour m'emporter, pensa encore le Magnifique... Un coup de tonnerre fit trembler la maison. Lorenzo, malgré le tumulte, sombra dans un profond sommeil.

* *
*

La tempête se déchaîna toutc la nuit au-dessus de Florence. Au matin, les paroissiens encore terrorisés qui se rendaient à Santa Maria del Fiore pour y suivre l'office dominical, découvrirent avec effroi que le lanternon de la coupole, frappé aux armes des Medici, avait été gravement endommagé par la foudre. Fallait-il voir dans ces pierres tombées au sol le symbole de la chute de la première maison de Florence ?

Fra Girolamo Savonarola monta en chaire dans un grand état d'exaltation. Il tonna :

« Cette nuit, j'ai vu dans le ciel une main qui tenait une épée de feu ! *Ecce gladius Domini super terram, cito et velociter**. L'heure de Dieu est venue ! L'Apocalypse est proche ! »

Au même instant, à Careggi, Lorenzo s'éteignit en paix.

Le lendemain, accablé par son échec, Piero Leoni, le médecin du Magnifique, se jeta dans un puits.

---

* « Voici le glaive de Dieu qui s'abat sur la terre, rapide comme l'éclair. »

REMERCIEMENTS

Je tiens tout particulièrement à exprimer ma gratitude à Françoise Roth pour sa vigilance et ses précieux conseils, à Jacqueline Hiégel pour son insatiable curiosité, à Elodie Ther et Marianne Jaeglé pour leur amical dévouement et à Jean-Pierre Guéno pour ses encouragements et son soutien. Enfin, je remercie mon éditeur René Guitton.

Table

Photocomposition Nord Compo
59650 Villeneuve-d'Ascq
Impression réalisée sur CAMERON par
Firmin-Didot
(Le Mesnil-sur-L'Estrée)

pour le compte des Éditions 1
31, rue de Fleurus 75006 Paris
en février 2003

Imprimé en France
Dépôt légal : février 2003
N° d'édition : 13522/01 – N° d'impression : 63001